안재홍과 평택의 항일운동 심층연구

안재홍과 평택의 항일운동 심층연구

초판 1쇄 발행   2014년 12월 30일

편   자 ㅣ 민세안재홍선생기념사업회
발행인 ㅣ 윤관백
발행처 ㅣ 돌선출판 선인

등록 ㅣ 제5-77호(1998.11.4)
주소 ㅣ 서울시 마포구 마포동 324-1 곳마루 B/D 1층
전화 ㅣ 02)718-6252 / 6257   팩스 ㅣ 02)718-6253
E-mail ㅣ sunin72@chol.com
Homepage ㅣ www.suninbook.com

정가   19,000원
ISBN   978-89-5933-788-0   94900
       978-89-5933-496-4   (세트)

· 잘못된 책은 바꿔 드립니다.

※이 책은 평택시의 후원으로 제작하였습니다.

민세학술연구총서 004

안재홍과 평택의 항일운동 심층연구

민세안재홍선생기념사업회 편

"사후 100년을 돌이켜 자기를 바라보라"

- 민세 안재홍 -

민세안재홍기념사업회는 2000년 창립 이후 15회가 넘는 학술대회를 꾸준하게 개최했고, 6권의 논문집을 발간했다. 2015년이면 민세 선생께서 돌아가신지 50주기가 된다. 민세선생께서 가장 좋아하실 "기념사업"은 자신의 삶과 활동에 대한 학술적 조명일 것이다. "일생을 일하고, 일생을 읽으라"고 했던 고절의 국사(高節의 國士) 민세의 삶은 부단한 책읽기가 바탕이었다. 이에 그 뜻을 기억 전승하고자 민세기념사업회는 학술과 자료출판사업에 특히 힘써왔다. 여기에는 민족정기 확립에 힘쓰는 국가보훈처와 민세의 고향 평택시의 꾸준한 재정 지원이 있었기에 가능한 일이었을 것이다.

이번 민세 학술연구 총서 4권은 "평택지역의 항일운동 인물과 활동"에 대한 심층 연구를 주제로 기획했다. 여기에 발표된 논문들은 2008년부터 매년 보훈의 달에 민세안재홍기념사업회와 평택문화원부설 향토사연구소가 공동으로 국가보훈처와 평택시 등 관련 기관단체들의 도움을 받아 추진한 "평택항일운동 학술대회"의 결과물이다.

논문구성은 크게 평택출신의 대표적인 민족운동가 안재홍, 원심창, 이병헌 등 항일운동 인물에 대한 조명과 일제강점기 평택지역 3·1운동과 사회운동에 대한 분석으로 나눴다. 이번 4권은 일제강점기 평택지역 항일운동과 관련하여 최초의 논문집이라는 의의도 갖는다.

필자의 글을 요약하면 김인식은 "안재홍의 기미운동과 임정법통성의 역사인식"에서 민세가 3·1 민족운동 → 대한민국임시정부 → 대한민국 정부수립으로 이어지는 계기성과 법통성을 중시했다고 분석했다. 윤대식은 "안재홍, 그 제애 없는 정전의 삶"에서 민세는 일제 강점하 조선인의 정치적 삶의 회복이 중요함을 인식하고 이를 각성시키고 실현하는 것을 자신의 의무로 알고 치열하게 실천했다고 평가했다. 김명섭은 "원심창의 항일의열투쟁과 육삼정의거"에서 일본 유학을 통해 아나키즘을 수용한 원심창은 적극적인 항일운동의 실천을 위해 1933년 3월 17일 상해육삼정의거를 주도하다 무기징역을 받고 1945년까지 13년간 옥고를 치렀다고 분석했다. 성주현은 "일제강점기 이병헌의 생애와 민족운동"에서 일제강점기 이병헌은 평택과 수원에서 동학 및 천도교인으로 다양한 민족운동에 참여했으며 철저한 종교인으로서의 삶을 살았다고 평가했다.

박철하는 "평택지역 3·1운동의 역사적 배경"에서 평택지역 3·1 독립만세운동의 기존 연구성과를 정리하고 1905년 평택역과 서정리역의 개통과 근대 상권 형성, 평택지역 일제당시 지배행정구조와 천도교 세력, 근대교육의 상황 등 사회경제적·역사적 배경을 새롭게 분석했다. 김방은 "평택지방의 3·1 독립만세운동"에서 평택지역 3·1운동의 지역적인 구체적 전개상황을 밝히고, 인근 지역과의 유기적 연계, 평야 구릉지대의 특성을 활용한 횃불시위, 연쇄 다발적 시위의 특성을 가지고 있다고 평가했다. 성주현은 "평택지역 3·1운동의 재검토와 전개양상"에서 일본측 자료와 국내기록을 대조, 분석하여 기존 자료의 문제점을 정리하고 장기간 지속된 점, 지역적 한계를 벗어나 수원 안성 지역과 연관된 점, 전국적으로 가장 격렬한 시위였다는 점 등에서 천도교의 역할이 컸다고 평가했다. 김해규는 "일제하 평택지역의 사회운동"

에서 1920~30년대 평택지역 사회운동의 사회경제적 배경을 검토하고 "진위
청년회", "수진농민조합" 등의 활동을 심층분석했다.

지역차원에서 항일운동사 재조명은 관심 부족과 자료적 한계 때문에 심층
조명에 어려움이 많은 것이 현실이다. 그러나 고향의 자랑스러운 항일운동
의 기억이 광복 70년, 민세 서세 50주기 만에 후학들의 열정이 모여 정리되어
남다른 의미도 있다. 이번 4권은 내년 3월 1일 민세 서세 50주기 추모식 때
선생의 영전에 올려질 것이다. 이번 논문집 발간이 평택지역 항일운동사의
정신을 미래세대에 전승하는 자료로 널리 활용되기를 바라며 항일운동 학술
사업에 애정을 가지고 지원해주시는 국가보훈처와 평택시·평택문화원,
2011년부터 좋은 인연을 맺어 매년 "민세연구총서" 발간에 힘쓰시는 도서출
판 선인 윤관백 사장님과 편집 기획자 여러분께도 감사의 뜻을 전한다.

2014년 11월 30일 민세 안재홍 선생 탄생 123주년에
민세학술연구총서 4권 편집위원 일동

차례 | 안재홍과 평택의 항일운동 심층연구

제2부_ 평택 항일운동의 역사 연구

제 1 부

평택 항일운동의 인물 연구

안재홍의 '己未運動'과 임정법통성의 역사의식

김인식 (중앙대 교양학부대학 교수)

Ⅰ. 머리말

일제는 1910년 8월 대한제국을 병합한 뒤, 다른 식민지 지배사에서도 찾아볼 수 없는 가혹한 헌병경찰정치를 실시하였다. 1919년 3월 한민족은 일제의 무자비한 폭압에 온 겨레가 온 나라를 들어 저항하였고, 이러한 민족독립의 열기는 한국 역사상 최초의 민주공화정부인 대한민국임시정부를 수립하는 도약으로 이어졌다.

3·1민족운동의 진행 과정 중1) 한민족은 국내외의 여러 곳에서 임시정부

---

1) 우선 이 논문의 제목과 관련한 용어 문제부터 정리하고자 한다. 본문에서 확인하겠지만, 안재홍은 '3·1민족운동'을 가리켜 '3·1운동'·'3·1투쟁'이라는 말을 사용하였지만 '己未運動'을 더 자주 썼다. 그가 이유를 직접 설명하지 않았으나, 여기에는 3·1민족운동을 만세시위운동에 한정시키지 않고, 임시정부의 수립 과정과 초기 활동까지를 포함하려는 의도가 있었다고 생각한다. 그가 대한민국청년외교단의 활동도 '기미운동'에 포함시키는 논리는 이러한 인식에서 출발하였다. 3·1민족운동의 전 과정을 어떻게 설정하느냐 하는 문제는 오늘날에도 중요한 논점을 제공하지만, 안재홍에게는 단순히 과거를 따져보는 역사인식의 차원을 넘어, 일제 식민지시기는 물론 8·15 해방 후의 신국가건설운동에서도 실천론의 근거가 되는 중요한 역사의식이었다. 이 논문의 제목을 「안재홍의 '기미운동'…」이라 題한 이유는, 안재홍이 '기미운동'이라

를 세웠다. 1919년 4월 중국 상해에서 수립된 대한민국임시정부가 한국사에서 최초의 민주공화정 체제의 정부였으며, 비슷한 시기 블라디보스토크·서울에서 각각 수립된 대한국민의회·한성정부도 모두 민주공화제를 선포하였다. 이들 임시정부는 9월 다시 대한민국임시정부로 통합하였다. 이후 민족운동의 과정에서 復辟主義는 도태되고 '주권재민'의 공화제가 지향점이 되었으므로, 3·1민족운동과 대한민국임시정부 수립으로 이어지는 연속성은, 3·1민족운동의 의의로 반드시 강조되는 대목이다.[2]

이 점에서 3·1민족운동과 대한민국임시정부 사이의 계기성을 중시하여, 대한민국임시정부 수립을 3·1민족운동 또는 이의 연장으로 인식하는 역사의식은 매우 중요하다. 이는 8·15해방 후 좌익 계열과 전혀 다른 정치 노선을 지향한 역사의식이자 중간우파 민족주의자들이 공유한 기반이었다. 안재홍은 식민지시기에는 3·1민족운동 → 대한민국임시정부로 이어지는 민족사의 발전을 인식하였고, 이러한 역사의식이 8·15해방 후에는 한 걸음 더 나아가 3·1민족운동 → 대한민국임시정부 → 대한민국으로 계승되는 법통성을 의당 전제하여 중시하였다. 그는 '3·1정신'을 계승한 대한민국임시정부의 법통성이 당연히 신생 대한민국으로 이어져야 한다고 주장하였다.

3·1민족운동에 참여·활동한 경험, 이를 계승·비판하여 교훈을 도출하면서 형성된 3·1민족운동像과, 이에 근거한 역사의식은, 8·15해방 후 각 정치세력들의 정치 이념과 노선에 일정한 영향을 미쳤으며, 또 역으로 이를

규정한 역사의식에 동행하여, 대한민국임시정부 수립과 이의 초기 활동도 3·1민족운동의 과정에 포함시켰기 때문이다.

[2] 강만길, 1999, 『20세기 우리 역사』, 창작과 비평사, 53~54쪽; 愼鏞廈, 「3·1獨立運動의 社會史」(1983), 『韓國民族獨立運動史研究』, 乙酉文化社, 1985, 365쪽; 趙東杰, 「대한민국임시정부의 역사적 의의와 평가」, 한국근현대사학회 편, 『대한민국임시정부 수립 80주년 기념논문집』上, 國家報勳處, 1999, 647쪽.

합리화·정당화하는 중요한 자료·논거가 되었다. 이 논문은 3·1민족운동에 참여한 경험과 3·1민족운동像이 8·15해방 후 각 정치세력들의 국가건설운동에 어떠한 논리로 작용하였는지를 살피는 작업의 일환이다.[3]

안재홍에게 한정하여 말하면, 그가 3·1민족운동에 참여한 경험과 이에서 형성된 3·1민족운동像은, 3·1민족운동에서 신국가건설의 정통성·법통성과 국가건설의 이상향을 도출하는 역사의식으로 이어졌다. 3·1민족운동에 참여한 경험이 8·15해방 후의 신국가건설운동에서 중경임시정부를 지지하는 노선으로 나타났고, 이는 다시 신생 대한민국이 대한민국임시정부의 법통을 계승해야 한다는 목적의식성으로 표현되었다.

이 논문은 이러한 역사의식의 원형으로서, 안재홍이 3·1민족운동에 참여한 계기와 활동상이 대한민국임시정부 법통성론을 형성하는 배경이었음을 이해하고자 하였다. 이를 위해 먼저 안재홍이 3·1민족운동을 어떠한 용어로 규정하였는지를 살펴보았다. 그가 주로 사용한 '기미운동'에는 단지 한 사건을 가리키는 의미를 넘어 3·1민족운동을 인식하는 그의 시각이 담겨 있었다. 다음으로 3·1민족운동 이전 그의 활동상과 3·1민족운동에 참여하는 계기를 서술하였다. 이어 안재홍이 3·1민족운동의 범위로 인식하는 대한민국청년외교단 활동을 검토하였다. 끝으로 3·1민족운동과 대한민국임시정부의 계기성을 어떻게 임시정부법통론으로 연결시켰는지를 결론으로 서술하였다.

---

[3] 지수걸은 '3·1운동 연구의 현황'을 개괄하면서, '해방 3년 시기'의 좌익과 우익이 3·1민족운동을 어떻게 평가하였는지 개략·검토하였다. 이에 따르면, 3·1민족운동과 대한민국임시정부 수립의 계기성을 인정하는 여부가, 양자의 중요한 시각 차이였다. 지수걸, 「3·1운동의 역사적 의의와 오늘의 교훈」, 한국역사연구회·역사문제연구소 엮음, 1989, 『3·1민족해방운동연구』, 청년사, 19~24쪽.

II. 3 · 1민족운동에 참여한 활동 배경과 계기

1. 3 · 1민족운동의 용어 설정

안재홍은 3 · 1민족운동의 '독립만세의 웅성궂은 아우성'에서 민족 안의 민중, 나아가 민중의 민족애를 보았다. 그에게 1919년 3월의 이 '아우성'은 '二千萬 總意'에 의거하였으므로 계급분열이 전혀 없었던[4] 전민족이 일치단결한 민족항쟁이었다. 그럼 그는 이 '민족항쟁'을 어떠한 용어로 규정하였는지 살펴본다.

안재홍은 식민지시기에는 3 · 1민족운동을 '己未運動'으로, 8 · 15해방 후에는 '기미운동'과 '三 · 一運動' · '3 · 1鬪爭'[5]이라는 용어를 병용하였다. 우선 식민지시기의 용례를 보면, 3 · 1민족운동을 "己未의 運動이 조선인의 民族運動史上 특필한 一紀元인 것은 물론이다. 그러나 全天下에 떨치던 이 民族的 革命運動의 氣焰이…"라고 평한 대목이 보인다.[6] 안재홍은 다른 글에서도 '己未의 運動'이라는 용어를 자주 사용하였다.[7]

---

4) 「三 · 一 大義의 再宣揚」(1946. 3. 1 『漢城日報』記名社說), 安在鴻選集刊行委員會 編, 1983, 『民世安在鴻選集』2, 知識産業社, 102쪽. 앞으로 『民世安在鴻選集』을 『選集』으로 줄임.

5) '3 · 1투쟁'을 사용한 예는 「3 · 1운동의 회고와 정국 사관(私觀)」, 『신천지』(1949년 3월호) 〔고려대학교박물관 편, 2008, 『選集』7, 지식산업사, 134 · 137 · 138쪽〕 ; 「政治指導者로서의 孫秉熙氏」, 『三千里』(1949. 3) 〔1992, 『選集』4, 지식산업사, 216쪽〕 ; 「3 · 1절 추도사」(1949. 3. 1), 『選集』7, 142쪽 ; 「三 · 一精神과 民族大義」(1949. 3. 1 『漢城日報』社說), 『選集』2, 408쪽 ; 「三 · 一精神과 國民精神」(1949. 3 揭載誌 不明), 『選集』2, 412쪽 ; 「3 · 1소년단 선언」(1950. 5. 21 전후로 추정), 『選集』7, 260쪽.

6) 「그러면 이 일을 어찌하랴」(1924. 6. 4 『時代日報』사설), 1981. 『選集』1, 知識産業社, 55쪽.

7) 「朝鮮人의 政治的 分野」(1925. 1. 21 『朝鮮日報』사설), 『選集』1, 94쪽 ; 「過去를 回顧

8·15해방 후의 용례를 보면, 대한민국정부 수립 후 처음 맞는 3·1민족운동 기념일에 안재홍은 '三·一運動의 回顧와 그 性格'을 논하였다. 이 가운데 "己未年의 三·一運動은 올해로 꼭 三十週年이 되었다. 己未運動 그 당시, 祖國이 아주 망한 지 十年만에 二千萬 民族은…"[8]이라는 구절이 있는데, 여기서 '三·一運動'과 '己未運動'을 병용하였음을 본다. 또 자신이 대한민국청년외교단 활동으로 수감되었던 사실을 가리켜 "나는 日帝時代 己未運動에서 한번 收監되고"[9]라고도 표현하였다. 나아가 '기미운동'을 임시정부법통성과 관련시켜 "己未運動 이래 民族運動의 法統을 叫號하는 重慶臨時政府"라고 주장하기도 하였다.[10]

안재홍이 3·1민족운동을 '기미운동'이라 명명하고 이를 더 많이 사용하여 한 데에는, 3월 1일을 기점으로 3·4월의 정점을 거쳐 거의 1년 간 전개된 독립운동이 시간상으로 기미년을 덮는다는 산술상의 인식[11]도 있었다. 그러

하면서」(1926. 8. 4『朝鮮日報』사설), 『選集』1, 159쪽에는 '己未運動'이란 말이 보인다.

[8] 「三·一精神과 國民精神」, 『選集』2, 411쪽.

[9] 「韓民族의 基本進路」(1948. 10 강연, 1949. 5 刊行), 『選集』2, 336쪽.

[10] 「民政長官을 辭任하고」, 『新天地』(1948. 7) 〔『選集』2, 262쪽〕. 8·15해방 후 '기미운동'을 사용한 또 다른 예는 「夢陽 呂運亨氏의 追億」(1947. 9. 揭載誌 未確認), 『選集』2, 199쪽 ; 「政治指導者로서의 孫秉熙氏」, 『選集』4, 200·216·217쪽 〔213쪽에서는 '己未年運動'이란 말도 사용하였다〕 ; 「3·1운동의 회고와 정국 사관(私觀)」, 『選集』7, 134쪽 ; 「牢獄深深人不到」, 『三千里』(1949년 12월호) 〔1999, 『選集』5, 知識産業社, 103쪽〕을 들 수 있다. '3·1운동'을 사용한 예로는 「3당 공동 성명」(1946. 1. 24), 『選集』7, 45쪽 ; 「建國救民運動의 高調」(1946. 2. 13 서울中央放送), 『選集』2, 92쪽 ; 「석오(石吾) 이(李) 선생 추도사」(1946. 3. 15 『한성일보』), 『選集』7, 48쪽 ; 「丙午抗日義兵哀辭」(1946. 5. 31), 『選集』4, 191쪽 ; 「3·1운동의 회고와 정국 사관(私觀)」, 『選集』7, 134쪽 ; 「政治指導者로서의 孫秉熙氏」, 『選集』4, 200·213·214·216쪽 ; 「三·一精神과 國民精神」, 『選集』2, 413쪽 등이 보인다.

[11] "이른바 1919년 운동으로서 국제적으로 알려진 기미운동 즉 3·1투쟁"이라는 표현에는 이러한 의미가 담겼다고 보인다. 「3·1운동의 회고와 정국 사관(私觀)」, 『選集』7, 134쪽.

나 더 근본에서는, 3·1민족운동의 연장으로 1919년 기미년에 시도된 임시정
부수립운동, 이의 산물인 대한민국임시정부의 수립이 3·1민족운동과 동질
성·연결성을 지닌다고 보았기 때문이다.

뒤에 보겠지만, 안재홍은 만세 시위를 주도하는 형태가 아니라, '3·1정신'
의 대의를 계승하여 수립된 대한민국임시정부와 연계하는 방식으로 3·1민
족운동에 참여하였다. 그는 대한민국청년외교단에 가입하여 이를 주도하였
는데, 이미 이때부터 대한민국임시정부를 3·1민족운동의 연속으로 인식하
였다. 안재홍은 대한민국임시정부의 외교활동을 지원하는 대한민국청년외
교단의 활동, 이로 인한 자신의 첫 번째 옥고도 '기미운동'의 범주에 넣었다.
그에게 대한민국청년외교단 활동은 바로 3·1민족운동이었다.

앞서도 보았듯이, 안재홍은 자신에게 첫 번째 옥고를 가져온 대한민국청
년외교단 사건을 '기미운동'으로 지칭하면서 3·1민족운동으로 등치시켰다.
이러한 인식은 "내 己未의 해에 南獄에 매인 지 三, 四年에"[12]라는 표현에서
보듯이 일제 식민지시기부터 지녔다. 8·15해방 후에도 "己未年에는 未決 旣
決 합하여 三十數朔 獄中에 있었다."[13]·"己未運動 적에 늦게 大邱獄에 들어
가 갖은 苦楚를 견디어내면서 未決 旣決 三十數朔 지냈었다."[14]고 회고하면
서, 청년외교단 사건으로 겪은 최초의 옥고를 3·1민족운동과 연관시켰다.
1949년의 '3·1절' 추도사는 "오늘 단기 4282년 기축(己丑) 3월 1일에 전(前)
청년외교단 대표 안재홍은 삼가 돌아가신 3·1투쟁 대표 애국선열들의 정령
께 고(告)하나이다."고 시작하였다.[15] '3·1절' 추도사에서 자신의 많은 이력

---

12) 「讀書開進論」, 『學燈』(1935. 3) 〔『選集』5, 69쪽〕.
13) 「髑髏哲學의 使徒로 되었다」, 『三千里』(1949. 2) 〔『選集』5, 100쪽〕.
14) 「牢獄深深人不到」, 『選集』5, 103쪽.
15) 「3·1절 추도사」(1949. 3. 1), 『選集』7, 142쪽. 이 글은 필사원고인데, 어디서 추도사를
   낭독하였는지는 확인할 수 없었다. '전 청년외교단 대표'라는 추도자의 자격이 『選集』

가운데 '전 청년외교단 대표'를 내세움을 보더라도, 그의 인생사와 민족운동사에서 차지하는 비중을 담아, 이 활동을 3·1민족운동으로 규정하였음을 알 수 있다.

일제 식민지지배 아래에서는 표현할 수 없었겠지만, 8·15해방 후에는 대한민국임시정부 수립도 3·1민족운동의 영향이었다고 분명하게 지적하였다. 그는 "기미(己未)의 삼일운동이 폭발되고 민족해방의 혁명세력이 해외정권으로 집결"[16]되었다는 인식에서 더 나아가, 대한민국임시정부를 '獨立運動의 總本營으로서의 臨時政府'[17]라고 규정하였다. 안재홍은 혁명세력의 집결체로서 해외정권이라는 대한민국임시정부의 정통성은 바로 3·1민족운동에서 연원하며, 따라서 대한민국임시정부 수립이야말로 3·1민족운동의 가장 중요한 결과로 이해하였다. 그가 '3·1민족운동'을 '기미운동'으로 표현한 데에는, 1919년간의 민족운동을 연속성으로 파악하는 역사의식이 자리잡고 있었다.

2. 3·1민족운동에 참여한 활동 배경과 계기

1919년 3월 1일 한민족은 일제에 항거하여 일어났고, 이후 항쟁의 불길은 전국에 퍼졌으나, 안재홍은 3·1민족운동의 선두에 나서기를 주저하였다. 혹심한 일제 지배하에 "전후 9차에 걸쳐 7년 3개월의 옥고를 겪은"[18] 그가, 만

7의 편집 과정에서 빠졌으나, 본래의 필사원고에는 '전(前) 청년외교단 대표 안재홍'이라는 구절이 있다. 안재홍이 3·1민족운동의 추도사를 청년외교단 대표의 자격으로 낭독한 데에서도, 청년외교단 사건을 3·1민족운동의 연장으로 인식하였음을 확인한다.

16) 「석오(石吾) 이(李) 선생 추도사」, 『選集』7, 48쪽.
17) 「二· 精神과 民族大義」, 『選集』2, 108쪽.

세·시위운동의 중심에 뛰어들지 않았던 이유는 그때 침체하였던 그의 개인
사 때문이었다.

일본 유학을 마치고 1914년 7월에 귀국한[19] 안재홍은, 다음해인 1915년
5월 仁村 金性洙가 인수·경영하는 중앙학교의 學監으로 교육계에 발을 들
여놓았다.[20] 이 시기는 고난에 찬 안재홍의 전 생애에서 예외라 할 만큼 평온
한 생활이었으나,[21] 朝鮮産織奬勵契에 가담한 활동으로 인하여 일제 경찰의
압박을 받아 1917년 3월 중앙학교를 사임해야만 하였다.

조선산직장려계[22]는 1914년 9월 경성고등보통학교 부설 교원양성소[23] 학
생 李用雨가 경제자립을 통한 '국권회복'의 목적을 지닌 모임을 발의하고,
동기생 6명과 함께 협의한 데에서 발단한 뒤,[24] 1915년 3월 교원과 사회인사
가 합세하여[25] 조직한 실력양성운동 단체였다. 한 마디로 조선산직장려계는

---

[18] 千寬宇, 1978년 겨울, 「民世 安在鴻 年譜」『創作과 批評』통권 50호, 創作과 批評社,
212쪽.

[19] 「안재홍 신문조서」(1936. 6. 2 경성종로경찰서)〔平澤市獨立運動史 編纂委員會, 2004,
『평택시독립운동사』, 606쪽〕.

[20] 중앙학교는 1915년 4월 27일 仁村 김성수가 학교를 인수하였는데, 5월 4일 石儂 柳瑾
을 교장으로, 안재홍을 學監으로 초빙하고, 김성수 자신은 평교사의 자리를 맡았다.
仁村紀念會, 1976, 『仁村金性洙傳』, 107~108쪽.

[21] 1915년 7월 안재홍은 장남 晸鏞을 낳았으며, 1916년에도 중앙학교의 학감으로 평탄하
게 보냈다.

[22] 조선산직장려계가 발의·조직되고 검거되는 전체의 과정, 임원과 계원의 명단은 일
제 관헌 자료인 慶尙北道警察部, 1934, 『高等警察要史』, 260~264쪽의 「京城高普敎員
養成所內秘密結社檢擧」에 실려 있다.

[23] 1910년대에 교원을 양성하는 교육기관은 경성고보 부설 교원양성소 하나뿐이었다.
趙東杰, 1989, 『韓國民族主義의 成立과 獨立運動史研究』, 지식산업사, 380쪽.

[24] 이들은 같은 해 10월 졸업여행으로 일본을 시찰하고 돌아와, 이러한 목적을 갖고
『東遊誌』90부를 만들어 동급생들에게 배부하였는데, 일제는 이를 탄압의 빌미로 삼
았다.

[25] 『高等警察要史』에는 禊長 崔奎翼을 비롯한 役員 16명, 일반계원 128명의 명단이 소속
또는 주소를 밝힌 채 기재되어 있다. 역원 가운데 회계 閔溶鎬와 協議員 朴重華(徽文

'自作自給'하여 민족자본을 축적·육성·성장시킴으로써 민족경제의 자립을 목적으로 삼았으며, 이를 통한 국권회복을 꾀하였다. 이 점에서 이 단체는 안재홍도 참여하였던 1920년대 초의 물산장려운동과 취지·목적을 같이 하였다.[26]

조선산직장려계의 구성원에는 당시 국내의 이름있는 신지식층은 거의 망라되었다 할 만큼 많은 인사들이 계원으로 참여하였다. 안재홍은 일본 유학을 마치고 귀국한 뒤, 1살 연상인 최남선이 운영하는 新文館에 자주 출입하였으며, 최남선과 함께 문화사업을 일으킬 뜻으로 자금을 조달하려 시도하기도 하였다.[27] 최남선은 조선산직장려계의 임원인 會計를 맡았다. 한편 조선산직장려계에는 중앙학교의 교사들도 많이 가담하였다.[28] 우선 稧長이 중앙학교 교사 崔奎翼이었고, 동 학교장 柳瑾은 이 단체의 임원인 협의원이었으며,[29] 학교 경영자인 김성수, 교사 李奎榮·白南奎도 일반 회원이었다. 아마 이 당시 최남선·중앙학교와 맺은 인연 등이 작용하여 안재홍이 조선산직장려계에 참여하였다고 보인다.[30] 그리고 이러한 활동이 안재홍의 인맥을 넓히는 계기가 되어, 이후 그의 민족운동의 영역이 확대·심화되는 기반이 되었다.

義塾長) 두 사람은 일반계원에 명단이 포함되어 있지 않고, 나머지 임원은 모두 일반계원에 포함되어 있다. 이로써 합산하면 일경에게 체포될 당시의 계원은 모두 130명이 된다.

[26] 박찬승, 1992, 『한국근대정치사상사』, 역사비평사, 142~146쪽.

[27] 柳光烈, 「安在鴻論」, 『東光』第四卷 第七號(1932年 7月號), 517쪽.

[28] 일반계원 가운데는 경성교원양성소 소속이 18명으로 가장 많고, 중앙학교가 안재홍을 포함하여 6명으로 두 번째 다수를 차지하였다.

[29] 『高等警察要史』에는 柳瑾의 소속이 없으며, 주소가 '京城府 桂洞 四九番地'로 기재되어 있다.

[30] 안재홍이 조선산직장려계에서 활동한 내용은 김인식, 2006, 『중도의 길을 걸은 신민족주의·안재홍의 생각과 삶』, 역사공간, 36~40쪽을 참조.

일제 경찰은 조선산직장려계를 주시하던 중 1917년경 이 단체를 내사하였고, 『東遊誌』에서 '불온문구'를 발견하자, 계원들을 1917년 3월 5일 보안법 위반으로 검사국에 송치하였다. 이 무렵 안재홍은 '불온한 언동'을 왕성하게 일삼았다는 이유로 경기도 내무부장이던 헌병 대좌 아리가(有賀光豊)에게 호출 당하여 '장광설의 훈계'를 들었다. 이때 안재홍은 앞으로 행동을 자제하겠다고 다짐하라는 강요를 받았으나, 순응하지 않았으므로 중앙학교에서 '放逐'당하였다.[31]

'불온한 언동'은 학교 안팎에서 안재홍이 행한 교육내용과 사회활동을 가리켰는데, 조선산직장려계의 임원·회원들이 보안법 위반으로 체포된 사건과 직접 관련이 있었다. 이 일로 그가형을 살지는 않았지만, 중앙학교의 학감을 사임하도록 압박을 받았음은 분명하다. 중앙학교의 교장이었던 유근도 이 단체의 협의원이었는데 학교장을 그만두었다. 유근에 이어 김성수가 중앙학교의 교장으로 취임한 때가 1917년 3월 30일이었으니까,[32] 안재홍도 이 무렵 중앙학교를 그만두었다고 보인다. 헌병대와 경찰이 내리누른 외압 때문에 그는 중앙학교를 떠날 수밖에 없었다.

직장을 잃은 안재홍은 낙향하여, 어둡고 답답한 마음속에서도 시국을 생각하며 1918년을 보냈다. 그가 28세였던 이해 5월 차남 롯鏞이 태어났으니 가장으로서 그의 어깨는 더욱 무거웠고, 실직의 고통으로 인하여 실의와 상심에 빠져 있던 중이었으므로, 3·1민족운동의 중심에 선 결과 돌아올 감옥살이를 감당하기 어려웠던 터였다. 8·15해방 뒤 안재홍은 "3·1운동 때에 나는 그 선두에 나서기를 아꼈다."고 솔직히 밝히면서, "직장에서 방축되어 失意中에 부단히 시국대책을 연구하는 끝이었으므로, 아무것도 못하고 상심

31) 「제목 미확인」, 『민주조선』(1948.4) 千寬宇, 「앞의 논문」, 220쪽에서 다시 인용.
32) 앞의 『仁村金性洙傳』, 782쪽.

만 하던 내가, 나서면서 징역살이를 하기에는 자기가 너무 가엾어…"라고 당시 심경을 토로하였다.[33] 또 "그때 나는 중학교의 교원으로 있었는데 불온분자라고 해서 탄압 구속이 심하야 농촌에 가 있었기 때문에 직접 참가치는 않앗고"[34]라는 회고에서 보듯이, 당시 그는 만세시위 운동을 주도·가담할 여건이 되지도 못하였다.

안재홍은 불온분자의 낙인이 찍혀 낙향하였고, 만세·시위운동에는 직접 참가하지 않았다. 그러던 차 "三月 一日이 훨씬 지난 그믐경 어느 날 밤, 어느 農村 높다란 봉우리에 우두커니 홀로 서서 바라본즉, 遠近 數百里 높고 낮은 峰과 峰, 넓고도 아득한 平原과 河川地帶까지, 點點이 피어오르는 화톳불과, 天地도 들썩거리는 듯한 獨立萬歲의 웅성궂은 아우성은, 문자 그대로 人民反抗이요 民族抗爭"임을 깨달았다. 안재홍은 "손에 寸鐵도 안 가진 二千萬이 國內 國外, 내 民族 살고 있는 곳곳마다, 쫓아도 죽여도 그저 다만 아우성치면서 모여들고 덤벼드는, 문자 그대로의 民族抗爭이 떡 벌어졌던 것"을 그대로 목격하였다. 그는 이를 "참으로 生存의 抗爭은 雄大한 것이요, 正義의 싸움은 英勇한 것이었다."고 찬탄하였는데, 민중들의 항쟁에서 과감함을 뛰어넘는 비감함도 보았다. "「視死如歸」라는 말이 있는데, 이러한 正義의 抗爭이야말로 비로소, 죽는 것을 제 집에 돌아감과 마찬가지로 泰然히 여기게 되는 境地인 것이었다."[35]는 회고가 이를 반영한다.

위에서 안재홍은 3·1민족운동을 목격한 감격의 순간을 '三月 一日이 훨씬 지난 그믐경 어느 날 밤'으로 술회하였는데, 다른 곳에서는 1919년 3월 26·27

33) 「제목 미확인」, 『민주조선』(1948.4) 千寬宇, 「앞의 논문」, 221쪽에서 다시 인용.
34) 「成熟한 機運에 點火·地方과 秘密 連絡타가 囹圄 三年 / 本社安社長 己未懷舊談」, 『漢城日報』(1946.3.2).
35) 이상의 인용은 「三·一精神과 國民精神」, 『選集』 2, 412~413쪽.

일경의 벅찼던 광경을 감격스럽게 떠올렸다.[36] 앞에서 본 "어느 農村 높다란 봉우리에 우두커니 홀로 서서 바라본즉, 遠近 數百里"라는 구절은, 그가 "나의 故鄕 平澤郡 杜陵里는 平原과 丘陵地帶에 있어, 海拔 數百尺쯤의 산마루에 오르면 遠近 수백리 山河가 둘러보인다."[37]고 묘사한 대목과 상통한다. 아마 1919년 3월 말경[38] 안재홍은 향리 부근의 다소 높은 어느 봉우리에 자주 올라, 인근의 마을 여러 곳에서 봉화 시위가 벌어지는 광경을 여러 차례 바라보았음이 분명하다. 이상에서 본 그의 회고담에는 3월 말경부터 4월 초 사이의 평택 인근의 지역에서 일어났던 횃불시위의 광경들을 반영하였다.[39]

평택 지역의 3·1민족운동은 서울보다 10여 일 늦은 3월 9일 첫 만세시위를 시작하여, 4월 10일까지 약 1개월 동안 5,800여 명이 참가하며 치열하게 전개되었는데,[40] 안재홍이 처음 바라본 감격의 광경은 평택 지역의 시위는

....

[36] 「안민세 씨 담화 ―삼일정신에 환원하자」, 『새한민보』(1949.9.1)〔『선집』7, 141쪽〕.

[37] 「牢獄深深人不到」, 『選集』5, 108~109쪽. 안재홍은 두릉리의 산마루에서 바라본 인근 지역의 산들을 꽤나 자세히 거론하면서, 두릉리의 南山인 月明山(현 안재홍 생가의 남쪽에 위치)에 자주 올랐음을 말하였는데, 이 산도 그가 3·1민족운동의 광경을 바라본 하나로 추측된다. 그는 3·1민족운동이 일어나기 직전 이곳에 자주 올라 여러 편의 漢詩를 지었다고 회고하였다. 현재 월명산은 미군 부대 지역이라 이곳에 직접 올라 주위를 전망할 수는 없었다.

[38] 안재홍이 향리 언덕에서 바라본 최초의 횃불 시위 광경은 아마 3월 29일경의 수원 지역에서 일어난 횃불 시위였을 가능성이 크다. 3월 29일 수원 지역의 安龍面·台章面·楊甘面 등지에서 등불과 태극기를 들고 산상에 올라가 봉화를 올리고 시위를 벌였다. 경기도사편찬위원회 편저, 1995, 『경기도항일독립운동사』, 316~317쪽; 김정인·이정은, 2009, 『국내 3·1운동 Ⅰ―중부·북부』, 한국독립운동사편찬위원회, 58~59쪽.

[39] 안재홍이 언급한, 두릉리의 산마루에서 바라다 보이는 인근 지역의 산들을 참고하면서, 평택의 인근 지역에서 3월 말경부터 4월 초 사이 일어난 횃불 시위를 살펴보면, 안성 지역의 3월 30·31일 4월 1일 등의 시위를 비롯하여, 천안군·아산군·수원군 등에서도 확인된다. 『경기도항일독립운동사』, 301·307, 330~354쪽; 김정인·이정은, 『앞의 책』, 59, 80~90쪽 : 김진호·박이준·박철규, 2009, 『국내 3·1운동 Ⅱ―남부』, 한국독립운동사편찬위원회, 22~29쪽. 평택 지역에서도 4월 1일 밤 대규모의 시위가 횃불 시위로 발전되었다.

아니었던 듯하다. 평택의 첫 번째 만세 시위는 3월 9일 밤 현덕면의 횃불 시위였고, 3월 11일 평택읍 내의 시위에 이어, 15일간의 정지 상태에 있다가 3월 31일 북면의 야막리와 봉남리의 주민 500여 명이 시위를 벌였는데,[41] 이 날 봉화 시위는 일어나지 않았다. 안재홍이 평택 지역의 시위를 목격하였다면 아마 4월 1일 밤의 시위였으리라 보인다.[42]

3월 말경 안재홍은 "무릇 내 민족 살고 있는 곳곳마다" "천지도 흔들리는 전민족의 '나도 살겠노라'의 아우성"을 확인하면서, '視死如歸'의 전기를 찾았고, 이전의 소극·방관의 자세를 털고 항쟁의 중심으로 뛰어들었다. 3월 26·27일경 무렵부터 몸소 확인한 민중들의 '아우성'이 계기를 만들어 주었다. 그는 온 겨레가 온 나라를 들어 항쟁함을 목격하면서, 개인사로 운동의 중심에 설 수 없었던 자신을 되돌아보며 3·1민족운동의 후속 운동에 뒤늦게 참여하였다.

안재홍이 개인사로 3·1민족운동의 초기 과정에 직접 참여하지는 못하였지만, 3·1민족운동의 초기 조직화 과정을 그 시점에서도 전해 듣고 있었다. 그는 경성으로 자주 왕래하던 申翼熙·鄭魯湜 등과도 연락을 취하고 있었으므로, 파리강화회의와 민족자결론에 따른 국외 인사의 움직임도 傳聞하였다. "이승만(李承晩) 박용만(朴容萬)씨 등이 〈조선〉 민족을 대표해서 국제회합에 참석한다는 소식이 들렸고", 그리고 "국내의 인심으로는 청년 및 정객 등을

---

40) 성주현, 「평택지역 3·1운동의 재검토와 전개 양상」, 『새로 쓰는 평택 3·1운동 학술회의』(평택향토사연구소 주최, 2012.6.8), 22쪽.

41) 성주현, 「앞의 논문」, 23~24쪽.

42) 4월 1일 평택역에서 비롯하여 서면·북면·송탄면·고덕면·청북면 등지에서 동시다발로 전개된 만세시위는 연인원 3천여 명이 참가하여, 평택 지역에서 일어난 시위 가운데 가장 규모가 컸다. 일제는 이 날의 시위를 안성의 양성면·원곡면 만세시위, 수원군 장안면·우정면 면사무소 습격 시위 등과 함께 '가장 광포한 것'으로 인식하였다. 성주현, 「앞의 논문」, 25쪽.

중심으로 하야 독립운동을 일으킬 의론이 점점 익어"가면서 고종의 국상을 계기로 '대중적 운동'이 일어날 계획도 알고 있었다.[43] 이러한 국내외 정세의 所聞도 그가 항쟁에 뛰어드는 계기가 되었다.

III. 대한민국청년외교단 활동

안재홍이 서울로 올라온 때는 1919년 4월이었다. 이때 그가 상경한 목적은 언론기관을 만들어 민족사상을 고취하면서 정치운동을 전개하려는 데 있었다. 그는 당장 언론기관을 만들지는 못하였지만, 대한민국청년외교단(앞으로 청년외교단으로 줄임)에 가맹하여 이를 지도하다가 1919년 11월 피검되었다. 안재홍은 당시의 정황을 이렇게 회고하였다.

　　(자료 A)

　　만세사건이 지난 후 나는 언론기관을 만들어 민족사상을 고취하야 정치

---

43) 앞의「成熟한 機運에 點火」. 신익희·정노식은 모두 동경 유학생 출신으로 이들의 유학 생활이, 안재홍의 유학 시절과 일부분 시기가 겹치므로, 조선유학생학우회 활동 등을 매개로 안재홍과 인맥이 형성되었다. 3·1민족운동이 일어나기 전후, 신익희는 국내외를 동분서주하며 운동의 중심에서 활약하였고, 안재홍은 이러한 신익희의 활동을 통하여 국내외의 상황을 접하였다. 이 시기 신익희의 활동은 김용달,「신익희와 대한민국 정부수립」『(건국60주년 기념학술대회) 대한민국정부수립과 그 지도자들』(한국동양정치사상사학회 주최, 2008. 11. 26), 50~55쪽을 참조. 3·1민족운동 시 '민족대표 48인 중 1인'이었던 정노식은 2·8독립선언에 관여하면서 이후 玄相允·宋繼白 등과 함께 3·1민족운동을 준비하였는데, 주로 독립운동 지원과 중간 연락책의 구실을 맡았으므로, 안재홍은 정노식을 통하여 3·1민족운동의 초기 조직화 과정 등을 상세히 전해들을 수 있었다. 이 시기 정노식의 행적과 활동은 이진오, 2009,「정노식의 행적과『朝鮮唱劇史』의 저술 경위 검토」,『판소리 연구』제28집, 판소리학회, 356~362쪽을 참조.

운동을 전개하려고 그해 四월부터 서울로 올라와 조소앙이 중심이 되었던 청년외교협회(靑年外交協會)와 그의 자매단체인 대한민국애국부인회(愛國婦人會) 상해에 있는 림시정부(臨時政府) 또는 지방과 비밀연락을 하던 본부인 연통제(聯通制)와의 일을 겸해 보노라 또는 〈신문〉사 자금 등을 모집하노라고 북으로는 함북 회령(會寧)서부터 남으로 부산(釜山) 군산(群山)까지 지부를 두어 비밀연락을 해 왔었는데 …44)

위의 인용문에서 보듯이, 안재홍은 만세 시위를 주도하는 형태가 아니라, '3 · 1정신'의 대의를 계승하여 수립된 대한민국임시정부와 연계하였다. 그는 자신이 청년외교단에 가입하여 활동한 사실을 가리켜 "제2선에서 약간의 潛行 운동을 한 것"으로 표현하였는데,45) 이는 매우 적절한 자기 규정이었다. 1919년 4월 상해에 대한민국임시정부가 수립되자, 청년외교단은 이를 지원할 목적의 비밀결사로 조직되었다. 안재홍이 대한민국임시정부에 직접 참여하지 않았으므로, 그는 임시정부의 '제2선'에 섰으며, 청년외교단이 비밀결사였으므로 '잠행 운동'임도 분명하였다. 단 '약간'이라는 謙辭와 달리, 안재홍이 이를 주도 · 지도하였으며, 이 때문에 3년의 옥고를 치르는 고통을 겪었다. 청년외교단 운동은 그의 항일운동 가운데 유일한 비밀결사운동이었다.

안재홍은 비밀결사인 청년외교단을 자신이 '지도'하였음을 분명히 밝혔다. 뒤에 자세히 보겠지만, 그는 1919년 8월 상순경 대한민국임시정부에 발송한 「建議書」를 가리켜, "당시 내가 지도하고 있던 秘密結社 「大韓靑年外交團」의 名義로써… 제출하였고"46)라고 표현하였다. 실지 이 「건의서」는 청년외

---

44) 앞의 「成熟한 機運에 點火」.
45) 「제목 미확인」, 『민주조선』(1948.4) 천관우, 「앞의 논문」, 221쪽에서 다시 인용.
46) 「夢陽 呂運亨씨의 追億」, 『選集』 2, 199쪽.

교단의 두 총무였던 안재홍·李秉澈 두 사람의 명의로 제출하였는데, 안창호의 회답은 안재홍 한 사람의 명의 앞으로 왔음을 보면, 이「건의서」의 작성을 비롯하여, 청년외교단의 활동에서 안재홍이 차지하는 비중을 알 수 있다.

안재홍은 청년외교단이 이미 결성·조직된 이후 총무의 지위로 이에 가담하였다. 그가 청년외교단에 가맹한 동기와 시점, 활동 내용 등을 살펴보려면, 먼저 이 단체가 결성되는 배경과 시기 그리고 목적을 확인해야 한다.[47] 이를 위해 무엇보다도 청년외교단이 결성되는 시점과 관련해서, 당시 일제 관헌의 자료를 면밀하게 검토할 필요가 있다.

(자료 B)

(1) 本團體는 上海假政府를 支持하고 同政府에 對하여 朝鮮內의 狀況을 通報함과 共히 一般 鮮人으로부터 獨立運動資金을 募集함과 同時에 一面 種種의 印刷物을 頒布하여 極力 民心을 攪亂하고 帝國政府로 하여금 朝鮮을 放棄케 할 目的으로 本年 六月 上旬頃, 李秉澈 趙鏞周 延秉昊 宋世浩 安在鴻의 五名이 京城府 授恩洞 三番地 女安某方 其他에서 數次 會合 謀議하여 設立한 것으로서…[48]

....

47) 청년외교단을 학문상으로 개략한 검토는 독립운동사편찬위원회 편, 1972,『독립운동사·임시정부사』제4권, 독립유공자사업기금운용위원회, 447~449쪽에서 최초로 이루어졌다. 청년외교단을 주제로 삼은 심도 있는 연구는 張錫興, 1988,「大韓民國靑年外交團 硏究」『한국독립운동사연구』제2집, 독립기념관 한국독립운동사연구소가 유일하다. 장석흥은「위의 논문」에서 청년외교단의 전체상을 조명하고, 이 단체와 애국부인회·적십자회의 관계까지도 폭넓게 다루며 청년외교단의 상당 부분을 해명하였다. 따라서 이 논문에서는 청년외교단 내에서 안재홍의 활동상에 중점을 두면서, 청년외교단에 대한 기존 연구와 시각을 달리 하는 부분에 방점을 두어 서술해 나가려 한다.

48) (자료 B)는「大正 八年 十二月 三日 高警 第三四三〇一號 (秘) 靑年外交團員檢擧に關する件」, 金正明 編, 1967,『朝鮮獨立運動-民族主義運動』第Ⅰ卷 分冊, 原書房, 207~212쪽에 全文이 실려 있다〔앞으로 이 자료를「高警 자료」로 줄인다〕. 國史編纂委員會, 1967,『韓國獨立運動史』三, 498~505쪽에 번역하여 실린 자료는, 위의 金正

경상북도 제3부는 1919년 11월 20일 청년외교단의 총무 李秉徹을 체포하고, 같은 달 27일을 기하여 同 단원을 일제히 검거하려고 착수하였는데, (자료 B)는 사건에 관련된 인사들을 검속한 지 보름도 채 지나지 않아 정리한 高警의 문건이다. 경상북도 제3부가 이 사건을 공개하여 발표한 날은 12월 16일이었고, 이를 보도자료로 삼아 『每日申報』가 청년외교단·애국부인회 사건을 대서특필한 때는 1919년 12월 19일이었다. (자료 B)는 일제 관헌이 청년외교단 사건을 최초로 정리한 문건이다.

(자료 C)

피고 등은 大正 8년 3월 이래 … 이의 운동방법으로 임시정부라고 하는 명칭을 사용하는 단체를 조직하여 使者를 外國에 파견하여 其 同情을 求함을 시작으로 하여 조선의 독립을 위해 노력하고 있는 이 기회를 타서 內로는 一般 鮮人에게 독립사상을 선전하고 外로는 임시정부를 원조하여 內外呼應하여 조선의 독립을 圖하여 其 목적의 관철을 기대키로 하고 被告 李秉徹, 安在鴻, 趙庸周, 延秉昊, 李鍾郁, 鄭樂倫, 羅昌憲, 李儀景, 李康夏, 金泰珪, 李鎬承, 羅大化 등은 宋世浩 其他 동지와 함께 대정 8년 6월경 경성내에서 대한민국청년외교단의 명칭을 사용하는 단체를 조직하여 이병철, 안재홍은 其 총무가 되고…[49]

위의 자료는 大正八年制令第七號와 出版法을 위반한 혐의로 기소된 청년외교단과 애국부인회 사건의 첫 공판 기록, 즉 최초의 법정 판결로, 동 사건

明 編 자료와 동일한 「高警 第三四三○一號」이다. (자료 B)는 위의 『韓國獨立運動史』三, 500~501쪽에서 그대로 인용하였다.

[49] 「大韓民國靑年外交團·大韓民國愛國婦人會 事件判決書」(大邱地方法院, 1920. 6. 29), 金正柱 編, 1970, 『朝鮮統治史料』第五卷, 韓國史料研究所, 735쪽. 이는 두 사건에 연루된 23명의 1심 판결서이다. 앞으로 위의 판결서를 「1심 판결서」로 줄인다.

의 피고들을 각각 징역 3년에서 1년에 처한 '主文'의 근거를 밝힌 '理由'의
일부이다.

> (자료 D)
>
> 　被告 等은 大正八年 三月 以來 朝鮮 各地에 朝鮮獨立運動의 示威運動이
> 行흠이 上海의 集合ᄒᆞ야 此의 運動方法으로 臨時政府라는 團體를 組織ᄒᆞ고
> 使者를 外國에 派遣ᄒᆞ야 其同情을 求흠을 始로 ᄒᆞ야 朝鮮의 獨立을 成ᄒᆞ기
> 에 努力ᄒᆞ야 잇는 此種 會에 加入ᄒᆞ야 內에는 一般 朝鮮人에게 獨立思想을
> 宣傳ᄒᆞ고 外에는 臨時政府를 援助ᄒᆞ야 內外呼應ᄒᆞ야 朝鮮이 獨立을 圖ᄒᆞ야
> 其目的의 貫徹을 期待키로 ᄒᆞ고, 被告 李秉澈, 安在鴻 其他의 同志와 共히
> 大正 八年 六月頃 京城內에서 大韓民國靑年外交團의 名稱을 用흔 團體를
> 組織ᄒᆞ야 李秉澈, 安在鴻 等은 其總務가 되야 尙且 朝鮮內 各地에 支部를
> 設立ᄒᆞ고 …50)

(자료 D)는 이병철·안재홍·조용주 등 청년외교단 사건에 대한 최종 판
결문이다. 조용주·연병호는51) 이미 중국으로 출국한 상태였으므로, 이들에

50) 지금 인용한 「金瑪利亞 判決文(「大正 十年 五月 十三日」)(京城覆審法院)에는 청년외
교단 사건에 관련된 일부 인사들에 대한 판결문도 있는데, 이는 大東出版協會 編,
1924, 『朝鮮併合十年史』, 406~412쪽에 번역되어 실려 있다. (자료 D)는 위의 『朝鮮併
合十年史』, 407쪽에서 그대로 인용하였다. (자료 C)에서 인용한 1920년 6월 29일의
판결은 1심 판결이다. 同 사건의 해당 관련자들은 이 1심 판결에 불복하여 控訴하였
고, 1920년 12월 27일 안재홍 등의 건은 기각되었다. 「大韓民國靑年外交團·大韓民國
愛國婦人會 事件判決書(大正九年刑控第四七七號)」, 金正柱 編, 『앞의 책』, 760~782
쪽. 이어 1921년 5월 13일 최종 판결이 이루어졌다. 앞으로는 大正九年刑控第四七七
號의 판결문을 편의상 「控訴에 대한 판결서」로, 「金瑪利亞 判決文(「大正 十年 五月
十三日」)을 「최종 판결문」(이는 『朝鮮併合十年史』에서 인용한다)으로 줄인다.

51) 연병호는 1919년 10월 2일경 외교연구를 겸하여 상해의 임시정부와 연락을 취하기
위하여 출국하였다. 앞의 「高警 자료」, 210쪽. 뒤에 보겠지만, 조용주도 柳興植(일명
柳子明)과 함께 6월경에 출국하였다.

대하여는 여전히 결석재판이 이루어졌다.

(자료 E)

李秉澈·宋世浩·延秉昊·趙庸周의 4명은 1919년 6월 경성 흡동 170번지 이병철의 집에 집합하여 조선의 독립을 위해서는 일반 조선인에게 독립사상을 주입하고 상해임시정부[52)의 운동을 응원하며 또 세계 각국의 동정을 구하는 외에 일본정부에 대해서는 특파원을 파견하여 조선독립을 요구함으로써 그 목적을 달성하기 위하여 대한민국청년외교단이란 비밀결사를 조직하기로 하였다. 그리하여 그 사무소를 이병철의 집에 두고, 운동자금으로 1600원을 거출하였다. 그 후 송세호·鄭樂倫 등을 지휘하여 단원의 모집규합에 노력하는 한편, 동지 중에서 단연 두각을 나타내고 배일사상이 가장 강고한 安在鴻을 총무에 천거했다. …[53)

(자료 E)는 청년외교단 사건이 종료된 지 13여 년 지난 뒤, 일제 관헌이 同 사건이 지닌 여러 가지 복잡성을 압축해서 정리한 최종 문건이다. 이때 복잡성이란 무엇보다도 청년외교단이 발의 - 협의·결성 - 조직화되는 일련의 과정을 말하는데, 『고등경찰요사』는 날짜를 명기하지는 않았지만, 이러한 진행 상황을 함축하여 표현한 정확성이 있다.

위에서 인용한 (자료 B)~(자료 E)는 경찰 조사와 재판의 진행, 최종 정리의 과정에 따라 배열했는데, 중요한 공통점과 아울러 상당한 차이도 보인다. 우선 공통점은 청년외교단이 임시정부를 '지지'·'원조'·'응원'할 목적에서 1919

---

52) 『高等警察要史』의 원문에는 '上海假政府'로 되어 있다.

53) 「大韓民國靑年外交團及愛國婦人會事件」 『高等警察要史』, 190~195쪽 [류시중·박병원·김희곤 역주, 2010, 『국역 고등경찰요사』, 선인, 353~356쪽]에는 청년외교단·애국부인회 사건의 개요가 정리되어 있다. (자료 E)는 위의 『국역 고등경찰요사』, 353쪽에서 그대로 인용하였다.

년 6월경에 조직되었다는 사실이다. 상당한 차이점이란 이 '6월경' 同團을 조직하는 데 참여한 인사들의 명단이다. (자료 B)에는 이병철·조용주·연병호·송세호·안재홍 등 5인의 이름이, (자료C)에는 이병철·안재홍 등 12명이, (자료 D)에는 "被告 李秉澈, 安在鴻 其他의 同志와 共히", (자료 E)에는 안재홍이 빠지고 "이병철·송세호·연병호·조용주의 4명"의 이름이 올라 있다.

이러한 차이는 왜 생겼을까. 이는 청년외교단의 결성·조직이 『朝鮮民族運動年鑑』에서 제시하듯이, 1919년 5월 6일[54] 하루 만에 단박 이루어지지 않았으므로, 조직화가 점차 진행된 복잡한 과정을 반영하지 못한 때문이었다. 그럼 먼저 청년외교단이 결성되는 배경·계기와 동단이 조직된 시기를 검토한다.

(자료 C)·(자료 D)는 청년외교단이 결성되는 배경·계기로, 3·1민족운동의 여파로 상해에 대한민국임시정부가 조직되고, 임시정부가 '使者' 즉 외교원을 세계 각국에 특파하여 독립을 호소·승인받으려고 외교활동을 전개하는 정황을 들었다. 다 아는 바와 같이 1919년 4월 11일 상해에서 대한민국임시정부를 수립한 뒤, 4월 13일 임시정부 의정원은 이미 파리에 가 있는 金奎植을 임시정부의 외무총장으로 선임하고 파리강화회의의 대한민국 위원 겸 파리위원부의 대표위원으로 임명하고 신임장을 파리로 발송하였다.[55] 당시

---

54) 在上海日本總領事館, 『朝鮮民族運動年鑑』(1932. 4. 30), 65~66쪽. 이 자료에서는 청년외교단이 조직된 연월일을 1919년 5월 6일로 명시하였다. 그런데 '중심인물'로 '總務 安在鴻, 羅昌憲(法專 출신)'을 들었는데, 羅昌憲은 총무가 아니었다.

55) 김규식은 이때부터 임시정부의 공식대표로서 파리위원부(La Mission Coreenne Paris)를 구성하여 활동하였다. 그는 스위스 취리히에 유학중이던 李灌鎔과 독일에 있던 황기환을 불러 각각 파리위원부의 부위원장과 서기장의 임무를 맡게 하였다. 이후 김탕(5월 초)·조소앙(6월 말)·여운홍(7월 초) 등이 파리에 도착하여 이들을 중심으로 파리위원부의 외교활동이 활기를 띠었다. 그러나 파리강화회의는 한국문제와 관련

임시정부의 외교독립운동은 파리강화회의에 집중·전력을 기울였으므로, 조소앙이 1919년 5월 상해를 떠나 구주로 향한 목적도, 다른 활동에 앞서 파리강화회의에 참가하기 위함[56]이 분명하였다.

임시정부의 수립과 조소앙의 파리행 등은 국내에도 들려와 독립의식을 고취하였으므로,[57] 상해에서 이를 지켜보던 延秉昊·趙庸周(趙素昻의 親弟)가 이러한 분위기에 고무되었음은 자연스러운 일이었다. 1919년 4월경 연병호·조용주 양인은 임시정부의 활동을 지원하는 청년단체를 조직하기로 발의하고, 6월 초순경 입국하여 청년외교단 결성을 주도하였다. 단명에 '대한민국'을 앞세웠음은, 민주공화국을 政體로 선포한 民主國體 '대한민국'의 建國을 인정하고, 대한민국임시정부를 지원해야 한다는 시대의식의 반영이었다.

이처럼 청년외교단은 임시정부의 외교독립운동을 지원해야 하는 당면과제에서 출발하였는데, 同團이 결성되는 시기는 이를 주도한 연병호·조용주가 귀국한 시기와 맞물린다. 이 점에서 柳子明의 회억록은 매우 중요한 증거가 된다.

(자료 F)

당시 프랑스 파리에 대한민국임시정부의 외교부장 김규식(金奎植)이 조선의 정식 대표로 되었고 조용은(趙鏞殷)이 부대표로 되어 파리에서 활동하고 있었는데 청년외교단은 우리의 외교대표단을 지원하기 위하여 조직된

하여서는 단 한마디의 토론조차 없이 1919년 6월 28일 끝나고 말았다. 鄭用大,「대한민국임시정부의 파리강화회의 및 유럽 외교활동」, 한국근현대사학회 편,『앞의 책』하, 233~235쪽.

56)「(附錄) 年譜」, 三均學會 編, 1979,『素昻先生文集』下, 햇불사, 490쪽.

57) 안재홍은 3·1민족운동이 일어난 뒤 상해에서 임시정부가 수립되고 조각이 이루어지는 과정을 꽤나 상세히 전해 듣고 있었다.「夢陽 呂運亨씨의 追億」,『選集』2, 199쪽.

것인데 이병철과 김태규(金泰奎)와 나와 조용주 등으로 조직된 것이다. …

　　6월에는 조용주(趙鏞周)가 상해로부터 서울로 돌아와서 이병철과 나는
그를 만나게 되었다. 그는 둘째 형인 조용은이 파리에서 활동하는 여비를
위하여 서울로 돌아왔던 것이다. 그 때 우리는 조용주의 의견에 따라서 파리
에서 열린 평화회의에 대한 우리 외교대표를 지원하기 위하여 외교청년단
을 조직하게 되었다. 그래서 외교청년단에서도 약간의 금액을 모집하여 조
용주에게 주었다.[58]

위의 자료에는, 청년외교단이 조직된 목적과 시기, 그리고 이와 관련하여
청년외교단 조직을 제안한 조용주가 입국한 시점이 명시되어 있다. 유자명
에 따르면, 조용주가 상해에서 귀국한 1919년 6월경에 임시정부의 외교대표
단을 지원할 시급성에서 청년외교단이 조직되었다.

유자명의 회고는 송세호의 판결문에 기재된 송세호의 진술과 일치하는 면
이 있다. 송세호의 심문조서에 따르면, 송세호는 연병호·조용주 양인에게서
자신들이 귀국한 '本志'가 조선독립에 제일 필요한 문제, 곧 외교를 전문으로
하기 위해 본국으로 돌아가 다수의 동지를 규합하여 一團을 조직하였으니
곧 靑年外交團이라 말하며, 송세호가 참가하기를 희망하였다.[59] 여기서 연
병주·조용주 양인이 귀국한 시점은 말하지 않았지만, 청년외교단이 조직된
동기와 목적은 명확하게 나타났다. 즉 조선독립에 제일 필요한 '외교를 전문'
하기 위함이었다. 단체명에 '외교'라는 단어가 붙은 까닭을 보여준다. 어쨌든
송세호는 자신이 귀국하기 전 청년외교단이 이미 조직되었다고 진술하였다.

---

58) 독립기념관 한국독립운동사연구소 편, 1999, 『유자명 수기 : 한 혁명자의 회억록』,
　　32~36쪽.
59) 「宋世浩·金瑪利亞·白信永 被告判決書 (大正十年刑上第十五號)」(1921. 2. 16), 金正
　　柱 編, 앞의 책, 786쪽.

유자명은 조용주가 6월경에 귀국하였다고 회고하였는데, 그러면 송세호는 언제 귀국하였을까. 이는 청년외교단의 조직 시점을 밝히는 중요한 문제이다. 결론을 말하면, 송세호는 5월 말경에 입국하여 6월 말경에 출국하였으므로,[60] 그가 청년외교단 결성에 관여하였다면 6월 초중순경 무렵이었음이 분명하다.[61]

이제 청년외교단을 조직한 목적을 좀 더 해명해 본다. 앞서도 지적하였듯이, 청년외교단은 임시정부의 외교활동을 지원·응원해야 할 당면과제에 직면하여, 1919년 4월경 연병호·조용주 등이 발의하여 6월경 이들 두 사람이 주도하여 국내에서 결성하였다. 그럼 조용주가 제안한 '외교 전문'이란 무엇을 의미하는가. 이는 비단 파리강화회의에 파견된 임시정부의 외교원들을 지원하는 과제에 한정된 차원이 아님은 분명하다. 청년외교단은 1919년 9월

---

[60] 송세호 자신은 6월 하순경에 귀국하였다고 진술하였지만 이는 그의 행적에 비추어 볼 때 불가능하다. 그는 임시정부가 수립된 직후인 4월 22일 재무부 위원으로 선임되었으며, 4월 30일부터 5월 13일에 걸쳐 열린 제4차 임시의정원 회의에서 강원도 대표 의원으로 피선되었고, 7월 7일부터 19일까지 열린 제5차 의정원 회의에서도 다시 강원도 대표로 선임되었다. 앞의 『독립운동사-임시정부사』 제4권, 176, 196~200쪽. 이에 근거하여 추측해 본다면, 송세호는 4월 22일 이전에 상해에 도착해서 5월 13일까지 이곳에서 활동하였다. 이후 국내로 들어간 뒤 청년외교단과 관계하였으며, 7월 7일 이전에 다시 상해로 들어왔다.

[61] 필자가 조사한 바에 따르면, 청년외교단이 1919년 5월에 조직되었다는 근거가 되는 첫 번째 자료는 「主謀者는 耶蘇敎徒와 僧侶」, 『每日申報』(1919. 12. 19)이다. 『每日申報』의 이 기사는 청년외교단 사건을 대서특필하였는데, 동단의 수괴 연병호·송세호가 4월경에 입국하여 5월에 청년외교단이라는 비밀결서를 협의·조직하였다고 보도하였다. 「兩團體가 打擊을 受함」, 『獨立新聞』第三十四號 (大韓民國 二年 一月 一日)는, 용어를 주체성 있게 바꾸었을 뿐 위의 『매일신보』 기사를 그대로 인용하였다. 청년외교단이 1919년 5월경에 조직되었다는 자료들은 연병호·송세호·조용주의 귀국 시점이 동년 4월경이었다는 전제에서 출발한다. 그러나 연병호는 확인하지 못하였지만(그도 조용주와 함께 귀국하였다), 조용주·송세호가 귀국한 시점은 분명 4월경이 아니었다. 조용주가 귀국하는 경로를 확인할 수는 없지만, 귀국하는 시점은 유자명이 회고한 대로 6월경이 정확하다고 생각한다.

20일 '대한민국청년외교단 편집부'의 명의로『外交時報』를 창간·발행하였
는데, 창간사에서 "本團은 幷히 機關紙 外交時報를 發行ᄒ야 內外의 現狀을
紹介ᄒ고 同志의 意思를 交換케 홀 事를 期ᄒ다 云云"하면서,[62] "확실공정하
게 모든 장애를 배제하여 때에 따라 보도하기를 기한다"[63]고 발행 목적을
천명하였다. 여기서 '외교'는 임시정부에서 파견한 외교원을 후원하는 등의
他國과 관계를 맺는 영역에 한정되지 않고, 대내외를 향한 선전 활동과 동지
의 규합을 통하여 독립의지를 결집하려는 지향점을 지녔다. 무엇보다도 이
『외교시보』자체가 국내 선전용이었다.

　(자료 C)·(자료 D)에서 청년외교단을 조직한 목적을 "內로는 一般 鮮人에
게 독립사상을 선전하고 外로는 임시정부를 원조하여 內外呼應하여 조선의
독립을 圖"하는 데 있다고 하였는데, (자료 E)의『고등경찰요사』에는 이를
좀더 구체화시켜 지적하였다. 이에 따르면, 청년외교단은 비밀결사로서 독
립을 위하여 ① 일반 조선인에게 독립사상을 주입, 즉 선전하고, ② 상해임시
정부의 운동을 응원하는 데에서 더 나아가, ③ 세계 각국의 동정을 구하며,
④일본정부에도 특파원을 파견하여 조선독립을 요구하는 방안을 실천하려
하였다. 여기서 상해임시정부를 응원한다 함은, (자료 B)에 따르면 ① 임시정
부에 국내의 독립운동에 관한 정보를 통신하여 주고, ② 독립운동자금을 모
집하여 임시정부에 보내며, ③ 각종 선전물을 반포함으로써 임시정부로 민심
을 집결시켜 확보하는 일이었다. 앞서 보았듯이『외교시보』의 발행도 이를
위한 하나의 방안이었다. 청년외교단이 활동 목표를 일반례의 '외교'에 한정
시키지 않았음은, 이후 團名을 '배달청년단'으로 개칭하고, 조직을 확대·개

---

[62] 「1심 판결서」, 741쪽;「최종 판결문」, 408쪽.『朝鮮倂合十年史』에는 '意思'가 '意志'로
　　되어 있다.
[63] 「控訴에 대한 판결서」, 765쪽. 이 자료에서도 위의 '意思'가 '意志'로 되어 있다.

편하려고 꾀한 데에서도 알 수 있다.

이상을 보면, 청년외교단이 표방한 '외교'의 범주는 관례상의 의미가 아니라, 더 큰 의미에서 포괄성을 지니었다. 청년외교단의 활동은 한국민들에게 독립사상을 고취하면서 동지들을 규합하여 독립의지를 결집하고, 상해임시정부를 응원하며, 세계 각국을 상대로 한 외교활동으로 독립을 성취한다는 크게 세 가지 방향으로 설정되었다. 여기서 외교활동이란 임시정부의 외교활동을 지원하는 등 상해임시정부와 연계하거나, 또는 청년외교단 독자의 외교 활동을 포함하는 일종의 '국민외교'의 성격까지 포함한다고 할 수 있다. 청년외교단은 실제 이렇게 운동을 추진하였다.

그러면 이상의 목적을 지니고 1919년 6월경에 조직된 청년외교단에, 안재홍은 언제 가담하였는가. (자료 D)까지는 6월에 청년외교단을 조직한 사람으로 안재홍의 이름이 올랐으나, (자료 E)에는 안재홍의 이름을 제외한 "李秉澈·宋世浩·延秉昊·趙庸周의 4명"을 적고, 안재홍은 '그 후' 총무로 참여하였다고 기록하였다. '그 후'는 안재홍과 이병철의 진술에 따르면 7월경이었다. 그러면 청년외교단이 조직되었다는 6월경과 안재홍이 참여하는 7월경 사이에 나타나는 시차를 설명해야 한다.

청년외교단의 심문·재판기록을 종합하면, 이 단체를 조직하는 주동자는 연병호와 조용주였다. 이들은 1919년 4월경 상해에서 임시정부의 수립 과정을 목격한 뒤, 아마 6월 초순경 입국하여 몇 명의 동지를 확보하여 청년외교단을 결성하였다. 그 후 다시 6월 초중순경 조용주는 재력가인 이병철을 찾아가 동단의 총무로 천거함으로써[64] 중앙조직의 一團을 완성하였다. 일제

---

64) 이병철의 심문조서에 따르면, 1919년 음력 5월 중순경 일찍부터 친하게 지냈던 조용주가 찾아와서, '現時'에 연병호와 함께 경성에서 청년외교단을 결성하였다고 알리면서, 이병철에게 出資를 요청하며 총무직을 제안하였고, 다음날 조용주·연병호가 합

관헌자료에 보이는, 6월에 청년외교단이 결성되었다는 기록들은[65] 이러한 단계단계를 뭉뚱그려 6월경으로 기술하였다고 생각한다. 연병호·조용주가 이병철을 총무로 추대한 이유는, 이병철이 비록 21살로 매우 연소하지만, 상당한 재력을 갖추었으므로 동단이 활동하는 데 필요한 자금을 확보하려는 데 있었다. 한편 청년외교단을 이념상으로 주도·지휘할 명망가로서 안재홍을 또 한 사람의 총무로 추대하였다.

안재홍이 청년외교단에 가입한 시점은 7월 초순경으로 추정된다. 연병호가 안재홍에게 총무직을 제안한 뒤, 총무인 이병철의 동의를 얻어 안재홍을

께 와서 이병철을 同團의 총무로 추대하였다. 그리고 다시 수일 후(다른 심문에서는 '5일 후'라고 하였음), 조용주는 鄭樂倫·柳興植·金弘植·李敬夏와 동행하여 이들을 이병철에게 각각 同團의 특별단원·외교원·간사장·단원이라고 소개하고, '대한민국청년외교단'이라고 새긴 도장을 이병철에게 넘겼다. 「1심 판결서」, 743쪽 ; 「控訴에 대한 판결서」, 764쪽. 1919년 음력 5월 20일은 양력 6월 17일이었다.

[65] 장석흥은, 청년외교단이 결성되는 시기를 자료에 따라 1919년 5월설과 6월설로 나누고, 당시 중국 상해 독립운동의 동태를 볼 때 5월설이 유력하다고 보면서, 동단의 결성 시기를 5월 상순으로 추정하였다. 張錫興, 「앞의 논문」, 270·275쪽. 장석흥이 5월설의 근거로 제시한 자료는 앞서 본 『獨立新聞』(1920.1.1), 『朝鮮民族運動年鑑』, 『독립운동사-임시정부사』 제4권의 서술과 이제 곧 살펴볼 (자료 G) 등 4개였다. 앞의 세 자료는 이미 검토하였으므로, 이제 (자료 G)의 송세호에 대한 판결문을 주의 깊게 검토해 본다. (자료 G)는 송세호 등의 상고(1920년 6월 29일의 1심 판결에 대한)를 기각한 1919년 12월 27일의 판결문이다. 여기서 "피고 송세호는 5월경 조용주·연병호의 主唱으로 인하여 鄭樂倫·柳興植·金弘植·李敬夏 등과 함께 경성에서 대한민국청년외교단이라는 단체를 조직하고, 피고 이병철은 동년 6월경, 안재홍은 동년 7월경 이에 가입하여 함께 동단 총무가 되어, 피고 金泰珏는 동년 9월 중 피고 이병철의 권유에 의하여 가입하여 동단의 재무부장이 되었으며, 외교원으로 활동하는 조용주, 연병호, 특별단원으로 하는 정낙윤, 편집부장으로는 李儀景, 외교특파원으로는 이종욱 등과 함께 동단의 중앙부를 조직하고…"라고 판결하였다. 「控訴에 대한 판결서」, 764쪽 [위의 판결문을 편의상 (자료 G)라 한다. '5월설'의 근거가 되는 (자료 G)는 총무제로 운영되는 청년외교단의 두 총무인 이병철·안재홍이 각각 6월경·7월경에 가입하였다고 판단하였다. 그렇다면 이병철·안재홍을 포함하는 5인이 5월경에 청년외교단을 조직하지 않았음은 확실하다.

총무로 추대하였다. 안재홍의 심문조서에 따르면, 1919년 7월경 경성에서, 연병호가 안재홍에게 대한민국청년외교단을 조직하여 상해의 임시정부와 연락하려고 노력한다는 취지를 말하고, 자신이 起案한 동단의 규칙서를 補正하여 달라고 요청하였다. 다음날 연병호·이병철이 다시 안재홍을 찾아가 "同盟에 加盟ᄒ야 獨立에 努力ᄒ야 줄 事"를 부탁하면서 안재홍의 '指揮를 受코져' 한다고 간청하였다.[66] 연병호는 총무인 이병철에게 안재홍이 "學識名譽가 있는 자"임을 강조하면서 이병철의 승낙을 받았다.[67]

(자료 E)에서 안재홍이 총무로 천거된 이유를 "동지 중에서 단연 두각을 나타내고 배일사상이 가장 강고"한 데에서 찾았는데, 여기서 '두각'이란 동단에서 안재홍의 '학식과 명예'가 차지하는 위상을 보여준다. 규칙서를 보정함은 단체의 이념과 조직 체계를 확립·확정함을 가리키므로, 이 자체가 청년외교단에서 안재홍의 지도력·대표성을 인정하였음을 뜻한다. 뒤에 보겠지만, 이는 임시정부에 보낸 「건의서」를 작성하는 과정과 배달청년단으로 조직을 확대·개편하려는 시도에서도 나타난다. 다시 말하면 청년외교단은 2인 총무제로 운용되는 지도체제를 갖추었으나, 안재홍이 주도력을 갖고 단체를 통솔하였다.

이상을 정리하면, 6월 초순경 연병호·조용주는 몇 명의 동지와 청년외교단을 협의·결성함으로써 조직의 一段을 이루고, 다시 이병철을 6월 초중순경 총무로 추대함으로써 총무제 조직의 一團을 갖추었다. 조용주가 연병호에게 동단의 印章을 맡긴 사실은 이러한 상징성을 띠고 있다. 이어 청년외교단은 조직의 외연을 확대하면서 7월 초순경 안재홍을 총무로 추대하는 등 주로 6월~7월 사이에 중앙조직을 완성하고 지부까지 확장하여 나감으로써[68]

---

[66] 「1심 판결서」, 745~746쪽; 「控訴에 대한 판결서」, 772쪽.
[67] 「控訴에 대한 판결서」, 769쪽.

청년외교단의 조직 체계가 완성되었다. (자료 E)는 청년외교단의 이러한 조직화 과정을 함축하고 있다.

이처럼 청년외교단은 결성 이후 서울에 中央部를 설치하고, 국내와 상하이 등지에 支部를 두고 조직을 확대해 나갔다. 중앙부는 총무(안재홍·李秉徹), 외교부장(金演祐)·재무부장(金泰珪)·편집국장(李儀景)·幹事長(金鴻植)·외교원(조용주·연병호·柳興植)·외교특파원(李鍾郁·조소앙)·특별단원(鄭樂倫)으로 구성되었다. 중앙부의 체제는 단장이나 총재 같은 단체장의 자리를 비워두고, 총무 중심의 체계로 구성되었음이 특징이다. 2인 총무제 아래에서 안재홍은 강령·규칙 등 운영의 기초가 되는 문안 작성의 일을 맡았고, 이병철은 주로 자금과 조직을 담당하였다.[69]

청년외교단의 성격은, 1919년 8월 상순 안재홍이 주필이 되어 작성한 뒤, 안재홍·이병철 양 총무의 명의로 대한민국임시정부 앞으로 보낸 6개 항의 「건의서」에서 분명하게 드러난다. 일제 관헌 자료에 따르면, 이병철·안재홍·연병호·송세호·조용주[70] 등은 국제연맹회의에 특파원을 파견하여 한국독립운동에 대해 열강이 원조·승인케 할 필요가 있음에 공감하고, 건의서를 상해임시정부에 제출하기로 협의한 뒤에 안재홍이 주필이 되어 6개 조의 건의서를 작성하였다. 이에 1919년 8월 청년외교단은 안재홍·이병철 명의

---

68) 이병철의 심문조서에는, 조용주가 청년외교단의 인장을 건네준 뒤 며칠 후 연병호가 와서 안재홍을 동단의 총무로 추천해서 승낙하였으며, '其後 陰6월경'에 鄭樂倫은 李鎬承·金泰珪·李康夏·羅昌憲·鄭錫熙·柳興煥을 가맹시키고 金泰珪를 중앙부의 財務部長에 이호승을 대전지부장에 임명하였다고 진술하였다. 「1심 판결서」, 743~744쪽. 다른 판결문에서는 이병철의 심문조서를 인용하면서 위의 시기를 '陰6월 중순경'이라 하였다. 「控訴에 대한 판결서」, 769쪽. 1919년 음력 6월 1일은 양력 6월 28일, 음력 6월 20일이 양력 7월 17일이었다.

69) 張錫興, 「앞의 논문」, 9~10쪽.

70) 『高等警察要史』, 191쪽에 조용주의 이름이 나오는데, 조용주는 이미 6월경에 출국하였으므로, 8월경에는 국내에 없었다.

로 대한민국 임시정부 국무총리 李承晩 앞으로 건의서를 작성하여, 당시 상
해임시정부의 특파원[71]으로 서울에 와 있던 李鍾郁에게 주어 이를 携行시켜
전달하였다. 이 「건의서」에 대하여 임시정부 국무총리 대리 安昌浩는 "建議
를 嘉納함"이라는 回答을 같은 해 9월 8일자로 보내왔고, 청년외교단은 이를
10월 초순 접수하였다.[72]

「건의서」를 작성·전달한 일은 이 단체의 주요 활동이었는데, 이를 안재홍이
주필[73]이 되어 작성하였으므로, 여기서 이 시기의 그의 운동노선을 함께 파
악할 수 있다. 첫째 항에서 "理想과 主義의 大旗幟下에 各派의 大贊協同을
標榜하야 萬一의 感情的 衝動의 弊害가 없도록 全力할 것"이라 하여, 협동의
원칙을 밝혔다. 즉 이상·주의에 입각한 '협동'을 대의로 천명함으로써 '감정
적 충동'을 극복하려 하였다. 이어 "內閣各部總長은 上海에 集中하야 政務의
統一을 期할 것"(2항)을 촉구하였다. 이는 아직 내각 책임자들이 상해에 부임
하지 않고 있는 당시 상황을 우려하며 상해임시정부의 완성을 재촉한 바였

----

71) 일제 관헌 자료에는 '연락원' 또는 '통신원'으로 되어 있다.

72) 「高警 자료」, 501쪽 : 『高等警察要史』, 191쪽. 「高警 자료」는 『건의서』를 발송한 시기
를 '8월 상순'이라 하였다. 이 「건의서」의 내용과 안창호의 회답은, 金正明 編, 『앞의
책』, 210~212쪽에 全文이 실려 있다. 번역문은 國史編纂委員會, 『앞의 책』, 502~503쪽
을 그대로 인용하였다.

73) 그런데 「건의서」를 발송하는 명의 때문에 마찰이 있었던 듯하다. 안재홍의 심문서에
따르면, 연병호가 안재홍에게 「건의서」를 기초함에 '不備의 點'이 있으면 補正하여
달라 요청하였다. 안재홍이 보정을 한 뒤, 연병호는 이를 안재홍의 명의로 발송함을
승낙해 달라고 '切望'하였고, 이후 안재홍의 명의로 발송한다고 말하였다. 「1심 판결
서」, 746쪽 ; 「控訴에 대한 판결서」, 772쪽. 연병호는 임시정부에 보내야 할 「건의서」
라 하며, 이를 이병철에게 보여주었는데, 同書에는 총무로서 안재홍의 명의만을 기록
하였으므로, 이병철은 연병호를 '詰責'하며 자신의 이름을 기재토록 하여 「건의서」를
발송하였다. 「控訴에 대한 판결서」, 770쪽. 「건의서」를 안재홍의 명의만으로 발송하
려 하였음은 안재홍의 대표성을 가리키며, 이병철이 이를 힐책하였다 함은 2인 총무
제가 대표성의 문제로 내부에서 갈등의 소지가 있었음을 보여주는 예이다.

다. 1·2항[74]은 이상과 주의에 입각하여 임시정부를 중심으로 '각파 협동'하자는 대의 아래, 임시정부의 집중·통일을 촉구한 임시정부 중심의 독립운동론이었다.

이어 「건의서」는 대내·대외의 두 방향에서 임시정부의 운동 방략을 구체화시켜 4개 항을 제시하였다. 이 가운데 3개의 항이 임시정부에 외교활동의 방침을 건의하는 구체안이었다. 이는 "列國政府에 直接 外交員을 特派하야 外交事務를 急進的 擴張케 할 것"(3항), "日本政府에 外交員을 派遣하야 國家의 獨立을 正面으로 要求할 것"(4항), "適材를 廣聚하야 輿論을 喚起하기 爲하야 趙鏞殷君에게 至急 信任狀을 交付하야 聯盟會議에 派遣하여 外交事務를 執行케 할 것"(6항) 등이었다.[75]

끝으로 5항은 "內外의 策應을 緊密且專一케 하기 爲하야 政府로부터 人員을 派遣하여 內地 各團體及 宗派間의 代表者와 協議한 後 京城에 交通本部를 設置하야 一切 策動의 中樞機關을 作成케 할 것"을 건의하였다.[76] 이는 해외에서 임시정부를 중심으로 해외독립운동이 결집하자고 촉구하면서, 국내에서는 이에 호응하여 각 독립운동단체들이 연합하여 통일된 중추기관을 설치하자는 주장이었다.[77] 이 「건의서」를 작성할 무렵, 청년외교단이 임시정부가 추진하는 교통국과 연통제의 상황을 얼마나 파악하였는지는 확인할 수 없지만, 양자의 실체를 알고 있었음은 분명하며,[78] 또 청년외교단이 연통

---

[74] 1·2항에 대한 안창호의 답신은 각각 "其一의 協同妥和는 此는 勿論이다"·"其二의 集中統一은 亦是 實行中'이었다.

[75] 이에 대한 안창호의 답산은 다음과 같다. "其三의 外交擴張할 것은 機會보아서 할 것", "其四의 日本에 正面要求할 것은 考慮하여 行할 것", "其六의 趙鏞殷을 任命하는 것은 特使 金奎植氏의 意向에 따라 定하는 것으로 한다."

[76] 이에 대한 안창호의 답신은 "其五의 內外의 策應을 緊密且專一케 하기 爲하야는 專員을 派遣하였다, 依하여 妥定할 것"이었다.

[77] 張錫興, 「앞의 논문」, 282쪽.

부의 구실을 대행하기도 하였다.[79] 위의 5항은 '교통본부'라 표현하였지만, 문맥이 의미하는 바를 세심히 보면, 교통국의 성격을 띤 '교통본부'가 아니라, 국내의 독립운동단체를 통괄하는 중추기관으로서 '연통본부'를 가리켰다. 즉 해외의 임시정부와 국내의 중추기관이 연통하고자 하였다. 이 또한 임시정부와 국내의 중추기관을 임시정부 중심으로 일원화하려는 운동론이었다. 청년외교단이 대단결을 전제로 배달청년단으로 조직 개편을 꾀한 의도도 이와 관련이 있었다.

청년외교단의 중심인물인 연병호·안재홍·송세호·이병철 등은 1919년 9월, 청년외교단과 같은 소규모 단체로는 독립운동을 완전히 수행할 수 없으므로, 주의를 함께 하는 국내 각지의 독립운동단체를 하나로 통합하는 원칙을 정하여 조직을 확장·개편하고, 명칭을 '倍達靑年團'으로 개칭하기로 결정하였다. 청년외교단이 이렇게 조직을 개편하려 한 의도와 구상은, 당시 상해 임시정부와 大韓國民議會가 통합임시정부를 수립하는 분위기에 고무되어, 自단체가 중심이 되어 국내 각 독립운동 단체들을 하나로 연합하여 통일된 체계를 이룬 聯通本部를 추진하려는 데 있었다.[80] 즉 위에 본「건의서」5항

---

78) 임시정부가 연통제를 실시할 무렵, 즉 7월부터 임시정부는 동시에 국내에 특파원을 '連送'하기 시작하였다. 특파원의 목적은 "1. 聯通制 施設, 2. 宣傳及示威運動, 3. 內外地에 宗敎·團體及有力者 連絡"의 3개 항이었고, 7월 16일부터 특파원 파견이 이루어졌다. 金容達,「대한민국임시정부의 국내 특파원」, 한국근현대사학회 편,『앞의 책』상, 382~383쪽. 여기서 중요한 바는, 7월 16일에 최초의 특파원으로서 파견된 사람이, 함경남도 특파원으로 파견된 李鍾郁이었다는 사실이다. 이때 그가 비록 선전과 시위 운동을 목적으로 특파되었지만, 이것이 연통제와도 관련이 있음은 쉽게 짐작할 수 있다(이후 이종욱은 두 차례 더 파견되었다). 金容達,「위의 논문」, 378·383~384쪽. 1919년 7월 16일 국내에 임시정부의 '특파원'으로 국내에 파견된 이종욱은, 다시 청년외교단의 '외교특파원'으로「건의서」를 상해임시정부에 전달하였다.

79) 앞의『독립운동사-임시정부사』제4권, 270쪽

80) 張錫興,「앞의 논문」, 281~282쪽.『高等警察要史』, 191쪽에는 배달청년단 조직을 협의한 인물로 조용주를 포함하여 5명을 들었는데, 장석흥도 이에 근거하였음인지 조용

의 일익을 담당할 목적이었다고 보인다.

일제의 판결문에 따르면, 안재홍이 1919년 9월 초순경 자신의 숙소에서 이병철·송세호·연병호와 의논하여 청년외교단을 배달청년단[81]로 개칭하여 그의 擴張振興을 도모하였다. 이에 안재홍은 10월경 '倍達靑年團 綱領 及 規則'이라고 題한 강령으로, 本黨은 민족의 독립, 舊領土의 회복, 민주정치의

주를 포함하였다. 그러나 앞서도 지적하였듯이, 조용주는 이때 이미 출국한 상태였다. 여기서 가장 중요한 문제로 이 단체의 이름 문제를 생각해 보아야 한다. 일제의 관련 자료는 모두 '大達靑年黨'으로 기록하였는데, 『獨立新聞』(1920.1.1)의 기사에는 '倍達靑年黨'으로 보도하였다. 이에 근거하여, 앞의 『독립운동사-임시정부사』 제4권, 499쪽과 장석흥의 「위의 논문」에서도 '倍達靑年黨'이 정확하다고 보았다. 그러나 청년외교단 사건을 보도한 국내 신문기사에는 '배달청년단'·'빈달청년단'이란 명칭이 등장하는데, 이것이 본디의 명칭이었다고 생각한다. 청년외교단 사건을 최초로 정리한 「高警 자료」(1919. 12. 3)에는 이에 대한 언급이 전혀 없다. 필자가 조사한 바로는, 청년외교단 사건의 전말을 최초로 보도한 「妄動의 經過概要」, 『每日申報』(1919.12. 19)에 '大達靑年黨'의 이름이 등장하였다. 이 『매일신보』 기사는 12월 16일자 경상북도 제3부가 발표한 바에 근거하여 작성되었고, 이후 일제 관헌 기록에 모두 '대달청년단'으로 기재되었다. 그런데 위의 『每日申報』를 참조·인용한 「兩團體가 打擊을 受함」, 『獨立新聞』第三十四號(大韓民國 二年 一月 一日)에서 倍達靑年黨으로 정정하여 보도하였다. 이후 청년외교단 사건의 제1회 공판을 보도한 당시 국내 신문은 '배달청년단'으로 보도하였다. 「大韓靑年外交團과 大韓愛國婦人團의 第一回公判傍聽速記録」, 『東亞日報』(1920. 6. 9)가 안재홍의 심문 내용을 보도한 바에 따르면, "그후 십월 초삼일에 쏘 맛낫지요 연병호의 말이 청년회라 함은 범위가 적은 즉 명칭을 곳처서 배달청년단이라고 변경"하기를 제안하였다. 이어 『동아일보』는 "피고 안재홍에게 배달청년단을 조직하야 치안을 방해"한 판결문의 내용을 또 보도하였다. 「大韓靑年外交團과 大韓愛國婦人團의 第一回公判傍聽速記録」, 『東亞日報』(1920. 6. 11). 「靑年外交團과 愛國婦人團의 第一回公判」, 『獨立新聞』第八十六號(大韓民國 二年 六月 廿四日)는 위의 『동아일보』(1920. 6. 9)의 보도를 거의 그대로 인용하면서 '빈달靑年團'이라 보도하였다. 이상의 신문 보도를 보면 '배달청년단'이 옳다고 생각한다. 일제 자료가 '배달'을 왜 '大達'로 기록하였는지 확인할 수 없었는데, 국내 신문보도에 근거하면 '倍達'이 옳다. 또 당시 국내외의 독립운동 단체에서 단체명으로 '黨'을 사용한 예가 희소함을 생각하더라도, '團'을 '黨'으로 개명하지는 않았다고 보인다.

[81] 물론 재판 기록과 일제 관헌 자료에는 모두 '大達靑年黨'으로 되어 있지만, 고쳐서 표현하겠다.

수립을 期한다는 취지의 조항을 起案하였는데, 아직 완성에 이르지 못한 상태에서 체포되었다.[82] 이처럼 배달청년단은 안재홍이 주도력을 갖고 계획하였는데, 9월 이후 강령·규칙 등을 안재홍이 주필이 되어 입안하기로 결정하고,[83] 10월 하순경 들어 조직 개편의 준비에 착수하였지만, 11월 말에 청년외교단의 조직이 발각되어 계획을 성사시키지 못하였다.

배달청년단의 강령으로 현존하는 부분을 해석해 보면, 주권과 영토를 회복하여 민주주의국가를 수립한다는 원칙을 천명하였는데, 이것이 청년외교단의 발족 취지에서 진전한 바는, 독립 이후의 건국의 방침으로 '민주정치'를 분명하게 내세웠다는 데 있었다. 그러나 근본에서는 배달청년단은 청년외교단과 동일한 성격을 지닌 채 외연의 확대를 뜻하였을 뿐, 운동 목표의 변화를 꾀하지는 않았다. 이는 앞서 보았듯이, 연병호가 "청년회라 함은 범위가 적은 즉 명칭을 곳처서 배달청년단이라고 변경"하기를 제안하고, 이 내용은 "외교정책을 연구하고 림시정부를 원조"하는 데 있었다는 신문 보도에서도 분명하게 확인된다.[84] 외교정책 연구와 임시정부 원조는 청년외교단이 조직된 근본 목적이었다.

안재홍이 검거된 날은 11월 27일이었다. '간첩'이 밀고하여 임시정부에 보낸 「건의서」를 비롯하여 일체의 서류가 함께 발각되었다. 청년외교단·애국

---

[82] 「控訴에 대한 판결서」, 766쪽. 안재홍 예심조서에 따르면, 연병호가 대한민국외교청년단의 명의로는 범위가 좁으니, 한층 더 큰 同취지의 단체를 조직하여 독립을 위해 노력하자고 말하여 찬성하자, 연병호가 배달청년단이라고 칭하면 어떨까 제안하며 안재홍에게 規則書의 起草를 의뢰하였다. 안재홍은 同年 10월 하순경 자택에서 기초에 착수하여 약 반 정도 기안하였는데 가택수색을 당하여 압수당하였다. 또 안재홍은 신문조서에서, 배달청년단은 연병호·이병철·송세호 등과 계획하여 '대대적으로 집단'을 만들어 활동할 생각이었다고 진술하였다. 「控訴에 대한 판결서」, 772~773쪽.

[83] 『高等警察要史』, 191쪽.

[84] 「大韓靑年外交團과 大韓愛國婦人團의 第一回公判傍聽速記錄」, 『東亞日報』(1920.6.9).

부인회 사건으로 안재홍은 1919년 11월 경상북도 警務局 제3부에 검거되었고,[85] 1921년 5월 13일 결심 공판에서 이병철과 함께 징역 3년(다른 사람은 각각 1에서 2년까지의 징역을 선고받았다)을 받아 대구형무소에서 옥고를 치른 뒤 1922년 32세의 나이로 출옥하였다.[86] 이것이 그에게는 9차례 7년 3개월의 고난의 시작이었다.

IV. 맺음말
: 3 · 1민족운동과 대한민국임시정부의 계기성 · 법통성 인식

안재홍이 대한민국임시정부를 지원하는 청년외교단 활동까지 '기미운동'의 범주에 포함시키는 논리의 이면에는, 대한민국임시정부의 수립이 3 · 1민족운동이었다는 역사의식이 자리잡고 있었다. 식민지 치하의 여건이 '3 · 1정신'과 대한민국임시정부의 계기성 · 동질성을 인식하는 표현을 허락하지 않았으나,[87] 안재홍은 청년외교단에 가입할 때부터 3 · 1민족운동과 대한민국

---

[85] 「夢陽 呂運亨씨의 追憶」, 『選集』2, 199쪽 : 앞의 『독립운동사 · 임시정부사』 제4권, 450쪽.

[86] 대구 감옥에 재감 중이었던 안재홍은 1922년 6월 9일에 가출옥되어 진위군의 자택으로 향하였다. 「安在鴻氏 出獄-구일 대구감옥에서」, 『東亞日報』(1922. 6. 13).

[87] 안재홍의 '기미운동'이 8 · 15해방 후의 임정법통성의 역사의식으로 연결되는 맥락을 확인하려면, 1920년대 이후 식민지시기 말기까지 임시정부의 분열상 · 통합상 등을 비롯한 임시정부의 전체 상황과 관련시켜, 안재홍이 임시정부를 어떻게 인식하였는가를 규명해야만 그의 임정법통론의 형성 배경이 온전히 해명될 수 있다. 그러나 식민지 시기 국내에서 이러한 인식을 표출하기는 불가능하였으므로, 청년외교단 사건 이후 8 · 15해방 전까지 안재홍의 임시정부관을 규명하는 일은 논리상 불가능하다. 이 점에서 이 논문은 8 · 15해방 후 안재홍의 중경임시정부추대론이 3 · 1민족운동에 참여한 경험에서 형성되었음을 밝히는 데 그칠 수밖에 없는 한계가 있다. 단 안재홍

임시정부 사이의 계기성을 중시하였다. 이러한 역사의식은 8·15해방 후 대한민국임시정부의 법통성을 주장하는 역사의식으로 이어졌고, 그의 신민족주의 국가건설운동의 과정에서 발현되어 매우 중요한 정치노선을 이루었다.

8·15해방 뒤 안재홍은 중경대한민국임시정부를 중심으로 '신정부'를 수립해야 한다는 '重慶臨時政府迎立補强論'을 내세웠고,[88] 나아가 신생 대한민국이 대한민국임시정부의 법통성을 계승해야 한다고 역설하면서, 이는 3·1민족운동에서 연원하는 역사의 요청이라고 강조하였다. 이 점에서 안재홍의 청년외교단 활동과 이로 인한 첫 번째 투옥이 대한민국임시정부와 연계된 사실은, 8·15해방 뒤 그의 국가건설운동의 방향을 예시하는 출발이었다.

8·15해방 후 안재홍은 3·1민족운동과 대한민국임시정부로 이어지는 법통성을 신국가건설운동의 전거로 내세웠다. 그는 3·1민족운동의 가시화된 성과로 무엇보다도 대한민국임시정부 수립을 들었다. 그는 3·1민족운동의 지속성을 언급하면서, 이 투쟁이 '一時의 示威'에 그치지 않고, 무엇보다도 '獨立運動의 總本營으로서의 臨時政府'를 수립하였음에 큰 의의를 두었다. 그리고 이를 기반으로 삼아, 파리강화회의에 독립을 요청하는 사절을 파견하

<hr/>

은 1944년 7월 송진우와 시국대책을 협의할 무렵, 중경의 임시정부를 비롯하여 延安 등지에서 해외의 독립운동 세력들이 분립함을 알았으므로, 임시정부의 실체를 과대평가하지는 않았다. 이러한 인식이 해방정국에서 '임시정부절대지지론'이 아닌 '임시정부영립보강론'으로 나타났다. 김인식, 2005, 『안재홍의 신국가건설운동 1945~1948』, 선인, 44~49쪽.

[88] 안재홍은 좌익 계열이 인민공화국을 組閣하여 정부화하는 데 단연 반대하면서, 정식 정부를 수립하는 길은 이미 임시정부의 형태로 조직되어 있는 "大韓民國臨時政府를 迎立 補强함이 가장 쉬운 方法"이라고 강조하였다. 이러한 '중경임시정부영립보강론'은, 중경임시정부가 과도정부의 자격으로 執政하고, 국내외에서 활동한 모든 혁명역량을 이에 집결시켜 중경임시정부를 보강·확충하여—중경임시정부 그대로가 아니라— 신국가건설을 추진하는 주체로 삼아 정식정부를 수립하자는 주장이었다. 안재홍의 중경임시정부영립보강론과 운동은 김인식, 2005, 『앞의 책』, 제2·3장을 참조.

고, 서로군정서·북로군정서 등이 설치되어 압록강을 넘나들며 투쟁하였으며, 이는 다시 청산리전투의 전과로 이어지는 등 '영속하는 民族鬪爭의 과업'으로 계승되었다고 강조하였다.[89) 그는 이러한 지속성이 마침내 8·15해방을 가져왔다고 확신하였다.[90]

안재홍은 1948년 8월 대한민국정부수립도 '3·1정신'의 실현으로 인식하였다. 8·15해방 후 그는 중경임시정부를 '新政府'로 추대하려는 운동을 전개하면서, 임시정부를 지지함이, 3·1민족운동에 근거한 '민족해방투쟁의 전통'이며 멀리 '민족사상 正大한 요청'이라고 주장하였다.[91] 이와 같이 단언할 만큼, 안재홍은 대한민국임시정부의 항일운동을 전제하여 "三·一運動 이래 二十七年 동안 民族解放運動의 전통은 누가 新政府를 조직하든지 당연 健承될 바"임을 강조하였다.[92] 그는 "己未運動 이래 民族運動의 法統을 叫號하는 重慶臨時政府"의 역사성을 중시하면서, 대한민국임시정부의 법통이 '기미운동'에서 연원하고 있음을 분명히 밝혔다.[93]

안재홍은 '대한민국'이라는 국호 자체가 '3·1정신'과 상해임시정부의 법통을 계승한 데에서 성립하였으므로, 대한민국의 신정부가 임시정부의 법통을 의당 떠메야 한다고 역설하였다.[94] 그는 신생 대한민국이 대한민국임시정부의 법통을 계승해야 함은 "人民共和國에 상대하여 重慶臨政을 전면적 또는 最大의 지지를 하여 오던 八·一五 이래 民族主義 陣營 傳統의 精神이니, 그것이 三八線을 사이에 놓고 南北對立하는 오늘날 또 어찌할 수 없는 현실

89) 「三·一精神과 民族大義」, 『選集』2, 408쪽.
90) 「三·一大義의 再宣揚」, 『選集』2, 102쪽.
91) 「3당 공동 성명」, 『선집』7, 45쪽.
92) 「建國救民運動의 高調」, 『選集』2, 92쪽.
93) 「民政長官을 辭任하고」, 『選集』2, 262쪽.
94) 「大韓民國 建設의 構想」, 『選集』2, 319쪽.

의 결론이다."고 지적하였다. 안재홍은 대한민국임시정부의 법통을 중시함
이 해방정국에서 민족주의진영의 정신·기반이었고, 이는 남북이 분단된 현
재 북한에 앞서는 대한민국의 정통성임을 강조하고자 하였다.

　이상에서 보았듯이, 안재홍은 3·1민족운동 → 대한민국임시정부 → 대한
민국정부 수립으로 이어지는 계기성과 법통성을 중시하였다. 대한민국이 대
한민국임시정부의 법통을 계승함은 안재홍에게는 당위론이자 역사의 요청
이었으며, 이는 그의 신민족주의 국가건설론에서 매우 중요한 역사의식이었
다.

참고문헌

1. 사료

慶尙北道警察部, 1934, 高等警察要史.

國史編纂委員會, 1967, 韓國獨立運動史三.

金正明 編, 1967, 朝鮮獨立運動-民族主義運動第Ⅰ卷 分冊, 原書房.

金正柱 編, 1970, 『朝鮮統治史料』第五卷, 韓國史料研究所.

安在鴻選集刊行委員會 編, 1981~2008, 民世安在鴻選集1~7, 知識産業社.

2. 논저

金容達, 대한민국임시정부의 국내 특파원, 한국근현대사학회 편, 1999, 대한민국임
　　　시정부 수립 80주년 기념논문집상, 國家報勳處.

이진오, 2009, 정노식의 행적과 朝鮮唱劇史의 저술 경위 검토, 판소리 연구제28집,
　　　판소리학회.

張錫興, 1988, 大韓民國靑年外交團 研究 한국독립운동사연구제2집, 독립기념관 한
　　　국독립운동사연구소.

지수걸, 31운동의 역사적 의의와 오늘의 교훈, 한국역사연구회역사문제연구소 엮
　　　음, 1989, 31민족해방운동연구, 청년사.

千寬宇, 1978년 겨울, 民世 安在鴻 年譜 創作과 批評통권 50호, 創作과 批評社.

강만길, 1999, 20세기 우리 역사, 창작과 비평사.

김인식, 2005, 안재홍의 신국가건설운동 1945~1948, 선인.

김인식, 2006, 중도의 길을 걸은 신민족주의 - 안재홍의 생각과 삶, 역사공간.

김정인 · 이정은, 2009, 국내 31운동Ⅰ-중부북부, 한국독립운동사편찬위원회.

김진호 · 박이준 · 박철규, 2009, 국내 31운동 Ⅱ-남부, 한국독립운동사편찬위원회.

독립기념관 한국독립운동사연구소 편, 1999,「유자명 수기 : 한 혁명자의 회억록」.

독립운동사편찬위원회 편, 1972, 독립운동사-임시정부사제4권, 독립유공자사업기
        금운용위원회.

박찬승, 1992, 한국근대정치사상사, 역사비평사.

趙東杰, 1989, 韓國民族主義의 成立과 獨立運動史硏究, 지식산업사.

Ahn Jae Hong's 'Gimi Movement' and His Historical Consciousness about the Legitimacy of Korean Provisional Government

Kim In Sik

Historical consciousness that was formed through active participation in the March 1st National Movement affected various political groups in their ideology and policy. This paper analyzes the case of Ahn Jae Hong as part of examining logical effects of the perception about the March 1st National Movement on the political groups' nation-building movements following the national liberation on August 15, 1945.

Ahn Jae Hong perceived causality and continuity between the March 1st National Movement and the establishment of Korean Provisional Government, and this perception logically extended into asserting the legitimacy of the provisional government. Such a historical consciousness resulted, after the 1945 liberation, in emphasizing as a matter of course the successive legitimacy from March 1st National Movement, to Korean Provisional Government, and to

Republic of Korea. He emphasized that the Republic of Korea must succeed the historical legitimacy of the Korean Provisional Government since the latter's legitimacy arose from succeeding the spirit of the March 1st Movement.

This paper aimed at understanding how Ahn Jae Hong's motivating reasons and activities for the March 1st National Movement formed the background to his theory of the Korean Provisional Government's legitimacy. First, we examined what terms and phrases he used to define and articulate the March 1st National Movement. He most often used the term 'Gimi Movement,' and this term contained his perspective of the movement that was beyond merely an event. Second, we described his activities prior to the March 1st National Movement and his motives for participating in the movement. Third, we reviewed his activities in the Korean Youths for Diplomatic Services that he regarded to be within the category of the March 1st National Movement. Finally, we examined how he understood the successive causality between the March 1st National Movement and the Korean Provisional Government, and how he connected it with his theory of the Korean Provisional Government's legitimacy. His historical consciousness, which was shared by center-right nationalists, was the background behind his political position that was completely different from that of left-wing affiliates.

Key words: Gimi Movement, Korean Provisional Government, Republic of Korea, Korean Youths for Diplomatic Services, March 1st National Movement, legitimacy of the provisional government, Chosun Fraternity to Promote Korean Textiles and Products

안재홍, 그 제애 없는 정전의 삶

윤대식 (한국외대 연구교수)

Ⅰ. 머리말

1924년 안재홍은 조선일보 주필로 활동공간을 바꾸면서 ≪朝鮮日報의 新使命-天下民衆에게 申明함≫이란 논설에서 "人生이란 워낙 永遠히 쉬임이 업는 征戰의 길을 나아가는 나그내이다. 窮達과 成敗의 界線을 超越하고 苦樂과 生死의 境域을 解脫하여서 다만 最善의 노력─永遠한 征戰이 잇슬 쑌이다. 永遠히 未了한 事業을 際涯업시 바라보며 쉬일 새 업시 나가는 戰士이다"[1]라고 천명했다. 1924년은 안재홍 자신이 최남선의 시대일보 논설반에 참여하면서 본격적으로 언론을 통한 항일투쟁을 전개했던 시기이기에, 아마도 안재홍 자신이 항일투쟁에 대한 각오와 재정비를 표명하는 것으로 생각해 볼 수 있다.

여기에서 주목할 점은 안재홍이 인생을 '영원한 정전(征戰)'으로, 자신을 '끝나지 않은 사업을 끝없이 바라보며 쉬지 않고 전진하는 전사(戰士)'로 규

---

[1] 안재홍, "조선일보의 신사명-천하민중에게 신명함"(조선일보 1924/11/01), 안재홍선집 간행위원회, 『민세안재홍선집 Ⅰ』(서울: 지식산업사, 1981; 이하 "제목", 『선집 Ⅰ』 또는 『선집 Ⅱ』(년도, 페이지 수)로 기재), pp. 74-75의 내용을 원문 그대로 인용한 것임.

정하는 대목이다. 물론 언론활동으로 출발한 안재홍의 항일투쟁 양상을 통해 그를 지사적 투사(志士的 鬪士)로 평가하고 있고, 그 자신의 삶이 가진 무게를 '전사'로 비유한 것도 흥미롭지만, 그 무게만큼 진지한 삶에 대한 안재홍의 태도야말로 간과해서는 안 될 사안이기도 하다. 즉 삶에 대한 안재홍 스스로의 이해와 현재 우리가 알고 있는 안재홍의 삶에 대한 이해가 상당한 괴리를 안고 있을 수 있다는 점을 고려해야 한다.

일반적으로 항일투쟁의 역사를 바라보는 우리의 시각은 도덕적, 역사적 당위성이라는 거대 담론의 맥락에 의해 결정되었다. 예를 들어 의병투쟁의 정의로움과 좌절에 대한 안타까움, 안중근 의사의 이토오 히로부미 처단에 대한 기개와 용기의 존경, 한국 역사에 대한 자부심과 이와 대조하여 잔혹한 식민통치와 역사망각에 대한 일본의 책임을 강력하게 묻거나 을사오적에 대한 준열한 비판과 척결되지 못한 친일파에 대한 분노 등은 '당연하다'고 받아들이고 있다.

그럼에도 불구하고 현재 우리는 친일파에 대한 청산도, 우리 역사에 대한 자부심도 모두 완전하게 이루어내지 못하고 있다. 도대체 어떤 이유가 있는 것일까? 물론 이러한 이유 중 하나로 일제에 의한 식민통치라는 특정한 역사 경험이 영향을 주었음은 분명한 것으로 보인다. 왜냐하면 식민통치의 속성 자체가 피식민 대상인 우리 스스로의 삶에 대한 판단과 결정권을 박탈했기 때문이다. 더욱이 식민통치로 인해 각성된 민족의식과 우리 역사에 대한 재조명은 역사의 과도한 성화(聖化)를 가져올 위험성을 안고 있었고, 현재 우리는 역사의 성화라는 틀 내에서 항일투쟁을 당연한 것으로 받아들이는 인식을 형성함으로써 항일투쟁에 참여했던 행위자들의 삶 그 자체도 성화시켜 받아들일 위험성을 안게 되었다.

가장 극명한 사례는 적극적인 항일투쟁의 삶을 살았던 행위자들에 대해 그들 자신이 겪었을 정신적 고뇌와 현실의 곤란함에 대한 무관심이다. 즉 그들 자신은 사적(私的)인 가치와 행위동기를 오로지 민족의 해방과 독립이라는 공적(公的) 가치와 동기에 부합시켰기에 현재까지 올바름의 지표로 존경받고 있지만, 그와 같은 결정을 내리기까지, 그리고 그 이후의 삶이 갖는 어려움에 대해서 우리는 냉정하기까지 하다. 오히려 민족해방과 독립이라는 지고지순한 목표를 위해 개인의 사적 영역을 포기한 것이 당연하다고 받아들이고 있다면 지나친 것일까?

만약 항일투쟁의 역사가 우리 역사에 대한 자부심을 높여주는 것으로 자랑스러울 수 있으려면, 그 주인공들에 대한 대중의 이해 역시 보다 높아져야 할 필요가 있다. 그들의 행적에만 초점을 맞추고 그들이 제시했던 현실 진단과 처방, 그리고 이상상에만 초점을 맞춘다면, 그들에 대한 실재적 진실은 거대 담론에 묻혀버릴 위험성이 있다. 그것은 개인의 삶을 희생했던 그들을 평가하는 진지하고 공정한 태도가 아니며, 오히려 그들의 삶에 대한 성화로 인해 그들의 업적 그 자체도 결국 화석화(化石化)된 역사지식의 파편으로 전락시킬 위험성을 갖는다. 따라서 그들에 대한 우리의 평가가 보다 공정하려면 먼저 "왜 그들은 다른 행위자(특히 친일파)와 다른 선택을 했던 것일까?"라는 근본적인 문제로부터 출발해야 할 것이다.

II. 정신의 삶: '고독'의 상태로서 정치적 사유

아렌트(Hannah Arendt, 1906~1975)는 『예루살렘의 아이히만: 악의 평범성에 대한 보고서』(1963)에서 전범재판 중인 아이히만의 변명과 평범함에서 악(惡)의 원인이 '생각하지 않는'(thoughtless) 삶에 있음을 지적했다. 이로부터

아렌트는 악한 행위가 인간본성의 악함에서 비롯하는 것이 아니라 행위주체
의 평범성, 즉 생각없음(thoughtlessness)에서 비롯되었다는 것을 강조하면서
'조건에 제약을 받는 인간'이란 개인의 사고능력을 발전시키는 공적 공간,
곧 언어와 말의 행위를 빌어 상호 대화가 이루어져야 비로소 사고를 계속해
나갈 수 있는 반면, 공적 공간이 파괴되었을 때 인간의 사고능력 역시 제한받
게 된다고 강조했다.2) 따라서 아렌트는 인간의 부품화, 전체로의 매몰을 가
져온 전체주의야말로 그 이데올로기를 향한 대중의 자살적인 도피(suicidal
escape)라고 강조했다.

아렌트의 정치적 사유와 마찬가지로, 안재홍(1890~1965) 역시 동시대 동일
조건 하에서 동일한 문제의식을 제기했다. 오히려 안재홍의 항일투쟁은 전
체주의에 매몰된 식민통치에 대한 투쟁이라는 점에서 아렌트의 상황보다 더
절박한 정신적, 정치적 사유에서 비롯된 것이었다. 즉 식민통치로 인해 "조선
인은 민중적으로 이 轗軻不遇 失意落魄하는 구렁에 뒤쳐 다니고 말았었다
… 그들은 방금 전후를 計料할 심리적 여유도 없고 師友나 戰友의 곤고한
처지를 선의로써 이해할 아량부터 소각되어 한갓 기분적 항쟁과 기형적 批
判癖으로써 일체를 냉소하고 일체를 비의하고 일체를 부인하고 일체를 파괴
하려는 가장 우려할 심리적 위기에 빠져 있다"3)고 진단했다. 그것은 식민통
치의 폐해가 단지 외부의 부당한 압력으로 인한 정신적·육체적 고통뿐만
아니라, 더 중요한 것은 자치(自治)하는 인간본성, 더욱이 조선인이 갖고 있
는 역동적인 정치적 삶의 열망을 형해화함으로써 더 이상 자신들의 문제를
스스로 결정할 수 없도록 하는 정치적 무관심과 냉소주의로의 전락을 경고
하는 것이었다.

---

2) 한나 아렌트, 이진우 옮김, 『인간의 조건』(서울: 한길사, 1996), p.67.
3) "그러면 이 일을 어찌하랴"(시대일보 1924/06/04) 『선집 I』, p.55.

왜 이렇게 진단했을까? 그것은 "조선인에게 정권이 없는지라 조선인은 정치생활의 권외에 서있는 인민이요, 이미 그들에게 정치생활이 없으니 또한 정치적 분야가 있을 수 없는 일"4)이라는 문제점으로 인식했기 때문이다. 만약 식민당국에 의한 공적 공간의 독점이 지속되고 조선인의 삶에서 완전히 공적 공간을 배제함으로써 식민통치에 대한 어떠한 생각-비판-도 만들어낼 수 없도록 조선인을 국외자로 방치할 경우, 조선인의 정치적 냉소주의는 정치적 삶에 대한 사유의 포기와 무관심을 불러 일으켜 결국 독립과 해방에 대한 의지를 상실하게 할 것임을 예단했던 것이다. 따라서 식민통치에 대한 안재홍의 문제의식은 "이미 포만상태에 들어간 강대국민과 및 그들에게 억압 또 주구되는 열약국민의 양대 부류로써 구분 … 동방제국민의 각성 및 운동이 앞서 말한 정복구가들에게 심대한 위협 및 번민이 되는 것은 필연한 理勢"5)라는 실재적 진리의 보편성을 지적하는 동시에 한국의 특수성을 말하는 것이기도 하다.

도대체 1920년대 일제의 식민지배가 어떤 양상으로 전개되었기에 안재홍은 이렇게 고민했던 것일까? 또한 당대를 살아갔던 여타 지식인들, 그리고 안재홍은 애초부터 이런 고민을 했던 것일까? 3·1운동을 기점으로 조선의 식민통치는 3대 조선총독으로 부임한 사이토 마코토(齊藤實)에 의해 문화정치로 전환했다. 문화정치의 표방은 언론·집회·출판의 자유를 허용하는 가시적 산물로서 조선인의 언론활동을 허용하고, 이로부터 식민지 구성원들 스스로가 자기 사회의 전근대성을 인식할 수 있도록 근대성을 확산시키는 전략적 효율성을 추구한 것이기도 했다.6) 그렇게 보자면 문화정치로의 전환

---

4) "조선인의 정치적 분야"(조선일보 1925/01/21), 『선집 I』, p.93.
5) "동방 제국민의 각성"(조선일보 1925/06/28), 『선집 I』, p.121.
6) 한기형, "문화정치기 검열체제와 식민지 미디어,"『대동문화연구』 51집(2005), p.72.

은 이전 무단정치의 종결이 아니라 장기적인 전망 속에 점진적으로 조선인의 의식과 관습을 바꾸는 지배로의 전환을 의미했다.[7]

안재홍 역시 이 시기를 "평정한 현하의 조선에는 공포정치가 영속적으로 집행"되는 위기로 판단하고 식민당국의 정책을 '殺氣에 싸인 문화정치'로 통찰한다.[8] 왜냐하면 "헌병정치 또는 무단정치에 대하여 문화정치라고 하는 것은 즉 입법적의 통치를 이름이다 … 그는 곧 무력의 단일한 표현이던 寺內씨의 헌병정치에 대하여 그의 복식표현인 엄형준법의 가혹한 통치로서의 맹목적인 강압책을 영구히 지속하여야 할 것을 주장 또 고취하는 바"[9]이기 때문이다. 따라서 안재홍 스스로 고백하듯이 "自己는 自己에게 한 개의『善良한 管理者』밖에 아니 되는 것을 믿었었다. 나는 매우 宗敎的이오 信仰的이었든 것이다. 人道的感憤이 崇高하여야 그征戰의 意欲이 매우 純粹强猛한 것이라고 믿고 斷定하였든 것"[10]인 정치적 성찰과 사유가 결여된 지식인의 모습에서 3·1운동 당시 29세의 청년이었음에도 불구하고 "아무것도 못하고 상심만 하던 내가 나서면서 징역살이를 하기에는 자기가 너무 가엾어서"[11] 선두에 나서기를 꺼렸지만, 1920년대 일제의 문화정치 전환이 그의 정치적 각성을 일깨우는 계기로 작용했던 것이다.

그러나 안재홍의 정치적 각성만큼 당대 조선의 지식인들 모두 동일한 문제의식을 가졌던 것은 아니었다. 안재홍과 마찬가지로 조선인의 정치적 삶, 즉 자치 여부에 대한 진단은 동일했지만 전혀 다른 처방을 선택한 지식인들

---

7) 전상숙, "1920년대 사이토오 총독의 조선통치관과 '내지연장주의'," 『담론 201』 11권 2호(2008), pp.10-15.

8) "공포정치"(조선일보 1924/10/10), 『선집 I』, p.72.

9) "그릇된 견해-박열문제 기타에 관하여"(조선일보 1926/09/27~30), 『선집 I』, p.169.

10) "나의 人生觀," 『신동아』 6권6호(1936).

11) 이정식, "민세 안재홍의 「자서전」," 『신동아』(1976), p.300.

안재홍, 그 제애 없는 정전의 삶 **61**

도 존재한다. 그 처방 중 하나로 이 시기부터 본격적으로 선실력 후독립을
요구하는 실력양성론이 제기되었고, 최남선·김성수·이광수 등 식민당국과
정치적으로 타협하고 협력하여 민족이 독립할 수 있는 실력부터 길러야 한
다는 입장을 제기한 지식인들은 민족성을 개조하고 조선인 각자가 근대 서
구적 시민으로 다시 태어나야 할 것과 조선총독부의 정책에 더 적극적으로
참여할 것을 주장하는 민족개조론과 자치론을 전개했다.[12]

특히 이광수의 민족개조론은 3·1운동의 실패와 문화정치로의 전환에 따
른 1920년대 민족주의를 자처했던 일부 부르주아 세력들이 절대독립을 포기
하고 일제가 허용하는 범위 안에서 민족을 개량하려는 민족 개량주의였
다.[13] 이광수는 "오늘날 조선사람으로서 시급히 하여야 할 개조는 실로 조선
민족의 개조"라고 강조하면서 "조선민족 쇠퇴의 근본 원인은 타락된 민족성
에 있"기 때문에 민족성 개조의 시급함을 요구했다.[14] 더 나아가 1924년『동
아일보』에 게재한 이광수의 사설 '민족적 경륜'은 "지금의 조선 민족에게는
정치적 생활이 없"는 이유가 "지금까지 하여 온 정치적 운동은 전혀 일본을
적국시하는 운동 뿐이었"기 때문이라고 지적하면서, "조선 내에서 許하는 범
위 내에서 일대 정치적 결사를 조직하여야 한다는 것이 우리의 주장"이라고
선언했다.[15] 그것은 "그 정치적 결사가 생장하기를 기다려 그 결사 자신으로
하여금 모든 문제를 스스로 결정케 할 것"[16]이라는 대답으로부터 일제와 타
협한 자치운동의 정체를 공공연히 드러내는 것이었다.

안재홍은 이광수와 마찬가지로 "사건의 당사자는 항시 그 處置의 安當을

---

12) 정윤재, "일제강점기 민족생존의 정치사상,"『동양정치사상사』4권1호(2005), p.37.
13) 김인식, "안재홍의 신간회 운동,"『애산학보』33집(2007), p.85.
14) 이광수, "민족개조론,"『민족개조론』(서울: 우신사, 1981). pp.92-93.
15) 이광수, "민족적 경륜,"『민족개조론』, pp.64-68.
16) 이광수, "민족적 경륜,"『민족개조론』, p.68

잃고, 그의 傍觀者는 늘 그 批判의 正鵠을 벗어나는 弊가 많다. 그 둘은 지금
다 각각 구구한 自己의 城壁에 들어앉아, 그의 周圍에서 奔走하는 群衆들을
보고, 가지각색의 冷評과 熱罵만 일삼는 것 같다"17)는 경향을 거론하면서,
국외자로서 방관의 태도를 가진 당대 조선인들의 정치적 무관심과 냉소주의
를 거론한다. 왜 그런 것일까? 그것은 자기결정권이 없는 조선인의 상황이
출애급기(出埃及記)에 나오는 유태인의 처지와 마찬가지라는 비유에서 찾아
진다. 즉 "暴虐한 敵國을 벗어나서, 오히려 四十年의 헤매는 생활이 있었다
하면, 그는 꼭 그네들에게 絶大한 心的 缺陷이 있었던 것을 의미함이다. 그러
고 그네들의 이러한 心的 缺陷이, 그의 前後에 遭際한 社會的 境遇에 原因함"
이라고 진단하면서, 당시 조선인도 자신의 정치적 삶을 상실하고 미신(迷信)
과 사행(射倖)의 사막을 헤매고 있기에 "가장 중대한 政治的 社會的 運動에
까지 미치는 것은 필연한 일이다. 그는 吾人이 여러 말할 여유가 없는 바거니
와, 吾人은 결국 境遇의 奴隷로서 그지없이 헤매는 沙漠으로 나아갈 수는
없다. 吾人은, 이러한 생활의 機能을 戕害하고 진취의 氣勢를 꺾어주는 모든
社會的 病毒에 대하여, 猛然히 먼저 그 征討의 銳鋒을 돌려야 할 것"을 요구
했던 것이다.18)

　　그러나 안재홍은 "적에게 겁내는 것도 전사의 부끄러움이겠지만 적을 덮
어놓고 경시하는 것은 중대시기에 처한 전사의 취할 바 아닐 것"이라는 냉정
한 전사적 태도를 강조하면서 식민통치에 대한 타협론의 본질을 통찰함으로
써 "조선인의 당하고 있는바 국제적 또 민족적의 제조건은 이러한 타협적
사상 및 그 운동으로 하여금 비교적 단기간에 끝막게 될 것이라고 단언할
수 있는 일"로 예단한다.19)

17) "民族性과 그의 反映(上)"(시대일보 1924/06/19), 『선집 Ⅴ』.
18) "沙漠으로 向하여 가는 朝鮮人"(시대일보 1924/06/08), 『선집 Ⅴ』.

그렇다면 식민통치에 타협을 거부하고도 민족의 해방과 독립을 성취할 수 있다는 안재홍의 처방은 어떤 것일까? 그것은 "吾人은 宇宙의 一小部에서 물거품 같티 낫다가 물거품 가티 살아지는 自稱 萬物의 靈長이라는 人生이다 … 그러나 吾人이 人格의 權威를 自認하고 그의 價値와 意義와 使命을 自覺하는 以上, 吾人이 그의 生存權을 保障할 要求와 努力과 밋 그 鬪爭은 업슬수 업는 일"[20]이라는 각성을 요구하며, "오늘날 朝鮮人은 이 絶大한 危境에 잇는 것을 어찌할 수 업는 一機會로써 온갖 悲愁와 憂嘆과 苦難 가운데에서 다각각 殉敎者的 痛烈한 懺悔로써 피와 쌈과 한숨으로써 그의 비싸고 비싼 贖罪와 復活의 代價를 치르기로 하자 … 深化, 純化, 淨火! 이는 今日 朝鮮人 그 스스로를 復活케 할 精神生活의 日路"[21]라는 정신적 자기 개신(改新)의 요구였다.

정신의 자기 개신이란 무엇을 말하는 것일까? 안재홍은 조선인의 정치적 삶의 회복, 즉 완전한 독립과 해방을 맞이하기 위해서 민중이 필사적으로 새로운 삶을 요구하고 현상을 파괴해서 국면을 전환시키려는 열망을 가져야 한다고 강조한다. 그것은 폭압과 전제로 경도된 식민통치시기에 우리가 취할 태도로 "먼저 백열한 개척의 및 정전의 영속하는 의욕이요 그리고 가장 엄숙한 이지적 비판 및 정리로써 다음의 시대에의 준비"[22]이다. 이 지점에서 안재홍은 "吾人이 人生인 것을 자각하고 조선인인 것을 의식하고 피압박민중의 하나인 것을 체험하던 그 때부터 억압 박해 및 그에 대한 쉴 새 없는 征戰을 이미 각오한 바 있었다. 그리고 이러한 白熱한 의욕과 및 냉정 엄숙한

---

19) "조선 금후의 정치적 추세"(조선일보 1926/12/16~19), 『선집 I』, p.193.

20) "아아 그러나 그대는 朝鮮사람이다"(시대일보 1924/05/20), 『선집 V』.

21) "深化·純化·淨火"(시대일보 1924/05/09), 『선집 V』.

22) "白熱 그리니 嚴肅한 反動의 最中의 新一年"(조선일보 1926/01/01), 『선집 I』, p 129.

이지의 비판 및 정리를 가장 많이 요하는 것은 꼭 이때의 일"[23]이라고 투쟁과 정전의 길이 정치적 삶을 회복하기 위한 합리적 선택이었다는 사실을 재확인한다.

그러나 안재홍은 정신의 혁명적 전환이 성공하려면 행동 이전에 교양과 훈련이 선행되어야 한다는 점을 주지시킨다.[24] "조선인은 훈련이 없는 인민이요 또 심각한 자발성이 박약한 것 같다 … 그러나 그들은 또 健忘하는 인민이다"[25]라는 안재홍의 양면적 평가에서도 드러나듯이, 그 방향은 조선의 문맹타파, 농민과 도시노동자의 운동 분리, 조선의 기술적·경제적 생산력 증진 등 동기부여의 노력이며 대중을 향상케 하는 역할이야말로 윤리적일 뿐만 아니라 시대적 요구라는 것이다.[26]

안재홍의 지적대로 외형상 문화정치를 표방한 식민당국의 통치는 정신의 삶을 강압하는 구속요건으로 작용하며, 정신의 삶이 구속되는 한 정치적 삶의 회복을 위한 선행조건을 성립시킬 수 없다. 따라서 안재홍은 "고유한 말과 글이 一民族이나 一國民의 文化的 盛衰와 政治的 成敗에 지대한 관계가 있는 것은 이제 부연함을 요치 않는다"[27]라고 단정하며, 개항 이후 격변의 시기를 거치면서 생존 및 생활의 문제를 재각성하고 재인식하게 된 까닭에 가능하게 된 문화건설(文化建設)의 이상상으로 정신의 삶을 복구할 것을 요구했던 것이다.[28]

---

[23] "白熱 그러나 嚴肅한 反動의 最中의 新一年"(조선일보 1926/01/01), 『선집 I』, p.129.
[24] "連年天災"(조선일보 1925/06/18), 『선집 I』, p.115.
[25] "구명운동"(조선일보 1928/04/26), 『선집 I』, p.279.
[26] "白熱 그러나 嚴肅한 反動의 最中의 新一年"(조선일보 1926/01/01), 『선집 I』, p.130.
[27] "自立精神의 第一步"(조선일보 1926/11/04), 『선집 I』, p.175.
[28] "文化建設의 私議"(조선일보 1934/06), 『선집 I』, pp.514-516.

III. 활동의 삶: 백열(白熱)한 지사적 문화투쟁

앞서 제기한 정전(征戰)을 위한 '白熱한 의욕과 및 냉정 엄숙한 이지의 비판 및 정리'란 무엇일까? 안재홍의 정치적 삶이 투쟁으로 점철되어 있지만, 그 정신의 삶과 활동의 삶이 갖는 일관성은 지사적 투쟁으로 규정될 수밖에 없는 특징을 보인다. 비록 안재홍 자신은 '징역살이가 가여워서'라고 고백했지만, 실질적으로 1919년 상해 임시정부 연통부 관련 사건으로 시작한 9차례에 걸친 투옥은 그가 정신의 영역에만 머물지 않았다는 반증이기도 하다.[29] 동시에 정신의 영역에서 출발한 정치적 각성은 활동의 영역에서 물리적 폭력이나 현실정치 참여라는 양상으로 나타난 것이 아니라 9차례의 투옥을 가져온 원인으로 전화했다. 즉 자신이 쓴 조선일보 사설로 인한 2-3차 옥고, 광주학생의거 진상보고대회, 군관학교 사건, 흥업구락부 사건 등의 보도로 인한 옥고, 조선어학회 사건으로 인한 옥고 등은 안재홍의 정치적 각성이 어떻게 삶에 투영되었는지를 보여주는 방증들이다.

그렇다면 안재홍의 '이지의 비판 및 정리'는 지사적 투쟁의 양상에서 찾아질 것이다. "吾人은 항상 未來를 聰明하게 展望하면서 現在에서 最善한 工作을 함을 要하나니 이는 社會歷史觀이자 또 그대로 人生觀인 것"[30]이라는 안재홍의 삶에 대한 의지는 사회와 역사에 대한 학문적 분석과 해석의 실천으

---

[29] 안재홍의 9차 옥고는 다음과 같다. 1919년 11월 대한민국 청년 외교단 비밀조직 발각 1차 옥고, 1928년 1월 조선일보 사설 '보석지연의 회생'으로 2차 옥고, 1928년 5월 조선일보 사설 '제남사건의 벽상관'으로 3차 옥고, 1929년 12월 광주학생의거 진상보고 민중대회 사건으로 4차 옥고, 1932년 3월 만주동포 구호의연금 유용구실로 5차 옥고, 1936년 군관학교 사건으로 6차 옥고, 1938년 5월 흥업구락부 사건으로 7차 옥고, 군관학교 사건으로 형 확정 8차 옥고, 1942년 12월 조선어학회 사건으로 9차 옥고를 겪었다. 천관우, "민세 안재홍 연보," 『창작과 비평』 13권 4호(1978) 참조.

[30] "나의 人生觀," 『신동아』 6권6호(1936).

로 전개되었다. 물론 이러한 실천 동기는 앞서 언급된 안재홍 개인의 성품에 기인하는 동시에 지식인으로서의 책무의식을 각성한 뒤 식민통치의 은폐된 억압기제에 대응하기 위한 방법론적 선택으로 파악할 수 있다.

1925년에 이르러 안재홍은 "일본인이 현하 조선의 통치자의 지위에 있다는 것은 엄숙한 사실이요, 일본인의 조선통치가 조선문제 해결에 근본 문제"라고 전제하고 "일본의 조선통치는 의연히 동화주의의 표준하에 운용되는 바이다. 이 동화정책의 요약된 표어가 즉 소위 日鮮融和 그것이어니와 이 형해만 근존한 관제의 유행어가 엄숙 또 냉혹한 과학적 법칙하에 있는 전통과 이해를 달리하는 양개의 이민족을 결합하여 혼연융화의 신집단을 형성하기 불능한 것"이라고 지적하면서 초등교육용어의 조선어 개정을 제창한다.[31] 왜 그런 것일까? 그것은 국어(國語)의 말살과 동화정책으로 합리화된 문화정치를 통해 정치적 각성의 억압을 넘어서 '생각 없음'을 시도하려는 식민정책의 본질을 통찰했기 때문이다. 그러므로 국어의 사용과 보존, 더 나아가 한국 고유문화의 보존은 "조선인의 문화적 생장에 무용한 희생을 강제하는 것은 오인은 드디어 그 필요의 있는 바를 요해할 수 없는 바이요 … 조선인 아동의 정당한 권리일 뿐 아니라 또는 가장 정당한 정책인 것"[32]이다.

사실 안재홍의 실천양상이 현실정치 참여나 물리적 폭력이 아닌 문화적, 학술적 투쟁의 방식을 취하는 것은 "피예속민중으로서 전혀 정권으로부터 떠나 있고 … 만일 통치군들의 정책이 그 좌익의 운동에 대하여 금일과 같거나 또는 금일 이상의 억압으로써 하고 우경적 계통에 대하여 직접 혹 간접의 조장을 아끼지 않는다 하면 대중의 진퇴도 저절로 변동됨을 변치 못할 것"[33]

....

[31] "조선인과 국어문제"(조선일보 1925/05/28~29), 『선집 I』, p.110.
[32] "조선인과 국어문제"(조선일보 1925/05/28~29), 『선집 I』, p.111.
[33] "조선 금후의 정치적 추세"(조선일보 1926/12/16~19), 『선집 I』, p.187.

이기 때문에 현실정치 참여 자체가 일제 식민통치에 대한 타협과 동일한 의미로 변질되는 한계 조건에 의한 것이기도 했다. 따라서 안재홍의 이지적(理智的) 비판과 정리의 방향은 위협받는 조선의 문화자산, 즉 언어와 역사의 발굴과 보존에 집중되었던 것이며, 그로 인해 식민당국에 의한 투옥을 반복했던 것이다.

만약 조선의 문화보존이 일제 문화정치에 대한 투쟁수단으로 채택되었다면, 그것은 조선의 독립과 해방이라는 목표에 대한 지식인의 책무와 연관을 가지고 있다 할지라도 조선의 역사와 문화라는 것에 불과한 것으로 희석될 수 있다. 즉 단순히 항일투쟁을 위해 식민지 지식인의 입장에서 자국 역사와 문화의 특수성을 강조한 것에 그칠 수 있다는 것이다. 그 결과 단순히 과거의 문화적 유산에 대한 자기중심적 사고에서 출발하는 국수주의적 폐쇄성을 안고 있을 수 있으며, 해방 이후를 목표로 한 투쟁의 청사진이 될 수 없을 것이다. 과연 그런 것일까?

안재홍은 "조선은 내 나라이다. 나의 향토이다. 생활의 근거지이다. 문화발전의 토대이다. 세계로의 發足地이다"³⁴⁾라고 천명한다. 그것은 정치적 삶의 토대로서 조선이라는 특수성으로부터 출발하여 문화발전의 경로를 통해 세계로의 조선이라는 보편성으로 귀결되는 일련의 역사법칙으로 제시된다. 더욱이 1927년 조선총독부에 의한 조선사 편수사업이 진행되는 상황에서 안재홍은 "소위 國威 國光流의 문구를 떠벌여 자기마취의 尊大性을 끄집어내거나 先民 先哲을 들먹여서 감상적 명분론을 함으로써 우리의 앞길을 개척함에 큰 도움이 되리라고는 생각지 않는다"고 역사의 과대평가나 폄하를 경계하며 역사의 보존과 이해의 필요성을 "그들로 하여금 피맺히고 눈물어린

³⁴⁾ "농민도의 고조"(조선일보 1926/12/05), 『선집 I』, p.182.

과거를 돌아볼수록 더욱더욱 백열한 해방의 충동을 일으키는 것이다. 그들
로 하여금 무한한 반항의 의욕이 돋아지는 것"이라고 각성과 투쟁의 영속성
을 강조했다.[35]

　그렇게 보자면 안재홍이 조선의 역사와 문화 보존을 문화정치와 동화주의
로 압박하는 식민통치의 격렬한 투쟁수단으로 채택한 것은 조선의 문제에만
국한된 것이 아니라는 인식을 반영한다. 즉 "조선의 조선인이 조선적인 전통
과 俗尙 등 그 자연한 문화적 경향에서 향상 순화 및 정화의 도정을 밟아
사회적 정치적의 멈춤 없는 進境을 요구한다면 그것은 天下의 公道이어서
내외의 만인이 함께 찬성할 일 … 오인은 이러한 민족적 정감 격동의 속에서
순화 향상하는 문화적 사회적 템포가 오히려 국제적 발달과정에 응분한 기
여를 할 것을 확신"[36]한다는 것이다.

　왜 이렇게 조선의 문화보존에 집착하며 적극적인 투쟁수단으로 조선 역사
에 대한 자각을 요구했던 것일까? 그것은 "시대에 역행하고 역사를 무시함은
실패의 빌미를 짓는 것"[37]이기 때문에 일국민 또는 일민족의 정치적 성패를
결정한다는 중요성에 있다. 안재홍은 "첫째 그 역사적 인과율의 벗어날 수
없는 올무, 둘째 호대한 국제풍운상의 불행히 돌아와 걸린 일대운세라고 쳐
서 다닥친 현실의 인민들이 홉으로 어찌하기 어려운 것으로 인식하고 그리
고 이 다닥쳐진 운세의 과정을 타고 있는 일개의 거대한 숙약적인 과제로
삼아 일대강맹 열렬한 그러나 냉정평온한 문화적 보급 및 그 승진 또는 심화
에 전력할 것. 그리고 자연인 조국의 향토와 그 생성의 유래인 역사와 및
그 현실상호의 교섭이요 부조요 또 자기 자신의 반성이요 세련이요 진보요

35) "조선사 문제"(조선일보 1926/08/08), 『선집 I』, p.156.
36) "조선인의 처지에서"(조선일보 1932/12/02), 『선집 I』, p.464.
37) "객관환경과 역사전통"(조선일보 1935/10), 『선집 I』, p.538.

발전이요 제민족과의 접촉은 잠시라도 허름히 생각할 바 아닌 것"이라고 지적하면서 문화민족의 생성·소멸·성장·패망이 우주천년유심인(宇宙千年有心人), 즉 모든 시대와 모든 사람들의 웅대한 관심사였음을 피력한다.[38] 즉 민족과 국민의 생성과정에서 보편적이고 필수적인 요소가 바로 역사라는 것이다.

훗날 안재홍은『朝鮮上古史鑑』(1948)의 서문에서 자신이 역사에 대한 천착과 문화보존에 열정적일 수밖에 없었던 이유를 술회했는데, "나는 書生이오 讀書子이다 少年時代에 이미 述史家될 立志 굳었으나 弱冠의 때에 不幸祖國의 覆沒을 맞나 痛恨의 情이 오직 興復을 期함에 熱中하매 즐기어 政治書를 뒤적어리었고 伊來 한갓 國際治亂의 局에 關心함이 밧벗었더니 日帝國主義의 侵略의 鋒芒이 더욱 날카러워지고 滿洲事變이 부르터난 後 나는 거듭 投獄되고 世局은 갈스록 險難한데 빠젓다 나-囹圄에서 헤아리건대 政治로써 鬪爭함은 한동안 거의 絶望의 일이오 國史를 硏鑽하야 써民族正氣를 不朽에 남겨둠이 至高한 使命임을 自任하였을새 이에 國史攻究에 專心"[39]했다는 점을 회고했다.

이미 식민통치로 인해 조선인의 정치적 삶이 왜곡되었고, 실력양성과 자치론을 앞세운 타협론자들의 공세에 의해 투쟁의지의 희석화가 이루어지고 있었음을 고려할 때, 상기한 조선 역사와 문화는 안재홍 자신의 각성에 일관된 실천의 행위대상일 수밖에 없었으며, 동시에 자신의 각성과 실천에 한정되지 않고 민족의 각성과 실천으로 확대되어야 할 요소임을 강조하는 것이었다. 이로부터 안재홍은 역사와 문화의 주체로서 민족(民族)과 민족주의(民族主義), 민족문화에서 세계문화로의 전개라는 자신의 문화이론을 제기함으

---

38) "자연과 역사와 현실"(조선일보 1935/05),『선집 I』, p.480.
39) 안재홍, "『朝鮮上古史鑑』卷頭에 書함,"『朝鮮上古史鑑 上』(서울: 민우사, 1948), p.3.

로써 정치적 각성과 투쟁의 기회가 원천봉쇄된 식민통치의 조건 하에서 정치적 삶의 회복을 위한 활동의 삶을 전개했던 것이다.

그렇다면 '민족으로부터 세계로'[40]를 표방한 안재홍의 민족과 민족주의 의미는 어떤 것일까? 안재홍은 "민족 그것은 거북한 우상도 아니요 고루한 편견도 아니요 그 문화와 전통과 취미와 俗尙과 정치와 경제상의 핍박한 공통적 이해 따위 공동한 자연적 테두리의 안에 일정한 특수 생활경향을 형성한 집단으로 된 것 … 친절한 동포의식을 가지고 또 대체로 공동 이해감을 가지고 서로 한 가지 움직이게 되는 것"[41]이라고 정의한다. 또한 민족을 "(1) 그 향토나 조국의 자연인 풍토를 토대삼아 (2) 그 허구한 연대를 통하여 겪어오고 싸워온 생활의 항구한 지속으로서의 종합적인 역사를 주조로 삼아, 즉 공통한 생활집단의 遵則할 생생한 대강령으로 삼아 (3) 각각 그 현실에서의 교호착종하는 국제적인 제세력과 온갖 문화와의 교섭과 융합과 및 그로 인한 끊임없는 新自我와 新文化의 건설 또는 창조에 의하여 一進一退 一屈一伸 하면서 민중적의 역사적 진행을 한 것"[42]으로 설명하면서 민족 개념의 보편성을 직시한다. 따라서 민족의 보편성에 입각한 민족주의 역시 "공동의 이해와 감정과 우의의 아래에 동일민족을 일단위로서 일정한 사회적 생활과정을 국제간의 일구역에서 가지려 하는 것"[43]으로 정의할 수 있었다. 안재홍의 민족 및 민족주의 정의는 훗날 국가건설 과정에서도 "민족과 민족의식은 그 유래가 매우 오랜 것이니 근대자본주의 시대의 산물이 아니다 … 지방적 애국주의는 지양 청산됨을 요하였음과 같이 근대에 있어 국제적 협동연관성을 무

---

[40] 박찬승, "1930년대 안재홍의 민세주의론," 『한국근대사연구』 20집(2002), p.276.

[41] "조선인의 처지에서"(조선일보 1932/12/02), 『선집 I』, p.463.

[42] "자연과 역사와 현실"(조선일보 1935/05), 『선집 I』, p.481.

[43] "조선인의 처지에서"(조선일보 1932/12/02), 『선집 I』, p.463.

시하는 고립 배타적인 민족주의 혹은 국가주의는 배격되어야 하겠지만 민족 자존의 생존협동체로서의 주도이념인 민족주의는 거룩하다"[44]는 정언으로 그대로 드러난다.

이 시기 안재홍은 동아시아의 정세에서 민족주의의 복귀에 관심을 집중한다. "동방에 있어서의 국민주의 또는 민족주의가 바야흐로 복귀적 작렬을 보이고 있는 것은 너무 핍근한 사실"이라고 지적하면서 비록 국민주의와 민족주의가 냉소적으로 받아들여진다 하더라도 "일(一)인민이 낙후된 처지에서 진지한 생존노력의 투쟁적인 역량을 길러내는 데는 반드시 한번 지나가는 필요한 계단으로 동류의식과 연대감으로서 그 연소되는 정열이 실로 순화 정화 심화 또 단일화의 존귀한 작용으로 되는 것"이라고 강조함으로써 민족주의를 민족과 역사 및 문화의 재출발 동력으로 채택할 것을 요구한다.[45] 즉 안재홍은 "조선인은 조선의 재음미로써 신각성과 재출발을 요하고 있다. 답답한 국제정세의 노동 속에 조선의 향토적 특수사정과 전통적 문화 정취와 경향은 혹은 거대치 아니한 존재라고 할 것"이라고 전제하면서 "그러나 생활의 엄숙한 이법은 자기 자신을 세련된 협동적인 동일문화집단으로서 전개되는 신시대의 도정에 책응적인 등장자로 됨을 요하고 있다. 그는 교섭 깊은 특수한 일국민과의 관계에도 그러하고 전세계 다중한 국민과의 관계도 그러한 것"임을 명백히 함으로써 조선의 민족문화 계발이 자민족 중심의 폐쇄적인 민족주의가 아니라는 사실을 지적했던 것이다.[46]

안재홍이 기획하는 조선인의 문화민족으로의 위상회복을 위한 문화건설은 "대망하는 앞날의 광명에서 스스로 심화 순화 및 정화의 안타까운 동정을

---

44) 안재홍, 『新民族主義와 新民主主義』(서울: 민우사, 1945), pp.5-6.

45) "국민주의와 민족주의"(조선일보 1932/12/18), 『선집 I』, p.462.

46) "문화협회 小議"(조선일보, 1934/06), 『선집 I』, p.532.

걸어 나아가야 할 것이니 이는 정돈하였으되 생장하는 아니 생장하는 정돈
은 이십세기의 상반기 오늘날의 민족 과정에서 후진낙오자로서의 그러나 우
량한 문화민족이었어야 할 조선인의 天定한 역사적 약속이어야 할 것"[47]임
을 명백히 하는 것이었다.

IV. 맺음말 : 문화대국을 꿈꾼 지식인의 일생

안재홍의 정치적 삶은 그 자신의 표현처럼 '끝없는 정전'이었고, 정전의
양상은 식민통치의 은폐된 억압에 대한 각성으로부터 조선 역사와 문화에
대한 재건으로 전개되었다. 그것은 자민족 자국가 중심의 폐쇄적 세계관으
로 환원할 것을 요구하는 것이 아니라, 보편적 맥락에서 민족의 문화와 역사
를 정의하고 보편성을 확대하여 세계와의 병존을 의도한 것이었다.

안재홍은 "사람은 境遇의 動物이라 그 환경에 의존하는 자이다. 그러므로
교육과 훈련은 모든 정치시설의 힘과 아울러 어떠한 인민의 생태와 및 문화
적 동향을 크게 바꿀 수 있나니 이것은 진리"[48]라고 역설한다. 그것은 인간의
삶으로서 정치적 삶이 분화된 정치 영역에 국한된 것이 아니라 문화적 완성
으로 결론지어진다는 의미를 반영한다. 또한 그것이 당대 현실문제에 대한
안재홍 자신의 처방이기도 했다.

안재홍은 "역사는 되풀이하는가? 그렇다 … 역사는 언제든지 동일성을 띤
것인가? 아니 제국과 제민족에는 독자적인 특수정세가 있고 역사작위의 각

---

47) "문화에로 정력집중"(조선일보 1935/05), 『선집 I』, p.479.
48) "객관환경과 역사전통"(조선일보 1935/10), 『선집 I』, p.538.

단계에는 각각 독특한 一度性이 있는 것이니 이 의미에서 역사는 여구히 새
로운 특수도정을 밟아가고 있는 것"[49]이라고 자신만의 역사관을 정립한다.
여기에서 일도성의 의미는 개별국가 역사의 특수성을 가리킨다. 훗날 건국
을 위한 신민족주의(新民族主義)의 제기과정에서도 안재홍은 "역사는 노출
되는 면이 본질적으로 복잡다양한데서 다양성이란 것이 있고, 반드시 한번
만에 국한되는 특수성이 있기에 일도성이라고 하는 것으로 병행쌍존"[50]한다
는 기존 입장으로부터 보편사의 흐름에 부합하는 동시에 일제 식민통치 경
험을 지닌 한국만의 특수한 역사조건 하에서 국민국가 건설이 시급한 과제
임을 강조했던 것이다.

　사실상 안재홍의 역사천착과 역사관 정립은 역사법칙의 도출을 위한 것이
아니라 "治者로서 임하는 자, 이미 독특한 국민성이 있고 隷屬의 처지에 있는
자 또한 일정 독특의 역사와 민족성이 잇는 것이니 究竟은 일반적인 대국에
비추어보고 그 상대자와의 조건에 따져보아서 무용한 독단으로 만일의 禍因
을 다음 시기에 심어두지 아니함이 정치의 上乘인 것"[51]이기 때문에 이루어
진 것이다. 즉 과거와 현재의 역사이해가 곧 향후 조선인의 정치적 삶의 회복
을 위한 지표라고 판단했던 것이다. 그렇기 때문에 안재홍은 "어떠한 신사회
일지라도 各人은 사회의 소단위는 자유로 전개할 수 있는 것을 승인하는 바
이요 아무리 국제주의를 제일같이 준봉하는 특정한 사회에서일지라도 각민
족이나 혹은 각소국가의 특성이 용인되어 즉 그들 각자의 언어 풍속 습관
문화의 특수성은 존중되는 것이 현하 세계의 엄중한 현실이다. 오인은 조선
인 식자로서 최저한의 정치생활의 界線을 이 점에 두고 현실조선의 政法에

49) "중대한 제국정책"(조선일보 1935/10), 『선집 I』, p.539.
50) 안재홍, 『한민족의 기본진로』(서울: 조양사, 1949), p.37.
51) "중대한 제국정책"(조선일보 1935/10), 『선집 I』, p.540.

서도 우선 그의 향유보유에 열중하고 혹은 또 그 확대를 요하려고 하는 것이다. 이것은 常道요 또 天下의 大經인 것"[52]이라고 주장하면서 조선인의 정치적 삶의 회복이 정당한 권리의 향유이며, 보편적 가치에 부합하는 것이므로 이를 각성시키고 실현하는 것이 자신의 의무임을 표명했던 것이다.

안재홍의 정치적 삶은 투쟁의 정신적 각성과 실천적 전개로 일관된 모습을 지닌다. 이 점에서 안재홍에 대한 평가 역시 지사적 투사로서 접근할 수 있다. 그러나 안재홍 자신이 각성의 과정과 실천의 과정에서 겪었을 고뇌와 곤란함은 쉽게 드러나지 않는다. 아마도 그는 이 점까지도 자신이 치러야 할 '정전'의 한 부분으로 받아들였을 것이다. 그렇게 보자면 안재홍이 자신의 인생을 어떻게 정리하고 받아들여 일관된 모습을 유지할 수 있었을지에 대한 의문 역시 우문(愚問)에 불과할지도 모른다.

아래의 글은 안재홍 자신이 스스로 인생관을 피력한 내용이다.[53] 전문을 빌어 안재홍이 보여준 삶의 일관성과 정신과 실천의 정합성이 어떻게 유지될 수 있었는지를 가늠하는 단서로 채택해 볼 수 있을 것이다.

나의 人生觀을 要約하건대

一, 大宇宙는 無限久의 生命으로 永遠한 創造의 途程을 激動으로 持續하는 絶大한 原生界인것이다. 二, 人生은 이無限生命인 宇宙의 『아이』인것이오 오고감은 自然인 宇宙의 大法則에서 한거름도 내어드딜수없는 客觀의 存在인것이다. 三, 虛無한 客觀에서 그終極의 物的인 運命을 達觀하면서 自己가 自身에서 한개의 最善한 管理者임을 굳게 認識할것이오. 四, 主觀의 意欲에서 最終의 날까지 最善한 開拓의 征戰을 함을 要하는 道德的賦課를

타가지고있는것이다. 五, 그들은 하늘아래 땅위에 같이生을 받은 同胞인 大衆과함께 항상 合理한 最大의 現實的幸福때문에 그自身과 自身에 딸은 온갖을 바치기로 할것이다. 이것은 生活의 方法으로서 互助와 協同을 要하게 되는 道德의 基本觀念으로된다. 互助協同만이 人類를 繁榮케 한다. 六, 人生은 死亡이 終極인것을 알고 또 展望하되 그러나 그로써 現在를 앞질러서 지레의 悲觀을 許치안나니 社會의 發展性이 그趨進의 未來에서 많은것을 解消하고 廢棄케 할것을 歷史的으로 잘 認識하고 展望하면서 그러나 現段階에서의 政治文化的 切要한 諸任務를 決코 等閑히하고 혹은 지레부터 抹殺 否認하려는 認識不足의 過誤를 저질름을 許치않는것과 同一한 意味로 되는것이다. 七, 吾人은 항상 未來를 聰明하게 展望하면서 現在에서 最善한 工作을 함을 要하나니 이는 社會歷史觀이자 또 그대로 人生觀인 것이다. 八, 人生觀은 가장 科學的인 宇宙觀과 世界觀과 社會觀에서 綜合하고 歸納되어 비로소 完成될 것이다.

참고문헌

안재홍. 1936. 「나의 人生觀」. 『신동아』 6권 6호.

_____. 1945. 『新民族主義와 新民主主義』. 서울: 민우사.

_____. 1948. 「『朝鮮上古史鑑』 卷頭에 書함」. 『朝鮮上古史鑑 上』. 서울: 민우사.

_____. 1949. 『한민족의 기본진로』. 서울: 조양사.

안재홍선집간행위원회. 1981. 『민세안재홍선집 I』. 서울: 지식산업사.

_____. 1983. 『민세안재홍선집 Ⅱ』. 서울: 지식산업사.

_____. 1999. 『민세안재홍선집 Ⅴ』. 서울: 지식산업사.

김인식. 2007. 「안재홍의 신간회 운동」. 『애산학보』 33. 83-112.

박찬승. 2002. 「1930년대 안재홍의 민세주의론」. 『한국근대사연구』 20. 270-291.

이광수. 1981. 『민족개조론』. 서울: 우신사.

이정식. 1976. 「민세 안재홍의 「자서전」」. 『신동아』 11. 290-305.

전상숙. 2008. 「1920년대 사이토오 총독의 조선통치관과 '내지연장주의'」. 『담론 201』 11-2. 5-41.

정윤재. 2005. 「일제강점기 민족생존의 정치사상」. 『동양정치사상사』 4-1. 35-45.

한기형. 2005. 「문화정치기 검열체제와 식민지 미디어」. 『대동문화연구』 51. 69-105.

한나 아렌트. 이진우 옮김. 1996. 『인간의 조건』. 서울: 한길사.

원심창의 항일 의열투쟁과 육삼정 의거

김명섭 (단국대 강사)

Ⅰ. 머리말

　일본 제국주의 침략에 맞서 항일운동을 펼친 한국인 중에는 민족주의자를 비롯해 공산주의자, 그리고 아나키스트가 있다. 이중 아나키스트들은 중국에서 의열단과 남화한인청년연맹 활동 및 일왕 암살사건 등에서 알 수 있듯이, 민중의 직접행동에 의한 자주적 독립운동을 주도하였다. 하지만 한국 아나키스트들은 총과 폭탄을 통한 의열투쟁에 주력했다는 이유로 '파괴와 테러를 일삼는 테러리스트'로 오해되거나, 제국주의와 자본주의 약탈구조를 비판했다는 이유로 '공산주의 사촌' 쯤으로 인식되어 폄하되어 왔다.

　항일투사이자 통일운동가인 원심창(元心昌, 1906.12.1~1971.7.4) 역시 그동안 아나키스트이자 반공산주의자, 반독재 통일운동가라는 이유 때문에 남한과 북한 양쪽에서 제대로 평가받지 못했다. 원심창의 65년 생애를 살펴보면, 그는 이회영과 신채호 · 류자명 · 박열 등 당대 아나키스트들이 그랬던 것처럼 반제 항일투쟁과 반공산주의운동을 비롯해 반독재 자주평화통일운동을 위해 일생을 바쳤다. 당시 세계 최강의 군대와 경찰을 보유하고 있고, '1억

옥쇄'를 외치던 일본 제국주의자들에 맞서 가장 치열하게 온 몸으로 투쟁했으며, '철의 규율'을 강요하며 개인을 통제한 공산주의자에 맞서 처절하게 싸웠다. 그러면서도 한순간도 조국광복의 꿈과 희망을 버리지 않고 동지들을 내 몸같이 아끼면서 자유와 평등, 평화공동체를 위해 노력하였다. 해방 후 감옥에 나와서는 남과 북이 갈라져 동족상잔을 벌이는 현실을 조금이나마 바꿔나가기 위해 자주적 평화통일을 위해 온몸을 불살랐다.

다행이 그의 고향에서부터 그의 삶과 활동을 재조명하려는 노력이 나타나고 있다.[1] 또한 2001년 이후 한국아나키스트들에 대한 그동안의 오해와 불신을 벗기려는 학술적 노력을 비롯해 이들의 국제적 위상을 재조명하는 연구도 점차 확산되고 있다.[2] 따라서 이 글에서는 원심창의 성장과정과 사상수용을 비롯해 일본과 중국에서의 항일활동 등 삶의 궤적을 살펴보고, 그가 일생동안 꿈꿔왔던 사상은 무엇이며 조국과 세계의 미래상은 어떤 것이었는지를 추적해보고자 한다.

---

[1] 성주현, 「아나키스트 원심창과 육삼정 의열투쟁」, 『숭실사학』 24집, 2010; 김명섭, 「원심창의 항일반공투쟁과 자유공동체 사상」 ≪기억과 전승-2011 평택보훈학술대회≫, (사)민세안재홍선생기념사업회, 2001.

[2] 한국아나키스트들의 항일운동과 해방 후 활동을 다룬 최근의 연구로는 이호룡, 『한국의 아나키즘』(지식산업사, 2001); 박환, 『식민지시대 한인아나키즘운동사』(선인, 2005); 이문창, 『해방공간의 아나키스트』(이학사, 2008); 김명섭, 『한국아나키스트들의 독립운동-일본에서의 투쟁』(이학사, 2008); 조세현, 『동아시아 아나키스트들의 국제교류와 연대』(창비, 2010) 등을 참조할 수 있다.

II. 성장과 아나키즘 수용

원심창은 1906년 12월 1일 현 경기도 평택시 팽성읍(당시 충청남도 평택군 부용면) 안정리 175번지에서 출생하였다. 본관은 원주(原州)이며 이명은 원훈(元勳)이다. 3형제 중 막내인 그는 어려서부터 영특하고 의협심이 강하였다고 한다.[3]

그의 성장과정에 대한 자료는 그리 많지 않다. 9세 때인 1914년 3월 소년 원심창은 집에서 멀지 않은 읍내면 객사리에 있는 평택공립보통학교에 입학하여 4년만인 1918년 2월에 졸업하였다. 평택공립보통학교는 1913년 3월 25일 설치를 인가받아 이해 6월 3일 개교하였다.[4] 이곳에서 4년 동안 학업을 마친 원심창은 집에서 농사일을 거들면서 생활을 하였다.

소년 원심창에게 강한 민족의식에 눈 뜨게 한 사건은 무엇보다 조선 전국과 세계를 뒤흔든 3·1만세운동이었다. 1919년 3월 1일 서울에서 시작된 만세운동은 평택지역에도 큰 영향을 받아 읍내 각 지역에서 치열하게 전개되었다. 보통학교 졸업한 지 1년 만에 일어난 원심창은 당시 14세의 소년이지만 만세운동에 적극 참가한 것으로 보인다.

평택군의 3·1만세운동은 1919년 3월 9일 계두봉을 시작으로 4월 10일까지 전 군내에서 치열하게 전개되었다. 이중 부용면 주민들은 현덕면·포승면·청북면·오성면 등 인근지역에서 만세운동을 전개하였다는 소식을 듣고, 4월 1일 밤 부용산에 모여 "조선독립만세"를 외치며 부용면사무소와 평택역에 합

---

3) 『의사 원심창』, 원주원씨중앙종친회, 1979, 14쪽.
4) 『조선총독부관보』 제192호(1913년 3월 25일자). 평택공립보통학교는 현재의 성동초등학교로 교명을 변경하였으며, 학교 연혁에는 1913년 6월 3일 개교하였다고 밝히고 있다(성주현, 앞의 논문; 성동초등학교 홈페이지 연혁).

류하기 위해 안성천 군문교로 진출하였다.[5] 시위대는 출동한 일본 헌병대의 무력진압에 맞서 여행객으로 가장해 평택역으로 모여들었다. 이날 평택역전 만세운동은 3천여 명이 참가할 정도로 가장 규모가 컸던 시위였다.[6] 당시 평택군의 인구가 2만여 명에 미치지 못함을 감안해 볼 때, 14세 소년인 원심창도 이날 부용면 만세시위와 평택역전 만세운동에 참여하였을 가능성이 매우 높다고 하겠다. 3·1운동의 경험은 그의 판결문을 비롯해 약력소개에 잘 나타난 바와 같이, 원심창에게 평생 민족운동에 참여할 것을 결심하게 한 결정적 계기가 되었다.[7]

원심창은 이를 위해 우선 학업에 매진하기로 하고 1920년 3월 서울의 중동학교(中東學校, 현 서울시 강남구 일원동 중동고등학교의 전신)에 입학하였다. 중동학교는 1907년 교육자이자 독립운동가인 최규동(崔奎東)[8]이 창설한 학교로서, 일본어와 중국어·영어 등을 비롯해 산수와 부기 등 신식 학문을 가르치는 학교로 유명하였다. 민족지사가 창설한 학교이면서 신식교육을 가르치는 학교를 첫 유학지로 택했다는 사실은 그가 이미 독립운동에 투신할

---

[5] 『매일신보』 1919년 4월 5일자; 김방, 『평택시항일독립운동사』, 평택시독립운동편찬위원회, 2004.

[6] 「극비 독립운동에 관한 건」(제35보), 고제9808호, 1919년 4월 2일자; 김정명, 『조선독립운동』Ⅰ, 489쪽; 강덕상, 『3·1운동』(1), 344쪽.

[7] 「원심창 외 판결문」(『의사 원심창』, 원주원씨중앙종친회, 1979, 76쪽); 「3동지이 야려」(흑색신문제23호, 1933년 12월 21일자).

[8] 최규동(1882~1952)은 경상북도 성주(星州) 출신으로 구한말 정리사(精理舍) 수학연구과를 졸업하였다. 1905년 을사늑약 이후 애국계몽운동에 참여하여 평양의 대성학교(大成學校)와 휘문의숙(徽文義塾) 등에서 교사로서 구국애족정신을 고취하는 데 힘썼다. 1906년 중동학교(中東學校)를 설립하여 교장에 취임하였으며, 1920년 조선교육회(朝鮮敎育會)를 조직하여 노동야학총서 편찬과 지방순회강연, 교육 및 신문화에 대한 계몽활동 등을 전개하였다. 1934년에는 국학 연구단체인 진단학회(震檀學會)의 찬조위원이 되었다. 1949년 제3대 서울대학교 총장이 되었으나 6·25전쟁 때 납북되어 평양에서 죽었다. 1968년 건국훈장 독립장이 추서되었다.

계획을 세웠다는 의미로 받아들일 수 있겠다. 이 곳에서 일본어와 중국어 등
을 수학했던 원심창은 어떤 이유인지는 불분명하지만, 2학년 무렵 중퇴하고
만다. 이후 원심창은 고향으로 내려와 향후 진로를 고민했던 것으로 보인다.

원심창은 배움에 대한 더 큰 꿈과 독립운동에 대한 열정을 품고 1923년
일본 제국주의의 심장부인 도쿄(東京)로 유학의 길을 떠났다. 이어 곧 니혼
(日本)대학 전문부 사회과에 입학하였다.[9] 도쿄 중심가인 간다(神田)구 시내
에 위치한 니혼대학은 메이지(明治)대학, 주오(中央)대학 등 당시 민주주의
운동이 꽃피던 '다이쇼(大正) 데모크라시' 학풍에 영향을 받아 서구 민주정치
와 신사상을 받아들이려는 진보적 학풍이 자리하고 있었다.

그러나 원심창은 뜻대로 학비를 조달하지 못해 더 이상 학업을 유지할 수
없게 되자 2년이 못되어 대학을 자퇴하였다. 이때부터 자유노동자로 생활을
영위했던 것으로 보이는데, "자유노동의 여가에 도서관을 이용하며 독서에
열중하였다"고 한다. 이 무렵 신사상에 관심을 갖고 아나키즘사상의 대표자
인 크로포트킨(1842~1921)의 『상호부조론』·『빵의 약취』와 오스기 사카에
(大杉榮, 1885~1923)의 저서를 탐독하며 아나키즘 사상에 공감하였다. 또 흑
우회의 박열(朴烈, 1902~1971)과도 친교하였다고 한다.[10]

크로포트킨과 오스기 사카에의 저서가 당시 원심창과 같은 한인 유학생들

---

[9] 「3동지의 약력」≪흑색신문≫ 제23호(1933년 12월 21일자); 양일동, 「원심창전」≪자
유연합신문≫ 제93호(1934년 8월 5일자). 원주원씨중앙종친회에서 편찬한『의사 원
심창』의 약력(71쪽)에 따르면, 1923년 일본대학 사회학과에 입학해 곧 아나키스트들
이 만든 흑우회와 1924년 (조선)동흥노동동맹 결성에 참여 간부로 활동한 것으로 작
성되어 있다. 하지만 흑우회 초창기(1922~23년) 활동자료에는 원심창의 이름이 나타
나지 않고 1925년 4월부터 본격 등장한다. 또 조선동흥노동동맹은 1924년 9월 4일
창립되었지만, 당시는 공산주의경향의 색채가 강했다가 1927년 9월 18일 제3회 정기
총회 이후에야 아나키즘 경향으로 노선변경을 공식 결의했다. 흑우회 활동과 조선동
흥노동동맹에 관한 연구로는 김명섭, 앞의 책, 131~217쪽 참조.

[10] 「3동지의 약력」≪흑색신문≫ 제23호; 양일동, 「원심창전」≪자유연합신문≫ 제93호.

에게 어떤 영향을 미쳤는지는 1921년 당시 도쿄에서 고학생활을 했다가 아나 키스트가 된 동지 최중헌(崔仲憲, 1902~?)의 회고에 잘 나타나있다.

　　고학생들은 인삼 행상으로 학비를 마련했는데, 아나키스트 학생으로는 정태성(鄭泰成)·김정근(金正根, 金墨)·박홍권(朴興權)과 나 최중헌이 있 었다. … 우리 네 사람은 오스기 사카에의 저서를 탐독하면서 정통 아나키 스트로서의 길을 닦고 있었다. … 우리는 아나키스트 단체의 조직을 서둘렀다. 어중이떠중이는 다 떼어내고 오스기 사카에가 주관하던 노동운동사(勞働運 動社)에 자주 드나들던 골수 아나키스트들만 똘똘 뭉쳤다. 나는 노동운동에 사회혁명에로 나가는 대도(大道)가 있을 것으로 믿었으며....[11]

　하지만 무엇보다 원심창에게 아나키스트로의 삶을 걷게 한 계기는 1923년 9월 1일 도쿄대지진 와중에 벌어진 오스기 사카에 살해사건과 '박열사건'이 아닌가 싶다. 오스기 사카에 살해사건은 출동한 일본 계엄군의 헌병대위가 "평소 사회주의자 행동이 국가에 유해하다고 생각"했기 때문에 아나키스트 인 그를 무참히 구타해 질식사 시킨 일이다. '박열사건'은 대지진의 혼란 와중 에 조선인 6천여 명을 잔혹하게 학살한 일본정부가 자신들의 만행을 박열과 불령사 회원들에게 뒤집어 씌우려한 사건이다. 1919년 19세의 나이에 일본에 건너와 갖가지 고학생활을 하면서 첫 조선인 사상단체인 흑도회와 아나키스

---

11) 1920년대 초중반 도쿄 진보조(神保町) 서점가에는 아나키즘을 비롯한 사회주의 성향 의 서적, 신문, 잡지 등 출판물이 범람하였다. 한인 유학생들이 많이 접할 수 있는 사상 잡지로는 오스기 사카에의『노동운동』과 이시가와 산시로(石川三四郎)의『자유 연합(自由聯合)』, 농촌운동사(農村運動社)에서 발간하는『소작인(小作人)』등이 있 었다. 이 밖에도 자유민권 사상이나 볼셰비즘 성향의 간행물도 다수 발간되어 누구나 자유롭게 탐독할 수 있었다고 한다(『韓國아나키즘運動史』, 284~285쪽; 최갑룡,『어느 혁명자의 일생』, 이문출판사, 1995, 20쪽).

트 단체인 흑우회를 이끈 박열은 애인 가네코 후미코(金子文子)와 함께 ≪흑
도(黑濤)≫를 비롯해『불령선인(不逞鮮人)』과『現社會』등 기관지를 펴내 일
본 지식인들과 재일 한인들에게 큰 영향을 끼치고 있었다. 중국에서 활동
중인 의열단과도 연락이 닿았던 박열은 수차례 폭탄을 유입하려는 계획을
수립하였다가 실패하였는데, '관동 조선인대학살'에 대한 국내외의 비판을
모면하려는 일본 정부와 검찰에 의해 '대역사건'으로 조작되고 말았다. 하지
만 폭탄유입계획은 구체적으로 실행되지 않았으므로 불령사 회원 대부분은
무혐의로 방면되었는데, 박열과 가네코 후미코 두 사람만 사형선고를 받았다
가 무기형으로 감형되었다.[12] '박열사건' 이후 원심창과 같은 많은 고학생
후배들은 그의 유지를 받들어 흑우회 재건을 비롯한 각종 아나키스트 활동
에 참여하게 되었다.

III. 원심창의 항일 의열투쟁

1. 일본에서의 의열투쟁

　재건 흑우회는 박열과 함께 불령사 활동을 했다가 방면된 김정근과 장상
중·최규종과 원심창 등 신진 유학생을 중심으로 1924년 9월경부터 점차 세력
을 재정비하였다. 즉 흑우회는 도쿄 조선인대학살 1주기에 맞춰 열린 '진재피
해희생자추도회(震災被害犧牲者追悼會)에 공식단체로 참여하였고, 10월 13
개 한인 단체들과 함께 '조선기근구제회(朝鮮饑饉救濟會)'를 발기하였다. 흑

---

[12] '박열사건'의 진행과정과 박열·가네코 후미코의 법정투쟁에 대하여는 김명섭, 「박열
　의 일왕폭살계획 추진과 옥중투쟁」(『한국독립운동사연구』 제48집, 2014)을 참조.

우회는 이듬해인 1925년 9월 1일과 20일 도쿄 기독교회관에서 열린 기념추도회에 재일본조선노동총동맹·일월회 등 12개 단체들과 함께 공동으로 참가하였다.[13]

원심창 역시 이 무렵부터 재건 흑우회 활동에 적극 참여하였다. 그는 1925년 4월 김정근·한현상 등과 함께 재도쿄무산학우회에서 고국 방문 순회강연대를 조직하기로 하자, 공산주의 계열의 인사 11명과 함께 위원으로 참여하기도 하였다.[14] 무산학생학우회는 이날 임원을 개선하였는데 원심창은 김학원(金學元)과 함께 위원으로 선정되었다.[15] 또한 홋카이도 오타루(小樽)고등상업학교의 군사교육 반대 시위에도 함께 참여했다. 이 군사교육이란 아나키스트들과 한인들의 폭동에 대비해 가상으로 훈련을 벌인다는 것이다. 따라서 이 교육이 한인들에게 '제2의 관동대학살'을 예고하는 폭거로 받아들여지는 것은 당연했다. 이에 원심창 등 흑우회 회원들은 11월 1일 8개 한인 민족단체들과 함께 가진 강연회에서 이를 강력히 규탄하였다.[16] 원심창은 도쿄조선무산자동맹(朝鮮無産者同盟)에도 활동한 바 있다. 1925년 11월 1일 무산자동맹이 추기정기총회를 개최하고 규약 수정과 회원연령 제한 등을 결의하고 임원을 개선하였는데, 이날 원심창은 교양부 집행위원으로 선임되었다.[17]

재건 흑우회에서 함께 활동한 이홍근에 의하면, 흑우회는 원심창을 비롯해 김정근·장상중·이홍근 등이 재건 문제를 상의하여 조우시가야(雜司谷區)에 2층짜리 건물을 얻어 활동 근거지로 삼았다. 이들은 흑우회 간판을 달고

13) 『東亞日報』 1924년 10월 22일자; 1925년 9월 6일; 9월 22일자.
14) 『朝鮮日報』 1925년 5월 31일자.
15) 「고국방문 순강 결의」, 『조선일보』 1925년 5월 31일; 「근백 경관 엄중 경계리 무산학우 정기회」, 『시대일보』 1925년 5월 31일.
16) 『東亞日報』 1925년 11월 7일자.
17) 「동경무산동맹 정총」, 『시대일보』 1925년 11월 6일.

활동한지 1년 후에 戶塚源(兵衛 141번지)의 단층집으로 옮겨 재기를 꾀하였다. 이곳에서는 장상중 내외와 원심창·이홍근 등이 거주하면서 동지 규합에 적극 나서 재일아나키스트들의 총본부 역할을 하게 되었다.[18]

이처럼 사무실 개설과 새 회원의 충원으로 조직을 개편한 흑우회는 1926년 2월 10일 임시총회를 열어 공식활동을 재개하였다. 이날 출석자는 8명뿐이었으나, 총회에서는 동지의 규합 방침과 잡지 발행을 결의하였다. 참석자들은 1월에 조직된 미에(三重)현 조선인학살사건 조사회의 활동보고와 일본 정부의 치안유지법 및 노동조합법 제정에 대한 반대 시위에 적극 참여하기 위해 조직 개편을 서둘렀다.[19]

1926년 5월경 원심창을 비롯해 흑우회 동지(장상중·육홍균·김정근·정태성·한현상·최규종·이홍근·최규동·이원세 등)들은 흑색운동사(黑色運動社)라는 간판을 걸었다.[20] 흑색운동사는 그해 7월 11일 일본의 전국적 아나키스트단체인 흑색청년연맹이 주최하는 무산정당비판박멸연설회에 조선인 대표로 원심창과 이호(李浩) 두 명을 파견하였다. 원심창 등은 이날 연단에서 연설하였는데, '불온언사'가 있다고 하여 검거되기도 하였다.[21] 이해

---

18) 이홍근, 「역사적 직군에의 동참」《국민문화회보》 11호, 1983, 9쪽. 연락 사무실을 가진 흑우회는 점차 재일한인 사회에 알려지기 시작했다. 이에 사무실을 직접 찾아와 동지 관계를 맺는 사람도 적지 않았다. 후일 중국으로 건너가 청년전지공작대 대장을 맡은 나월환(羅月煥)도 유학 도중 이곳을 찾아와 교류했다. 유학생인 최갑룡도 당시 흑우회에 자주 들러 동참하게 되었는데, 주로 일본 아나키스트들의 강연회를 방청하거나 노동절 행사에 참가한 바 있다고 회고하였다(최갑룡, 앞의 책, 20~23쪽).

19) 흑색운동사의 주소는 동경 高田町 雜司谷 431번지이다(朴慶植 編, 『재일조선인관계 자료집성』 1, 1975, 210~211쪽.

20) 『한국아나키즘운동사』, 277쪽. 그 후 박열의 뜻을 계승하기 위해 장상중 원심창 등은 "11월 12일 불령사로 개칭하고 기관지 『흑우』 2호를 발행하였다"라고 하였다(坪江汕二, 『개정증보 조선민족독립운동비사』, 고려서림, 1986, 286쪽).

21) 『고등경찰관계연표』, 조선총독부 경무국, 1930, 204쪽.

7월 원심창 등은 기관지『흑우』(한글판)와『자유사회』(일본어판), 그리고 팜플렛『소작농』을 간행하였다. 그러나 이들의 내용이 아나키즘을 선전, 고취시키는 것이라 하여 당국으로부터 발매와 배포를 금지 당하였다.[22]

한편 이 무렵 1926년 7월 23일 박열의 처 가네코 후미코가 우쓰노미아(宇都宮)형무소의 도치키(枥木)지소에서 옥중 '자살'했다는 급전이 동지들에게 전해졌다. 이에 원심창 등 동지 7명은 곧장 기차를 타고 형무소로 달려가 사인 규명과 사체인도를 요구하였다. 후세 다쓰지 변호사와 흑우회 회원들은 매장되었던 후미코의 유해를 인수받아 도쿄로 돌아와 화장하고, 후세 변호사의 집에 보관하였다.[23] 그러나 유골의 조선이송과 이로 인한 반일감정의 고조에 위협을 느낀 경찰이 유해를 강제로 탈취하였다. 이 와중에 양측의 몸싸움을 벌어졌는데, 이로 인해 김정근과 무쿠모토 운유(涼本運雄), 구리하라 카즈오(栗原一男) 등이 검속되기도 하였다.[24] 가네코 후미코는 죽어서도 경찰의 감시와 기만책 아래 배회하다가 죽은 지 약 4개월 만인 11월 5일 박열의 고향인 경북 문경 땅에 묻히게 되었다.

이후 1926년 11월 원심창 등 흑색운동사 동지들은 이를 흑색전선연맹(黑色戰線聯盟)으로 단체이름을 바꾸고 일본의 전국적 아나키스트단체인 흑색청년연맹(黑色靑年聯盟)에 가입하여 반제 연합전선을 형성하였다. 이어 원심창·장상중 등은 그해 12월 12일 박열의 사업을 계승한다는 목적으로 흑색

[22]『동아일보』및『시대일보』1926년 7월 7일자.
[23] 陸洪均, ≪金子文子 의문의 자살과 소위 '유골분실사건'의 경위≫(작성연도 미상)
[24]『東亞日報』1926년 8월 4일자. 김정근(본명 金黙)은 가네코 후미코 유골반출 사건으로 검속되어 곧장 조선에 보내져 진우연맹 사건으로 5년형의 징역을 선고받고 대구 감옥에서 복역하였다. 1928년 4월 일제는 폐결핵에 걸려 더 이상 가망이 없어 보이자 그를 출옥시켰으나, 집 주위에 경찰의 엄중한 경계를 세운 가운데 다량의 객혈 끝에 8월 6일 사망하였다고 한다.

전선연맹을 불령사(不逞社, 또는 흑우사)로 개편하고 기관지로『흑우』를 계속 발행하였다.[25] 그러나 일제의 극심한 탄압과 자금난에 허덕였던 연맹은 1927년 2월 흑풍회(黑風會)로 개칭하였다.

흑풍회는 이후 친일 세력과 공산주의자들의 세력 확장에 맞서 보다 적극적인 사상 활동과 노동운동에 주력하였다. 특히 재일 한인 노동자들의 권익 옹호에 힘쓴 결과, 자유노동자들의 단체인 조선자유노동자조합(朝鮮自由勞動者組合)을 결성하고 당시 최대 노동단체인 조선동흥노동동맹(朝鮮東興勞動同盟)을 우의 협력 단체로 만드는 데 성공하였다. 원심창은 최락종(崔洛鍾)과 최상열(崔尙烈) 등 자유노동자들과 함께 1927년 9월 도쿄 이사가야구(小石川區)에서 한인 위생인부들을 결속시켜 동흥노동동맹을 조직하였다. 동흥노동동맹은 원심창을 비롯해 이홍근·장상중 등으로 선전대를 편성해 조선 노동자들의 합숙소를 순방하고 기관지인『자유사회』를 배부하도록 하였다. 잡지는 매호마다 발매금지를 당했지만, 이들은 이에 굴하지 않고 계속 선전지로 활용하였다.[26] 이후 흑풍회는 보다 강력한 반일 반공산주의 투쟁을 전개하기 위해 1928년 1월 15일 흑우연맹으로 확대·개편하였다. 이들은 조직을 연맹체제로 개편한 이후 사무실도 확장, 이전하였다.[27]

흑우연맹은 1928년 창립부터 1936년 해체시기까지 항일투쟁은 물론 반공산주의 활동과 선전활동, 노동운동 지원 등 다양한 활동을 전개했다. 우선

---

[25] 조선사상통신사 특파원 박상희(朴尙僖)가 쓴 탐방기에 의하면, "현재 흑풍회(黑風會)에는 '흑우사'라는 간판도 걸려 있는데, 흑우사는 이전 흑우회 시절에 기관지『흑우』를 발행하였는데 근래에 중지되었다"라고 적혀 있다.(朴尙僖, 「朝鮮東京人團體歷訪記」,『朝鮮思想通信』1927년 12월 24일) 따라서 흑우사는 또 다른 사상단체가 아니라, 재건 흑우회 내부의 출판사로 여겨진다.

[26]『韓國아나키즘運動史』, 278쪽.

[27] 흑우연맹의 개편 당시 사무실은 도쿄 '下落合町 下落合 630'이었으나(『黑色靑年』18호), 이듬해 '外高田町 高田 783'으로 이전하였다(『黑色靑年』호외).

원심창과 오우영·이시우 등은 1926년부터 친일단체인 상애회와 줄곧 폭력적 대립을 거듭해 왔는데, 1927년 조선자유노동조합 회원 폭력사건에 맞서 집단다툼이 있었다. 이에 상애회가 1928년 2월 흑우연맹 사무실과 맹원들의 기숙사인 계림장(鷄林莊)을 습격하기에 이르자, 아나키스트들의 반격으로 퇴치하였다. 일본경찰의 후원 아래 권총과 일본도·단도 등으로 무장한 채 공공연히 자행된 상애회의 폭력은 그러나 지역주민들과 노동자들의 도움으로 오히려 아나키스트들의 정당방위가 입증되고 말았다.

　이어 흑우연맹은 신간회를 이용해 공산주의를 전파하려는 공산주의자들에 맞서 싸웠다. 1929년 2월 원심창과 이혁(李革) 등은 재일노총 도쿄 노동조합을 습격해 수명에게 중상을 입혔다. 발단은 회원의 탈퇴와 이적문제로 빚어졌지만, 더 근본원인은 공산주의에 대한 반감과 유일당 결성에 대한 반대운동 때문이라 하겠다.[28) 또한 그해 6월 학우회 주최의 운동회 준비에 불만을 품은 원심창·김병운(金炳運)·한하연 등 일부 회원들이 신간회 도쿄지부를 습격하기에 이르렀다. 일명 '학우회 사건'이라 불리는 이 사건에 대해 당사자들은 본국의 가뭄피해 구호에 아랑곳없이 운동회 개최준비에만 열중하는 유학생들의 비민족적인 태도에 반성을 촉구하고자 했다고 주장하였다.[29) 이로 인해 6명의 사상자를 냈고 원심창·최복선·한하연 등 7명이 구속되었다. 이 사건 역시 민족주의계와 공산주의 계열의 연합만으로 유학생 중심의 운동회를 개최하려는 데에 대한 아나키스트들과 노동자들의 반발로 일어난 불상사라 하겠다.

　'학우회 사건'으로 인해 원심창에 대한 공판은 9월 8일부터 4회에 걸쳐 개

---

28) 『朝鮮日報』 1929년 2월 19일; 4월 1일자.
29) 『朝鮮日報』 1929년 6월 9일자. 『韓國아나키즘運動史』(279~280쪽)에는 1928년으로 기록하고 있으나, 이는 착오로 여겨진다.

정되어 사실심리를 끝내고 판결은 1930년 1월로 미루어졌다. 형무소에 수감
된 백병련은 옥중에서 사망하였고, 원심창 등 5명은 1930년 4월 29일 보석으
로 풀려났다.[30] 이 사건 이후 더 이상 일제 당국의 감시에 일본에서 활동할
수 없다고 판단한 원심창은 중국으로 망명해 보다 적극적인 항일투쟁을 꾀
하고자 하였다. 일본을 탈출해 중국에서 직접 항일전쟁에 참전하고자 했던
것이다.

2. 중국에서의 의열투쟁

1931년 9월 만주사변을 전후해 더 노골화된 일본의 군국주의화와 파쇼적
사회통제로 인해 일본에서의 활동이 어렵게 되자, 많은 한인들이 적극적인
항일 투쟁을 전개하기 위해 중국행을 택했다. 특히 일본에서 풍부한 이론과
실천투쟁의 경험으로 단련된 젊고 활동력 있는 정예 아나키스트들의 중국진
출은 1930년대 후반 본격화된 항일무장투쟁 전선에 신선한 활기를 불어 넣어
주었다. 대표적인 인물로 원심창을 비롯해 나월환 · 이하유 · 박기성(朴基成) ·
이현근(李炫瑾) 등을 꼽을 수 있다.

1930년 4월 보석으로 감옥에서 풀려난 원심창은 많은 준비 끝에 비밀리에
조선을 경유해 북경으로 망명하였다. 그리고 이듬해인 1931년 5월 상하이(上
海)에 도착하였다. 그리고 곧 한인 아나키스트들의 총 본부인 남화한인청년
연맹(이하 '남화연맹'으로 약칭)에 가입하였다.[31]

---

[30] 「동경흑우회사건 관계자 5명 보석」, 『중외일보』 1930년 5월 6일자. 동경학우회습격사
    건은 1932년 1월 19일 공판을 재개하였으나 3명이 출두하지 않아 무기한 연기되었다.
    일본 법원은 1933년 11월 10일 갑자기 공판을 열어 김병운에게 구형 8년에 징역 5년
    을, 변영우에게 3년에 집행유예 4년을 언도했다(≪흑색신문≫ 제23호, 1933년 12월
    21일자).

당시 상하이에는 1930년 4월경부터 류기석(柳基石, 일명 柳絮, 1905~1980) 등이 남화연맹을 조직하여 청년 동지들을 규합하고 있었다. 이어 일제가 만주를 침략한 9·18사변을 전후해 북경의 원로아나키스트인 이회영과 류자명을 비롯해 만주를 탈출한 정화암·백정기·엄형순·이달 등이 속속 모여들고 있었다. 또한 일본에서 함께 유학하고 탈출한 원심창을 비롯해 박기성과 이하유·나월환 등이 남화연맹에 가입하였다. 이무렵 동지들의 생활이 매우 궁핍하여 원심창은 백정기·박기성·엄형순·김성수·이달·김야봉 등과 함께 방 하나를 얻어 자취했다고 한다.[32]

남화연맹은 곧 조직개편을 개편하여 류자명을 의장 겸 대외책임자로 선정하고 산하단체로 남화구락부를 두어 남화통신을 발간하였다. 또한 연맹의 강령과 규약, 선언문을 작성하여 동지들을 적극 규합하였다.[33] 그해 10월 연맹은 중국 국민당 원로이며 아나키스트동지인 이석증(李石曾)·오치휘(吳稚暉) 등과 연합하여 국제적 의열단체인 항일구국연맹을 결성하였다. 주로 적의 기관파괴와 요인암살 및 친일분자 숙청, 항일선전 활동 등을 목적으로 한 이 행동대는 중국인 동지 왕아초(王亞樵)와 화균실(華均實) 등이 재정과 무기를 공급해 주었고, 재북경동북의용군후원회(在北京東北義勇軍後援會) 등 중국 항일단체로부터 지원을 받았다.[34] 항일구국연맹은 일제와 친일분자

---

31) 양일동, 「원심창전」, ≪자유연합신문≫ 제93호, 1934년 8월 5일자.

32) 이규창, 『운명의 여진』, 클레버, 2004, 218쪽; 박기성, 「중국에서의 투쟁시대」(『의사 원심창』, 51~52쪽).

33) "혁명적 수단으로 현재의 사회조직을 철폐하고 상호부조의 절대적 자유평등사회를 실현하기 위하여 우선 조선에 있어서의 일본통치권을 탈취하여 조선독립을 성취하고 일본의 입헌군주제를 철폐하고 일체의 사유재산을 일반사회의 공유에 넘기고 일본 및 조선에서 무정부공산주의를 실현할 것" 「원심창 외 2인 판결문」.

34) 이규창, 『운명의 여진』, 클레버, 2004, 220~224쪽; 김정명 편, 「1937年の在支不逞朝鮮人の不穩策動狀況」, 『조선민족운동』Ⅱ, 607쪽.

들에게 공포심을 주기 위해 '흑색공포단(Black Terrorist Party, 일명 B·T·P)
이라는 직접행동대를 조직했다.

원심창은 남화한인청년연맹에 가입한 후 1931년 10월부터 서기부의 책임
을 맡았다. 그는 서기부에서 청년동지들의 규합은 물론 각종 정세감찰 및
보고와 항일 아나키즘 선전 등의 중책을 맡았다.[35] 원심창의 항일 선전활동
을 살펴보면, 우선 그는 1931년 8월 20일 국치일을 맞아 남화한인청년연맹
명의로 격문을 배포했다. 「8월 29일은 조선민족이 이족의 노예가 된 날이다.
분발하여 적의 아성을 쳐부수자」는 제목의 격문을 1백여 매를 등사한 그는
8월 27일과 28일 양일 동안 상해에 있는 조선인들에게 배포하였다.

원심창은 이듬해인 1932년 5월 1일 메이데이를 맞아 선전문을 우송하였다.
그는 자신의 집에서 노동절의 의의와 아나키즘 사상을 담은 선전문 1백매를
제작하여 상해와 북경·천진의 조선인들을 비롯해 조선과 일본·대만 등지
에 발송하였다.[36] 또한 1933년 3월 1일에는 독립기념일을 맞아 선전문을 우
송하였다. 원심창은 조선독립기념일을 맞아 2월 하순경 자신의 집에서 「일
본 제국주의를 저주하며 모든 사유재산제도와 권력을 파괴하고 무정부공산
주의사회를 건설하려는 취지」로 쓴 선전문 70여 매를 등사하여 프랑스조계
내에 있는 조선인에게 우송하였다. 원심창은 일본에서 같이 유학한 박기성
등과 함께 각종 기념일에 격문을 살포하고 출판물을 발행해 선전하였는데,
이 선전활동 쓰인 자금은 주로 상해에 거주하는 동포 실업자들로부터 각출
하였다고 한다.[37]

---

35) 「3동지의 약력」, ≪흑색신문≫ 제23호(1933년 12월 21일자); 「원심창 외 2인 판결문」.
36) 「BTP 사건이전의 재중한인무정부주의자운동개황-남화한인청년연맹」, ≪흑색신문≫
　　제23호(1933년 12월 21일자).
37) 박기성, 「중국에서의 투쟁시대」(『의사 원심창』, 51~52쪽)

원심창은 선전활동 뿐만 아니라, 항일구국연맹의 흑색공포단 활동에도 적극 참가하였다. 그가 흑색공포단에 가입한 시기는 대략 1931년 11월경 무렵으로 보인다.[38] 원심창은 흑색공포단의 행동대원으로 천진에 있는 일본영사관 폭탄투척과 주중일본공사 아리요시 아키라(有吉明) 암살을 추진하였다. 천진 일본영사관 폭탄투척은 1932년 12월 초순부터 준비되었다. 1932년 11월 당시 북경시당국에 근무하면서 천진의 '조선대독립당주비위'의 고문으로 있던 류기석이 상해로 와 원심창과 이용준(李容俊)[39]에게 다음과 같은 제안을 하였다.

> 나는 북경에서 항일투쟁을 감행하기 위한 자금으로 지난번에 복건성(福建省) 천주의 무정부주의자 진망산(陳望山)에게 금 8천원을 받았는데, 이 사람에게 북평(북경)이나 천진에서 일본군부 혹은 일본영사관에 폭탄을 던지면 30만 원의 자금을 받아낼 수 있어서 동지를 모집하러 왔다.[40]

이 제안에 원심창과 이용준이 찬성하여 세 사람은 이해 11월 중순경 북경으로 가는 기차를 탔다. 하지만 당시 북경에는 만주에서 온 장학량 군대 30만여 명이 주둔하여 삼엄한 경계를 펴고 있었다. 북경에서 폭탄을 투척할 상황이 어렵게 되자 이들은 12월 11일 천진으로 이동하여 정세를 살폈다.

---

[38] 「在上海南華韓人靑年同盟の綱領規約及宣言」에는 "원심창·백정기·정원옥·김지강·이용준·이달·정종화·오면식·이강훈 등은 여러 차례 모임을 갖고 1931년 11월 상해 프랑스조계 한 중국인의 집에서 흑색공포단을 조직하였다."고 하였다(「在上海南華韓人靑年同盟の綱領規約及宣言」, 『사상휘보』 제5권, 1935, 111쪽).

[39] 이용준(1905~1946)은 충북 제천 출신으로 이회영이 천리방으로 작명해 주었다. 이용준은 육삼정 혐의자로 수배 중 1938년 12월 북경에서 체포되어 징역 5년형을 받았다(이동언, 「여산 이용준의 생애와 항일독립투쟁」, 『제천 애국지사 이용태의 삶과 사상』, 역락, 2005 참조).

[40] 「원심창 외 2인 판결문」.

당시 천진의 일청기선 부두에는 군수물자와 군대를 실은 배가 입항해 있었고, 일본영사관 부근 숙소에는 1개 여단의 육군과 육전대가 주둔하고 있었다. 이에 13일 백정기와 일본인 사노 이치로우(佐野一郎, 일명 田華民)[41]은 일청기선부두에, 이용준과 류기석은 일본군사령부와 일본총영사 관저에 폭탄을 던질 계획을 세웠다. 그리고 16일 오후 6시 30분경 류기석은 병사(兵舍)에, 이용준은 일본총영사관 관저(官邸)에 각각 폭탄을 투척하였다.

하지만 폭탄의 위력이 크지 않아 벽돌담 외측 하부만 파괴시켰다.[42] 원심창은 지리를 잘 모르기 때문에 상해의 아나키스트들과 연락을 취하였다. 원심창은 천진에서 감행하였던 폭탄투척을 알리기 위해 상해로 바로 복귀하였고, 이용준과 유기석도 각각 경찰의 감시를 피해 돌아왔다. 천진 일본군사령부 파괴사건은 일본신문에도 대서특필될 정도로 큰 반향을 일으켰다.[43]

---

[41] 사노 이지로우(佐野一郎, ?~?)는 교토(京都) 출생으로 중국 상해에서 만년필을 제조하였다. 1921년 강제송환을 당해 교토에서 복역하였고 다시 상해로 탈출해 중국아나키스트인 등몽선의 화광의원에 머물렀다. 1928년 7월 상해 남경로에서 동방무정부주의연맹에 참가하였다. 1931년 9월에는 정화함 등과 함께 항일구국연맹에도 참여하였다(日本アナキズム運動人物事典』, 株)はる出版, 2004, 304쪽)

[42] 「원심창 외 2인 판결문」; 「이용준 판결문」; 『독립운동사』 7(의열투쟁사), 독립운동사편찬위원회, 1976, 782쪽.

[43] 「3동지의 약력」 ≪흑색신문≫ 제23호 ; 양일동, 「원심창전」 ≪자유연합신문≫ 제93호. 이 외에도 흑색공포단은 복건성 천주에서 일본의 하문(廈文) 영사관을 파괴하였으며, 1932년 12월 천진에서 일본의 군수물자를 싣고 들어온 기선에 폭탄을 투척하기도 하였다(류기석 회고록, 『30년 방랑기』, 국가보훈처, 2010, 235~243쪽).

IV. 육삼정 의거와 투옥

원심창은 이듬해 1933년 들어 새로운 활동을 모색하였다. 이른바 '상해 육삼정의거'인 주중 일본공사 아리요시 아키라(有吉明) 암살미수사건이다.[44] 유길명은 1932년 7월 23일 장개석의 국민정부의 승인을 받아 특명전권대사인 주중공사로 임명되었다. 아리요시 아키라는 일본정부의 밀명에 받아 1933년 2월 중국 국민정부 군사위원장인 장제스(蔣介石)를 4천만 엔으로 매수하여 그로 하여금 만주를 포기하도록 교섭하였다. 이미 열하(熱河)에서 일본군에 저항하지 않도록 조치를 마친 그는 3월 14일 밤 국민당 요인들과 함께 상하이 무창로(武昌路)에 있는 고급요정인 육삼정(六三亭)에서 송별식을 가진 후 3월 24일 일본으로 돌아갈 예정이었다.[45]

이러한 정보는 서기부 책임을 맡고 있는 원심창이 처음 입수하였다. 정확히 누구한테인지는 분명치 않으나, 원심창은 상해 중국 아나키스트들의 연락처이며 각국 동지들이 방문하는 등몽선(鄧夢仙)의 화광의원(華光醫院)[46]에

---

[44] 주중일본공사 유길명에 대한 암살시도는 원심창, 백정기, 이강훈 등보다 앞서 한 차례, 이후 한 차례가 더 있었으나 모두 실패하였다. 전자는 1932년 9월 26일 서간단(鋤奸團, 일명 除奸團)이 남경으로 가는 유길명이 탈 차에 폭탄을 설치하였으나 발각되어 실패하였다.(『동아일보』 1932년 9월 29일, 「유길 공사 일행에 대한 암살음모 遂暴露」) 후자는 평북 출생 柳瀅植(22)이 1936년 2월 21일 상해에서 시도하였다가 체포되어 실패하였다.(『동아일보』 1936년 3월 6일, 「유길 공사 암살범 유형석 상해에서 피착」) (성주현, 앞의 논문에서 재인용)

[45] 『동아일보』 1933년 3월 4일, 「유길 공사, 나씨 방문 타개책 의견 교환」.

[46] 상해 이매로에 위치한 화광의원은 등몽선이 일본에서 귀국한 후 개원한 병원으로 상해 아나키스트들의 주요 연락처였다. 이 곳은 중국아나키스트들을 비롯해 오스기 사카에·암좌작태량 등의 일본인과 한인 아나키스트들이 드나들었다. 1928년 5월 이 곳에서 중국과 조선 등 7개국을 대표하는 200여명의 아나키스트들이 동방무정부주의자연맹을 결성하였다(玉川信明, 『中國の黑い旗』, 晶文社, 186쪽).

서 정보를 접하였다. 즉 일본의 육군대신인 아라키(荒木貞夫)가 주중일본공
사 아리요시 아라키에게 거금을 주어 이것으로 장개석을 매수하여 상해의
조선인 혁명가 전부를 검거할 계획을 하고 있다는 정보인 것이다.[47]

정보를 얻은 원심창은 곧 정화암에게 알렸고, 이에 3월 5일 저녁 흑색공포
단 합숙소인 상해 프랑스조계에 위치한 백정기 집(福履事元坊 6호)에 동지들
을 모아 대책을 협의하였다.[48] 정화암을 비롯한 단원들은 만일 그의 계략대
로 된다면, 일제 괴뢰정권인 만주국이 더 강력한 제국주의 국가가 되어 조선
과 중국의 해방이 어려워진다고 보았다. 따라서 아리요시 공사를 암살하고
이 사실을 선전문을 통해 폭로하여 계획을 무마시키기로 결의하였다.[49] 다
음날 아침 3월 6일 백정기와 이강훈이 제비뽑기 추첨으로 선정되었고, 현장
안내는 원심창이 맡기로 하였다.[50]

이에 따라 백정기와 이강훈은 정화암과 이용준이 준비한 폭탄과 권총으로
암살계획을 준비하였다. 원심창은 이 계획을 동거인으로 오세민(吳世民)이
란 가명의 일본 아나키스트 야다베 무우지(谷田部勇司)[51]에게 전달하여 아

---

47) 「李康勳對(朝鮮獨立運動關係)豫防拘禁事件決定等·熊本地方檢事局報告」(국가보훈처,
『일본사법형사국 思想月報』, 2012, 723쪽).

48) 「이용준 판결문」.

49) 당시 단원들의 결의내용은 다음과 같다. "有吉明 대 蔣介石의 밀조약은 일본 민중의
고혈을 착취한 4천만 엔을 제공한 사실과 蔣介石이 4억 중국 민중을 무시하고 사리사
욕에 빠져 일본과 타협한 사악하다고 볼 뿐아니라 양국이 이 조약을 계기로 더욱
반동화하여가는 세력을 저지시키고 민중의 정의적 자각을 격려하여 혁명기의 단축
을 기한 것이다."(「BTP단원은 왜 有吉明주화공사 암살을 결의하였나」≪흑색신문≫
제23호; 「원심창 외 2인 판결문」.)

50) 「원심창 외 2인 판결문」; 이강훈, 『민족해방운동과 나』, 제삼기획, 1994, 157쪽; 정화암,
『어느 아나키스트의 몸으로 쓴 근세사』, 자유문고, 1992, 142~144쪽.

51) 야다베 무우지(谷田部勇司)는 제철공으로서 에스페란토를 배우다가 아나키스트가
되었다. 1928년 동방아나키스트연맹에 가입하였으며 남화연맹의 흑색공포단원으로
활동하였다. 有吉明 암살사건으로 수배 당했는데, 그 후 복거성으로 이주해 천주의

리요시의 사진과 자동차 번호를 알아내었다. 그리고 3월 14일 밤 실행에 앞서 연회장소인 육삼정을 답사한 후 거사의 잠복장소로 중국요리점 송강춘(松江春)으로 정하였다. 류자명은 거사 이후 보도용으로 사용될 선언문을 북경·천진·남경의 각 신문사에 제공키로 하고 '흑색공포단'이란 이름을 사용하자고 하여 그대로 결정되었다.[52]

이렇게 사전 계획에 따라 3월 17일 오후 9시경, 아리요시 공사가 9시 20분경 육삼정을 떠날 것이라는 통보를 받은 원심창 등 네 사람은 류자명으로부터 무기를 받고 자동차를 몰아 육삼정으로 향하였다. 야타베 무우지가 동향을 파악하기 위해 자리를 뜨고 원심창 등 세 사람이 송강춘에 들어섰는데, 이미 연회를 경계하던 변장한 일본 상해영사관 경찰부원과 工部局 경창들이 배치되어 있었다. 낌새를 알아차린 세 사람이 탈출하려 경찰과 몸싸움을 벌이며 창문을 깨고 도주하였으나, 주위에 무장한 경찰대의 포위로 체포되고 말았다.[53] 일본 영사관 경찰은 윤봉길이 휴대한 것과 같은 종류의 폭탄 1개(重量 5封度)와 수류탄 1개, 권총 2정과 실탄 95발을 압수하였다.[54]

비록 거사는 불발에 그치고 말았지만,[55] 애초 흑색공포단의 계획은 실패

평민중학에서 에스페란토를 가르쳤다. 전후에는 연락이 끊긴 것으로 알려졌다(『日本アナキズム運動人物事典』, 株)はる出版, 2004, 658쪽). 일본 내무성 경무국 보안과 조사에서는 종래 그의 이름이 '失田部勇司'로 알려졌는데, '谷田部勇司'로 정정한다고 밝히고 있다(『有吉公使暗殺陰謀事件』, 1933).

[52] 이강훈, 『민족해방운동과 나』, 157쪽.

[53] 〈유길명암살준비 착착 진행〉 《흑색신문》 제23호. 『동아일보』 1933년 3월 21일자는 다음과 같이 보도하였다. "상해신공원(上海新公園)사건 이래 일시 조용하던 조선○○당은 또 유길(有吉) 공사 암살을 계획하는 것을 상해총영사관 경찰이 탐지하고 17일 오후 6시 25분 그들이 홍구 무창로(虹口 武昌路) 중국요리점 송강춘(松江春)에 모이어 밀의하는 것을 특고과 무장경관 십 수 명이 그 집을 포위하고 朱元勳(경기, 원심창의 오기) 이강훈(22, 강원) 백구파(28, 전남)의 세 명을 체포하고 암살용 폭탄 2개와 권총 3정을 압수하였다."

[54] 『有吉公使暗殺陰謀事件』, 1933.

하지 않았다. 다음날 아침 상해와 북경·남경 등 각 신문에 일제히 이 암살계획이 대서특필되었고, 그 이유가 상세히 보도되었기 때문이다. 이로 인해 장개석과의 밀약은 세상에 폭로되었고 반대세력과 민중들의 시위가 격화되어 공작이 실패로 돌아갔던 것이다.[56]

체포된 원심창와 백정기·이강훈 세 사람은 1933년 4월 14일 치안유지법 및 폭발물취체법칙 위반, 살인예비, 기물훼기피해 등으로 상해총영사관 관할 검사에 송치되었다. 이어 4월 17일 기소 예심에 회부되어 7월 5일 종결되었다.[57] 그러나 항일 동지들의 보복전을 두려워한 일제가 최남단인 나가사키(長崎) 지방재판소로 재판을 회부시킴에 따라 원심창 등 3인은 7월 10일 일본으로 압송되었다.[58]

1933년 11월 15일 공판에서 일본 검찰은 주모자급인 원심창과 백정기에게 무기징역을, 이강훈에게 15년 징역을 구형하였다. 이들은 검사의 논고에 대

---

[55] 정화암과 이강훈은 거사실패가 원심창의 실수에 있다고 보았다. 정화암은 원심창이 소개한 일본인 오끼(야타베의 오기)가 일본총영사관에 미리 정보를 흘려 동지들을 유인했다고 보았다(정화암,『어느 아나키스트의 몸으로 쓴 근세사』, 144~146쪽). 또 이강훈은 원심창이 자기를 오라고 손짓한 것이 일본 형사들에게 "마치 우리의 행동거지를 적나라하게 알리는 신호같이 되어버렸다"는 것이다(이강훈,『민족해방운동과 나』, 158~160쪽). 물론 일본경찰이 사전정보에 따라 검거계획을 세운 것은 분명해 보이는데, 아직까지 계획의 누설자는 분명치 않다. 일본 경시청은 1935년 4월 야타베의 검거를 촉구하고 있으며, 원심창의 손짓은 두 사람에게 시급히 알려줄 일이 있었던 것을 이강훈이 오해한 것으로 파악할 수 있다. 류기석은 같은 동지라고 믿었던 상해일일신문 기자이자 아나키스트인 다마사키(玉崎)가 일본총영사관에 매수되었으며 그의 배신으로 일본경찰이 처음부터 계획을 파악하고 있었다고 보았다. 이와 관련하여 류기석,『류기석 회고록-30년 방랑기』, 국가보훈처, 2010, 233~234쪽; 구파백정기의사기념사업회 편,『항일혁명투사 구파 백정기』, 2009, 284~297쪽; 박종연,「일제시기 李康勳의 민족운동과 육삼정의거」,『숭실사학』32집, 2014 등을 참조.

[56] 〈유길명암살준비 착착 진행〉, ≪흑색신문≫ 제23호.

[57] 박경식 편저,「재류조선인운동」,『재일조선인관계자료집성』2, 787쪽.

[58] 『조선중앙일보』1933년 7월 11일,「유길 공사 암살 계획한 피고 3명 장기에 이송」

해 "우리가 너의 손에 잡힌 이상, 총살을 하든지 교살하든지 너희의 자유이다. 우리가 정당한 행동을 하다가 죽음을 조금도 후회하지 않는다."고 전제하고 "그러나 우리는 아나키스트임을 인식하라"고 일갈하였다.[59] 11월 24일 열린 판결에서도 법원은 검사와 동일하게 언도하였다. 원심창은 최후진술에서도 유창한 일본말로 일제의 죄악상과 야만적 행패를 일일이 실례를 들어가면서 재판장을 꾸짖었다.[60] 세 사람은 변호사의 항소권고도 일체 거절하였다.

한편 원심창 등이 나가사키지방재판소에서 재판을 받는 동안, 도쿄의 아나키스트동지들은 이들에 대한 구원운동을 전개하였다. 원심창 등이 일본으로 압송되자 조선동흥노동동맹의 양일동(梁一東)과 최학주(崔學柱), 흑기노동자연맹의 정찬진(丁贊鎭), 극동노동조합의 진철(陳哲), 흑우연맹의 홍성환(洪性煥) 등이 모여 구체적인 구원방안을 논의하였다. 이들은 재일 한인 노동자들로부터 구원자금을 마련한 후, 홍성환을 대표로 나가사키로 파견하였다.[61] 홍성환은 헌책상을 가장하여 11월 13일 잠입해 각 신문사와 조선인 노동자합숙소에 사건의 전말을 적극 선전하였다. 또한 공판심리가 열린 11월 15일에는 수백 명의 방청인을 이끌고 들어갔다가 강제추방을 당하기도 하였다.[62] 이후 원심창은 1945년 10월 10일 출옥할 때까지 일제에 의해 영어의 몸이 되었다.

---

[59] 〈상해 흑색테로단원 3동지 무기징역〉《흑색신문》 제23호.
[60] 『의사 원심창』, 18쪽.
[61] 『재일조선인관계자료집성』 2, 787-788쪽.
[62] 「홍성환 자필이력서(나는 이렇게 걸어왔다)」(1965년)

Ⅴ. 맺음말

원심창은 일찍이 일본에 건너가 현대 아나키즘 사상가인 크로포트킨과 오스기 사카에의 저작을 통해 아나키즘을 수용하였다. 또한 흑우회의 박열과 교유하다가 1923년 9월 오스기 사카에 암살사건과 '박열사건'을 계기로 평생 아나키스트 혁명가의 길을 걸었다. 이후 박열의 유지를 받들어 1924년부터 흑우회 재건에 이어 흑색운동사—흑색전선연맹—흑풍회로 이어진 재일 아나키스트운동에 앞장섰다.

1928년 1월 흑우연맹으로 확대 재편된 이후에는 보다 적극적인 항일투쟁은 물론 반공산주의운동을 전개했고, 이론선전 활동과 노동운동 지원에도 앞장섰다. 친일단체인 상애회와의 쟁투를 비롯해 신간회를 둘러싼 공산주의자들과의 대립 속에 이른바 '학우회 사건'으로 인해 구속되어 1년 동안 감옥에 갇혔었다. 1930년 4월 보석으로 풀려난 원심창은 보다 적극적인 항일운동을 펼치기 위해 중국으로 망명하여 이듬해 5월 상해에 도착하였다.

상해에서 재중 아나키스트들의 연합체인 남화한인청년연맹에 가입해 서기부의 책임을 맡아 정보수집과 선전활동에 종사하였다. 또 직접행동단체인 항일구국연맹에도 가입해 1931년 11월 천진 일본영사관 폭탄투척사건에 참여하였다. 특히 주중일본공사 아리요시 아키라 암살사건을 주도하다가 체포되어 무기징역에 처해져 일제패망 이후인 1945년 10월 10일 출옥할 수 있었다. 해방 후에도 일본 거류민단장을 역임하며 교포들의 권익옹호는 물론 남·북의 평화적 통일협력을 위해 노력하였다.

그의 평생동지인 이강훈은 "그는 남을 위해 자기를 바치고 희생하려는 봉사정신이 어느 누구에게도 찾을 수 없으리만치 독특한 마음씨의 소유자"라고 평가하였다. 그러면서도 그의 성격은 지극히 온순하고 인자하였지만, "조국과 민족에 해를 끼치는 무리에 대해서는 강한 적개심과 용맹을 갖추어 민족도의심과 지용(智勇)을 겸비했다"고 평하였다.[63] 원심창의 삶의 궤적을 통해 일본 제국주의와 공산주의에 철저히 저항하면서 자유와 평등, 동아시아 평화공동체를 위해 애쓴 선조들의 꿈과 희망을 재인식하는 계기가 되길 기대해본다.

[63] 『의사 원심창』, 14쪽.

참고문헌

김명섭, 『한국아나키스트들의 독립운동-일본에서의 투쟁』, 이학사, 2008.

김명섭, 「원심창의 항일반공투쟁과 육삼정의거」, 『백범과 민족운동연구』 9, 백범
　　　학술원, 2012.

김방, 『평택시항일독립운동사』, 평택시독립운동편찬위원회, 2004.

구파백정기의사기념사업회 편, 『항일혁명투사 구파 백정기』, 국민문화연구소, 2009.

류기석, 『류기석 회고록-30년 방랑기』, 국가보훈처, 2010.

박종연, 「일제시기 李康勳의 민족운동과 육삼정의거」 『숭실사학』 32집, 2014.

박환, 『식민지시대 한인아나키즘운동사』, 선인, 2005.

성주현, 「아나키스트 원심창과 육삼정 의열투쟁」, 『숭실사학』 24집, 2010.

이강훈, 『민족해방운동과 나』, 제삼기획, 1994.

이규창, 『운명의 여진』, 클레버, 2004.

이문창, 『해방공간의 아나키스트』, 이학사, 2008.

이호룡, 『한국의 아나키즘』, 지식산업사, 2001.

정화암, 『어느 아나키스트의 몸으로 쓴 근세사』, 자유문고, 1992.

조세현, 『동아시아 아나키스트들의 국제교류와 연대』, 창비, 2010.

『有吉公使暗殺陰謀事件』(1933년 작성).

『의사 원심창』, 원주원씨중앙종친회, 1979.

≪흑색신문≫ 제23호(1933년 12월 21일), ≪자유연합신문≫ 제93호(1934년 8월 5일).

「홍성환 자필이력서(나는 이렇게 걸어왔다)」(1965년 작성).

日本アナキズム運動人物事典編纂委員會 編, 『日本アナキズム運動人物事典』, 東京:
　　　はる出版, 2004.

일제강점기 이병헌의 생애와 민족운동

성주헌 (청암대 연구교수)

Ⅰ. 머리말

梧菴 李炳憲은 천도교인으로 3·1운동 당시 독립선언서를 운반하였을 뿐만 아니라 만세시위에 직접 참여하였고, 신간회운동에 참여한 민족운동가이다.

이병헌은 서세동점기와 동학혁명이 일어난 이듬해 태어났다. 일찍이 동학에 입도한 아버지의 영향을 받아 계대교인으로 동학사상을 수용하여 종교인으로서의 삶을 추구하였다. 그러한 가운데서도 동학의 민족주의사상에 따라 민족운동에 적극적으로 참여하였다. 어릴 적 수원에서 생활한 이병헌은 천도교 수원교구에서 주요 교역자로서 활동하면서 청년기를 보냈다. 3·1운동이 일어난 1919년 초에 천도교 3세 교조인 의암 손병희의 부름을 받고 서울로 진출한 이후 3·1운동의 현장을 몸소 체험하였고, 일제의 검거령을 피해 수원으로 피신하였다가 수원지역 3·1운동에 직간접적으로 참여하는 한편 제암리학살사건을 목격하였다. 뿐만 아니라 1927년 2월 신간회가 결성되자 경성지회 설립준비위원 및 총무간사를 맡아 설립 자금을 조성하는 한편 조직

부 총무간사로 활동하였다.[1)]

해방 이후에는 한민당에 참여하여 정치인으로, 1949년 국립경찰전문학교 교장으로 공직에서 활동한 바 있다. 그리고 한국전쟁 동안에는 부산으로 피난하여 행정신문사를 설립하여 운영하였고 환도 후에는 시사시보사를 운영하는 등 언론인으로도 활동하였다. 그밖에 민주당 창당위원, 신대한건설협회 부회장, 한족회 부회장, 3·1운동기념사업회 부회장, 한중협회 중앙위원 등 다양한 사회활동도 하였다. 말년에는 천도교로 돌아와 1955년 1월부터 7년간 부교령으로 활동하였고 이후 천도교 최고 예우직인 종법사에 추대되었다. 1960년에는 민의원에 당선, 정계에서 활동하기도 하였다.[2)]

이처럼 이병헌은 수원과 서울을 넘나들면서 종교인, 민족운동가, 정치인, 공직자, 언론인으로 등 다양한 활동을 하였음에도 불구하고 아직까지 제대로 평가를 받지 못하였다. 이는 자료의 한계 때문으로 추정된다. 이병헌과 관련된 자료는 아직 집적된 것이 없고 여기저기 분산되어 있다.[3)] 그렇기 때문에 연구의 한계가 없지 않았을까 한다. 그렇지만 수원과 관련된 인물로서 새롭게 조명할 필요가 있다고 본다. 이에 따라 본고에는 분산된 조가조각의 자료를 모아 이병헌의 생애와 민족운동의 복원을 시도해 보고자 한다. 그리고 이병헌의 민족운동의 시기를 일제강점기로 한정하여 서술하고자 한다.

[1)] 이러한 공로로 이병헌은 1993년 8월 15일 정부에서 건국훈장 애족장에 추서하였으며, 1995년 10월 대전 국립묘지에 안장되었다.
[2)] 성주현, 「신앙보국의 화신 이병헌(李炳憲)」, 『신인간』 575, 1998.7, 80-85쪽.
[3)] 이병헌과 관련된 자료는 『천도교회월보』,

II. 천도교 입교와 수원교구

이병헌은 동학혁명이 막을 내린 이듬해 1895년 11월 20일 아버지 李敏道와 어머니 남원 양씨의 4대 독자로 경기도 진위군(현 평택시) 현덕면 권관리 445번지에서 태어났다.[4] 본관은 함평, 도호[5]는 梧菴, 필명은 石雲이었다. 그 가 태어난 권관리는 서해안을 끼고 있는 어촌마을이다. 서해안과 마주하는 마을 끝에는 닭 머리를 닮은 鷄頭峯, 마을 뒷편에는 玉女峯이 마을을 둘러싸 고 있다. 이 두 봉우리는 3·1운동 당시 평택지역에서 최초로 햇불을 올리고 만세운동을 전개한 곳이기도 하다. 이병헌 태어난 곳은 진위군 현덕면이지 만 생활권은 수원에 속하였다. 오늘날에도 이 지역의 중심지는 안중이지만 수원으로 진출하는 것이 수도권과 더 가까운 곳이기도 하다.

이병헌의 아버지 이민도는 원래 한학을 공부한 유학자였지만 28세 되던 해 동학에 입도하였다.[6] 수원지역에 동학이 포교된 시기는 1874년으로 1870 년대 중반이었다. 이 시기 호남인으로 알려진 안교선의 포교로 안승관, 김정 현 등이 동학에 입교하면서 수원지역에서 동학이 성장할 수 있는 기반을 조 성하였다.[7] 이민도는 수원지역에 동학이 포교된 지 5년 후인 1879년 동학에 입도하였다. 이 시기 일반 민중들이 동학에 입도한 동기는 시천주의 인간존 중과 척양척왜의 보국안민에 매료되었기 때문이었는데, 이민도 역시 이 범주 에서 크게 벗어나지 않을 것으로 보인다.

동학에 입도한 이민도는 진위와 수원 등지를 중심으로 포교활동을 하였

---

4) 『함평이씨 대동보』.
5) 道號는 천도교인에게 내려주는 號이다.
6) 「환원일속」, 『천도교회월보』 127, 1921.3, 118쪽.
7) 「수원군종리원연혁」, 『천도교회월보』 191, 1926.11, 29쪽.

고, 그 결과 1년 뒤인 1880년 접주로 임명되었으며, 1893년 척양척왜를 기치를 내세운 보은집회에 신용구와 함께 수원지역 동학교인들을 이끌고 참여하였다. 뿐만 아니라 1894년 동학혁명에도 참여한 것으로 추정된다. 동학혁명 당시 기호대접주 안승관을 비롯하여 김정현, 김원팔 등이 수원지역에서 기포한 바 있는데, 척왜양을 기치로 한 보은집회에 참가한 이민도 역시 동학혁명에 참여한 것은 당연한 것으로 볼 수 있지 않을까 한다.

이후 이민도는 수원교구를 설립하는데 참여하였으며, 진위군 현덕면 종리사에 선임되는[8] 한편 1912년 4월 15일부터 3년간 전개한 49일 특별기도에 참가하였다. 이민도는 수원교구장으로 활동하던 1913년에는 북수리에 40여 칸의 교당을 마련하였다.[9] 당시 마련한 교당은 정조가 수원에 상업을 진흥시키기 위해 전국의 부호를 유치할 때 지은 유서 깊은 8부가 중의 하나였다.[10]

이외에도 이민도는 1919년 3·1운동이 전국적으로 전개될 때 3월 22일 진위군 현덕면에서 만세운동을 준비하던 중 예비검속을 당하였다.[11] 이민도는 봉훈, 교훈, 교구장 등으로 활동한 후 1921년 2월 14일 71세를 일기로 일생을 마쳤다[12].

이와 같이 어릴 적부터 아버지로부터 동학의 영향을 받은 이병헌은 16세 때인 1911년 6월경 수원교구 제544 강습소에 입학하여[13] 근대적 학문과 종교적 소양을 쌓았다. 당시 천도교에서는 근대적 교육의 하나로 전국의 지방교구에 교리강습소를 설치하였다.[14] 교리강습소는 본과는 3년, 특별과는 2년,

---

8) 「수원군종리원연혁」, 『천도교회보』 191, 31쪽.
9) 수원교구의 주소는 경기도 수원군 북수리 343번지였다.
10) 수원교구의 규모는 瓦家 40칸이었다.
11) 이병헌, 『3·1운동비사』, 시사시보사, 1959, 880쪽.
12) 「환원일속」, 『천도교회월보』 127, 1921.3, 118쪽.
13) 『천도교회월보』 12, 1911.8, 65쪽.

속성과는 3개월 과정인데, 이병헌은 속성과를 졸업하였다. 당시 이병헌이 수업한 속성과는 '천도의 진리', '교육의 원리', '교수법', '학교관리법' 등 천도교 교리과 학교교육에 대해 집중적으로 교수하였다.

제544 강습소를 수료한 이병헌은 이듬해 1912년 6월 22일 중앙총부에서 모집한 제1회 종학강습소 고등과에 입학하였다.15) 종학강습소는 "지방의 고등 강생을 모집 교수하여 종리의 發闡을 기도하며 또한 각지 강습소의 교수할 자료를 공급"하기 위해 설립되었다. 이병헌이 입학한 고등과는 6개월 과정으로 敎書, 作文, 講解 등 3개 과목을 수학하였다.16) 서울에서 6개월 동안 지내면서 종학강습소를 마친 이병헌은 수원교구로 돌아와 종교인으로 활동하였다. 1915년 4월 수원교구 현덕면 전교사로 첫 선임된17) 이병헌은 이후 1916년에는 공선원,18) 1917년에는 전제원,19) 1918년에는 금융원,20) 그리고 다시 전제원으로 활동하다가 1919년 1월 교역자 활동을 그만두었다.21) 이병헌이 수원교구에서 활동을 그만 두게 된 배경은 당시 천도교의 최고책임자인 손병희의 부름을 받았기 때문이었다. 이병헌은 1914년 수원교구를 북수리로 이전하고 입주식을 가질 때 처음으로 손병희를 만났다. 입주식 때 이병헌이 사회를 보았는데,22) 손병희가 그를 재목으로 보았던 것으로 보인다. 이

14) 「천도교강습소규정」, 1911; 「천도교강습소규정 부 소칙」, 『신인간』 621, 2002.5, 104-111 쪽 참조.
15) 「학사일반」, 『천도교회월보』 24, 1912.7, 39-40쪽.
16) 「종령 제94호」; 이동초 편저, 『천도교회종령존안』, 모시는사람들, 2005, 187-188쪽.
17) 『천도교회월보』 58, 1915.5, 43쪽.
18) 『천도교회월보』 76, 1916.11, 36쪽.
19) 『천도교회월보』 82, 1917.5, 44쪽.
20) 『천도교회월보』 90, 1918.1, 43쪽.
21) 『천도교회월보』 102, 1919.2, 64쪽.
22) 「수원교회 낙성식」, 『천도교회월보』 292, 1936.12, 37쪽.

만남을 계기로 이병헌은 천도교중앙총부로 진출할 수 기회가 되었던 것이다.

3·1운동 이후 일제는 강점 이후 유지하여 오던 무단정치를 문화정치로 정책상 변경하였다. 문화정치는 한국인의 정치적 사회적 활동을 제한적으로 허용하였으나 이는 기만적인 것이며 일제의 식민통치의 근본 목표인 동화정책의 연장선에 불과하였다. 국내에서는 일제의 이러한 문화정치를 최대한 활용하여 언론·출판·교육·결사·산업·문예 등 각 분야에서 활발한 문화운동을 전개하였다. 그 흐름에 천도교 청년들은 천도교 청년단체를 조직하여 문화운동에 동참하였다.[23]

3·1운동 이후 교단의 내적 위기와 사회상황의 변화에 교단은 청년들을 중심으로 대처하였다. 그리하여 1919년 9월 2일 정도준, 손재기, 바달성, 바용회, 황경주, 김옥빈, 박래홍, 최혁 등의 발기[24]와 교단의 청년들이 중심이 되어 '교리의 연구 및 선전, 조선의 문화향상 발전'을 목적으로 天道教青年教理講研部를 발족시켰다. 강연부는 지방 교구를 활용하여 전국 각지에 지부를 설치하였으며[25] 이를 기반으로 다양한 신문화운동을 전개하였다.[26] 그리고 이듬해 1920년 4월 25일 강연부를 天道教青年會로 명칭을 개정하였고,[27] 지방에서는 지회를 조직하였다. 3·1운동 이후 수원지역에서 활동하던 이병헌은 천도교청년회 수원지회를 조직하는데 주도적인 역할을 하였다. 이병헌은 강연부가 청년회로 명칭을 변경한 직후 1920년 4월경 홍종각, 이연숙, 김유경

---

[23] 천도교의 청년단체의 활동에 대해서는 성주현, 「천도교청년당연구」, 한양대 박사학위논문, 2009를 참조할 것.

[24] 閔泳純, 「天道教六十一年年譜」, 『天道教會月報』통권 116호, 1920. 4, 32면.

[25] 講研部 支部는 지방교구가 조직된 곳을 중심으로 조직되었는데 1919년 11월까지 鎭南浦, 晋州, 定平, 博川, 淸州, 江東, 三登 등 10개 지부가 조직되었으며 부원 500여 명에 달하였다.(『天道教會月報』 통권112호, 1919. 12, 41면)

[26] 趙基栞, 『天道教青年黨一覽表』,

[27] 「天道教青年教理講研部의 名義改定」, 『天道教會月報』 통권 117호, 1920. 5, 114면.

등의 함께 수원지회를 조직하였고, 초대 지회장으로 선임하였다.[28)

　이병헌은 수원지회 설립 후 첫 사업으로 5월 17일 천도교청년회 중앙에서 활동하는 박용회, 이돈화, 박사직 등을 초청하여 특별대강연회를 개최하였는데 5, 600여 명이 참석할 정도로 성황을 이루었다.[29) 이어 이해 11월에는 역시 중앙의 협조와 강사 유희준의 열성으로 교리강습회를 설치하였다.[30) 뿐만 아니라 1920년부터 1921년까지 이병헌이 지회장으로 있는 동안 수원지역의 순회강연, 특별대강연회, 각종 강습회 등 다양한 활동을 전개하였다.[31) 이후 수원지회 지회장을 그만둔 이병헌은 중앙으로 진출해 天道敎中央摠部 1921년 12월에 대종사 종법원, 1922년 9월에 경리과 종리사로서 활동하였다.[32)

　1925년 들어 교단이 구파와 신파로 분화됨에 따라 천도교청년회도 구파계열의 天道敎靑年同盟과 신파계열의 天道敎靑年黨으로 각각 분화되었다. 수원지역의 천도교는 구파계열에 속하였기 때문에 이병헌은 구파에서 활동하였다. 이로 인해 이병헌은 구파계열의 천도교청년동맹에서 활동하였고, 경기도연맹을 결성하는데 주도적인 역할을 하였다.

　우선 이병헌은 1927년 8월 11일 오후 8시 천도교청년동맹 경성부를 조직하는데 앞장섰으며, 이날 박영호, 곽완일 등과 함께 위원[33)과 상무로 선출되었

28) 「水原郡宗理院沿革」, 『天道敎會月報』 통권 191호, 1926.11, 30면.
29) 「中央總部彙報」, 『天道敎會月報』 통권 118호, 1920.6, 102면.
30) 「水原郡宗理院沿革」, 『天道敎會月報』 통권 191호, 1926.11, 30면.
31) 「各支會의 狀況一覽」, 『天道敎靑年會會報』제3호, 1921.12, 16면(『韓國思想』제16집, 韓國思想硏究會, 1978). 주요 활동내용은 다음과 같다.
　“一. 昨年 二月 七日 本郡 地方各處에 巡廻講演을 行함.
　一, 昨年 四月 十五日 本大敎區 內에 特別大講演會를 開함.
　一, 昨年 八月 五日 本郡 地方 各處에 巡廻講演을 行함.
　一, 今年 一月 四日 本支會에서 講習會를 開催함.
　一, 同年 三月 三十一日 講習會 終了되는 授與式을 擧行하니 會員 總數 二十五人.”
32) 『천도교중앙총부 직원록』.

다.[34] 이듬해 1928년 2월 5일에 개최된 경성부 임시대회에서 임원을 개편할 때 집행위원으로, 이어 4월 6일 천도교청년총동맹을 결성할 때는 전형위원과 개표위원으로 활동한 바 있다.[35] 그리고 1928년 4월 천도교청년총동맹 경성 동맹으로 개편할 때 대표위원으로 선출되었다.[36]

또한 이병헌은 경기도연맹을 결성하는데도 적지 않은 활동을 하였다. 이 병헌은 자신이 회장으로 있는 경성동맹을 비롯하여 수원동맹, 시흥동맹 등을 규합하여 1929년 5월 30일 경기도연맹을 결성하였고, 이병헌은 대표로 선임 되었다.[37] 뿐만 아니라 1930년 12월 20일 개최된 제3회 천도교청년동맹 정기 대회에서 대표위원으로 선출되었기도 하였다.[38] 이어 12월 25일 개최된 청 년동맹 확대중앙집행위원회에서 중앙집행위원과 신파 천도교청년당과 합동 을 위한 위원으로 선정되었다.[39] 1931년 2월 16일 구파계열의 천도교청년동 맹과 신파계열의 천도교청년당이 합동하여 天道敎靑友黨을 창립하자 이병 헌은 중앙집행위원으로 선출되었다.[40]

이로써 이병헌은 경성뿐만 아니라 경기지역의 청년동맹의 대표로 위상을

---

[33] 「天道敎靑年同盟 京城支部組織ノ件」, 京鍾警高秘 第8914호, 1927년 8월 14일.

[34] 『천도교회월보』 202호, 1927.9, 27쪽.

[35] 『천도교회월보』 208호, 1928.5, 49-50쪽.

[36] 『천도교회월보』 209호, 1928.6, 25-26쪽.

[37] 「중앙휘보」, 『천도교회월보』 222, 1929.6, 38쪽;「天道敎靑年同盟京畿道聯盟組織二關 スル件」, 京鍾警高秘 第7145號, 1929년 6월 1일. 이날 회의에서 선출된 도내 대표는 광주 한순회, 양주 윤원세, 포천 조규원, 수원 이연숙, 홍종각, 윤준흠, 용인 송재문, 시흥 최재원, 진위 박규희, 경성 박양신, 주종석, 이윤의, 김상집 등이며, 그리고 검찰 위원에는 경성 유한일, 강화 강세희, 인천 이기정 등이 선정되었다.

[38] 「集會取締狀況報告」, 京鍾警高秘 第17914號, 1930년 12월 22일.

[39] 「集會取締狀況報告」, 京鍾警高秘 第18199號, 1930년 12월 26일;「天道敎靑年總同盟通 文郵送二關スル件 」, 京鍾警高秘 第62號, 1931년 1월 6일.

[40] 「天道敎靑友黨通文郵送二關スル件」, 京鍾警高秘 第2008호, 1931년 2월 21일.

갖게 되었다. 이러한 그의 활동은 청년단체뿐만 아니라 중앙 조직에서도 활동할 수 있는 기반이 되었다. 그러나 1931년 신파와 구파가 다시 분화됨에 따라 이병헌은 구파의 천도교중앙총부에서 금융관과 전제관에서 종무원으로 활동하였다.[41]

한 마디로 정리하면, 이병헌은 아버지로부터 동학적 삶의 영향을 받아 교리강습소와 종학강습소를 수료하였고, 이후 수원교구와 청년회 수원지회, 천도교청년동맹 경성동맹, 그리고 천도교중앙총부에서 교역자로서 활동하였다.

III. 3·1운동 참여와 '제암리학살사건'

3·1운동이 일어나기 직전 손병희의 부름을 받고 보성전문학교 법과에 입학하게 된 이병헌은 3·1운동에 직간접으로 참여하게 된다. 이병헌은 1919년 2월 27일 밤 10시 보성사에서 독립선언서의 인쇄가 끝나자 이를 가마니에 넣은 다음 그 위에 석탄을 담아 석탄가마니로 위장하였다. 그리고 신숙과 함께 이종일 보성사 사장의 집으로 운반하였다.[42] 당시의 상황을 이병헌은 다음과 같이 기록하였다.

> 2월 27일 오후 10시 독립선언서의 인쇄가 끝나자 박동 오모(博洞 吳謀)씨 집에 운반하기로 하였으나 오모는 돌연히 거절하므로 慶雲洞 88번지에 신축 중인 천도교당 기지로 운반할 때 때마침 전기고장으로 전등이 꺼져 전

---

41) 『천도교회월보』 269호, 1934.3, 32-33쪽; 『천도교회월보』 291호, 1936.9, 38쪽; 『천도교회월보』 295호, 1937.5, 38쪽.
42) 신숙, 『나의 일생』, 일신사, 1956, 48쪽.

시가가 암흑세계로 화하였다. 안국동, 재동 두 파출소 앞을 무사히 지나 목
적지에 왔었다.[43]

이병헌은 신숙과 함께 독립선언서를 옮길 때 다행히 정전이 되어 무사히
이종일의 집으로 옮길 수 있었다.

3월 1일 독립선언을 하는 당일 이병헌은 손병희를 따라 민족대표 33인이
모이기로 한 태화관 현장에 참석하였다. 원래는 민족대표들이 이날 오후 2시
탑골공원에서 독립선언식을 갖기로 하였으나, 불의의 사고를 사전에 예방하
기 위해 장소를 태화관으로 옮긴 것이다. 이에 대해 이병헌은 "태화관은 전일
민족반역자(民族反逆者) 李完用이 거주한 집으로 을사보호조약을 일본인 이
등박문과 밀의하던 장소이며 서기 1907년 7월 17일 고종 황제가 퇴위하고
황태자 순종을 즉위케 한 음모도 이 장소에서 했고 合邦條約 준비도 이 잡에
서 모의하였다"[44]라고 하였다. 이병헌의 이러한 인식은 민족반역의 장소를
독립선언의 장소로 전환시키고자 하였던 생각을 반영한 것으로 풀이된다.

이날 이병헌은 학생 대표인 이규갑과 같이 탑골공원과의 연락책으로 활동
하였다. 33인 민족대표들이 피체된 이후에는 남대문에서 만세시위를 주도하
기도 하였다. 이어 3월 3일부터 5일까지 만세시위대와 함께 서울 시내를 돌
면서 만세운동에 적극 가담하였다. 이와 같은 활동으로 인해 이병헌은 종로
경찰서로부터 검거령이 내려졌다.[45] 이에 이병헌은 3월 15일을 전후하여 자
신이 활동하였던 수원지역으로 피신하였다.

수원에 내려온 이병헌은 수원교구에서 3 · 1운동을 논의하였고, 수원지역

43) 이병헌, 「日誌中 독립선언서 배포」, 『3 · 1운동비사』, 시사시보사, 1959, 64-65쪽.
44) 이병헌, 「日誌中 독립선언서 배포」, 『3 · 1운동비사』, 65쪽.
45) 이병헌, 「수원사건」, 『신천지』 2, 1946. 서울신문사, 72쪽.

에서 3·1운동이 크게 확산되었다. 이병헌은 서울에서의 만세운동 상황을 설명하고 수원에서도 만세운동과 이에 대한 비용을 부담할 것을 논의하였다.

이날(3월 16일-필자) 오후 11시경 북수리에 있는 천도교에서는 때 마침 장날이었는데 서울서 연락차 내려온 李炳憲이가 교구에 있다는 소식을 알고 교인이 집합하여 서울의 정세를 듣고 앞으로 독립운동비를 부담할 것을 의논하던 중 소방대와 일본인이 합세하여 소방용(消防用) 갈구리와 괭이를 가지고 대문을 파괴하고 침입하여 구타하였다. 이때 부상자 중 金正談씨는 노인이라 경상만 당하고 金正模씨가 나가서 무슨 일인가 질문하다가 중상을 입었는데, 중상자는 안종환, 안종린, 홍종각, 김상근, 이병헌씨이었다.[46]

이병헌은 3월 16일[47] 밤 수원 수원교구에서 교구장 金仁泰, 이문원 安政玉, 전제원 金正淡, 강도원 羅天綱, 순회교사 李星九·安鍾麟, 전교사 洪鍾珏·安鍾煥 등 주요 교역자들이 모여 만세시위를 할 것과 천도교에서 전개하고 있는 만세운동 자금을 수원교구에서도 부담할 것을 논의하였다. 뿐만 아니라 이날 모임에서는 천도교의 최고책임자이며 민족대표인 손병희가 일경에 피체되었다는 소식을 듣고 4월 5일 서울로 올라가 구출하려는 비밀계획을 세우기도 하였다.[48]

수원교구에서 이병헌이 중심이 되어 만세시위를 준비한다는 소식을 정탐한 일제 측의 소방대와 일본인이 합세하여 소방용 갈고리와 괭이 등으로 교구를 난입하는 한편 교인들을 마구 구타하였다. 이로 인해 이병헌은 김정담·김정모·안종환·안종린·홍종각·김상근 등과 함께 중경상을 입었다.[49] 이

46) 이병헌,『3·1운동비사』, 868쪽.
47) 「수원군종리원 연혁」에는 3월 31일로 기록되어 있다.
48) 金正明,『朝鮮獨立運動 Ⅰ-民族主義運動篇』, 原書房, 1967, 349면.

와 같은 상황에서도 이병헌은 수원과 진위 경찰서에서 계속 추적을 하자 수원교구에서 활동할 때 절친하게 지냈던 향남면 제암리 金學敎의 집에서 숨어 지내면서 치료를 하였다.50) 이병헌이 김학교의 집에 머무는 동안 우정면과 장안면에서 만세시위가 전개되었다. 이 시위에서 우정면사무소와 장안면사무소가 불타버렸고, 화수리주재소의 일본인 순사부장 川端豊太郞을 참살하였다. 이에 대해 일제는 수비대를 동원, 우정면과 장안면 일대 집에 불을 지르는 등 보복을 자행하였다.51)

4월 4일부터 4월 13일까지 우정면과 장안면 마을을 보복한 수비대는 향남면 제암리로 몰려왔다. 4월 15일 12시경 佐板는 有田를 앞세우고 제암리를 완전히 포위한 후 한 사람도 밖으로 나가지 못하게 하였다. 이어 佐板는 '할 말이 있으므로 교회로 전원 다 모이라'고 하였다. 마을사람들을 불러 모을 때 이병헌은 탈출을 시도하던 중이었다. 주민들은 金學敎의 집에 숨어 있던 이병헌에게 통역을 부탁하였으나 이병헌은 자신도 검거될 상황이라 하는 수 없이 거절하고 뒷산에 숨어서 동태를 파악하였다.52) 이때 제암리학살사건을 비롯하여 이 지역에서 본 참상을 목격한 이병헌은 훗날 '水原事件'이라는 제목으로 기록을 남겼다. 당시 상황을 이병헌은 다음과 같이 기록하고 있다.

… 金學校氏宅에 숨어서 탈출을 준비하고 있던 중 4월 15일 정오에 발안 장터 경찰관주재소에서 제암리에 와서 천도교인과 기독교인에게 오후 한시를 위하여 수원수비대가 打合할 말이 있으니 예배당으로 모이라고 하였다.

당지 교인들이 필자를 보고 통역을 요구하였으나 필자는 자신이 체포될 염려가 있었으므로 이를 거절하고 安政玉씨의 안내로 뒷산에 숨어서 그 동정을 감시하였던 바, 예배당 정문 앞에 日兵과 倭奴 佐板才吉이가 섰는데 순한 양과 같은 교인들은 예배당으로 모이기 시작하였다. 문 앞에 섰던 일병은 총 길이로 사람 키를 비교해서 안으로 들어가게 한 후 문을 닫아버리고 석유를 뿌리고 교회에서 방화를 하고 생화장을 하는 천인이 공로할 참극을 연출시켰다. 그 중에 홍순진씨가 뛰어나오다가 총에 맞아서 넘어졌다.[53]

제암리에서 탈출한 이병헌은 마을 뒷산에서 '제암리학살사건'을 목격하였다. 그리고 이를 기록하였는데, 이병헌이 제암리학살사건을 처음으로 기록한 것은 1926년「수원군종리원 연혁」이었다.「수원군종리원 연혁」에는 제암리학살사건에 대해 다음과 같이 기록하였다.

4월 15일에 本區 管內 鄕南面 堤岩里傳敎師 안종환 외 김흥렬, 김기훈, 김기영, 안경순, 김성렬, 홍순진, 안종린, 김세기, 안응순, 안상용, 안정옥, 안종형, 안종화, 김세열, 안자순, 안호순 제씨는 그곳 즉 야소교당에서 무고히 교의 혐의로 燒殺을 당하고 곳곳마다 심한 고초가 있었다.[54]

이 두 기록은 적지 않은 차이를 보이고 있다. 이에 대해서는 추후 검토해보고자 한다.[55] 뿐만 아니라 이병헌은 팔탄면 고주리에서 있었던 김흥렬가의 학살사건도 함께 기록하였다.

53) 이병헌,「수원사건」,『신천지』통권2호, 서울신문사, 1946.3, 72쪽.
54) 「수원군종리원 연혁」,『천도교회월보』191, 30쪽. 그런데「수원사건」과「수원군종리원 연혁」의 기록은 정확하게 일치하지는 않는다.
55) 사실 이외에도 '제암리학살사건'에 대한 기록은 많다. 기회가 있으면, '제암리학살사건'에 대한 기록을 분석해보고자 한다.

그 隣洞(고죽골) 天道敎인 金興烈氏 집으로 가서 金聖烈, 金世烈, 金周男, 金周業, 金興福 等 六人을 逮捕하여 結縛하여 놓고 짚단과 나무로 덮어놓고서 石油를 뿌리고 또 生火葬을 하였다.[56]

이병헌이 제암리에서 목격하고 기록한 '제암리학살사건'은 이병헌 자신이 기록한 것마다 약간의 차이를 보이고 있지만[57] 제암리학살사건을 조명하는 데 중요한 자료임에는 분명하다. 특히 제암리학살사건에서 학살된 희생자를 기록하였다는 점에서도 매우 가치있는 기록이라고 할 수 있다.[58] 이외에도 이병헌은 3·1운동에 관한 기록을 정리하여 『3·1운동비사』를 남겼는데, 역시 3·1운동을 연구하는데 유용하게 활용되고 있다.

....

[56] 이병헌, 「수원사건」, 『신천지』 통권2호, 서울신문사, 1946.3, 81면.

[57] 한편 '제암리학살사건'과 관련하여 이병헌은 『3·1운동비사』에서는 다음과 같이 기록하였다.
"화성군 향남면 제암리의 학살사건은 천인이 공로(天人共怒)할 잔인무도한 사건이다. 수원읍에 주재하고 있는 수비대는 4월 15일 발안 장날을 이용하여 발안주재소 순사를 앞장세워 가지고 제암리로 가서 좋은 말을 한다는 구실로 야소교인과 천도교인을 야소교 예배당으로 집합하라고 권유한 후 야소교인과 천도교인이 예배당으로 집합할 때 정문 앞에서 수비대는 오는 사람마다 키를 재어서 총 길이보다 적은 아이는 돌려보내고 큰 사람은 이유 여하를 불문하고 예배당 안으로 들어가라고 하여 놓고 예배당에 불을 놓아 생화장을 하였다. 이대 그 비절참절한 것은 목불인견이었다. 그 중에서 홍순진은 밖으로 뛰어나오다가 초에 맞아 현장에서 즉사하였다."

[58] '제암리학살사건'의 희생자에 대해서는 성주현, 「수원지역의 3·1운동과 제암리 학살사건에 대한 재조명」, 『수원문화사연구』 4, 수원문화사연구회, 2001을 참조할 것.

IV. 신간회 경성지회에서의 활동

1927년 2월 15일 신간회가 결성되고 지방에서는 지회가 설립되었다. 경성에서도 1927년 5월 25일 30여 명이 조선교육협회에 모여 신간회 경성북부지회 설치준비회를 개최하였다. 경성북부지회 설치에 천도교 구파에서도 적극참여하였는데[59] 이병헌은 오상준, 박완, 최준모, 김영륜, 박양신, 이황 등과함께 참여하였다. 그런데 준비과정에서 신간회본부가 경성에 지회를 하나만둔다는 결정에 따라 경성북부지회는 6월 3일 경성지회 설치위원회로 명칭을변경하였으며, 이병헌은 준비위원으로 선임되었다.[60] 이병헌 등 신간회 경성지회 준비위원들은 6월 10일 하오 8시 종로 중앙기독교청년회관에서 설립대회를 경성지회를 설치하였다. 이날 설립대회에서 이병헌은 간사로 선출되었다.[61]

이어 신간회 경성지회는 6월 15일 오후 10시 관수동 본부회관에서 제1회간사회를 열고 서무부, 재무부, 정치문화부, 조직부, 선전부 등 5개 부서로나누고 총부간사 5명을 선출하였다.[62] 또한 이날 간사회에서는 설립대회에서 선출된 간사 중 김정기, 조완숙, 황신덕, 이시완 등 4명이 제출한 사임서를

59) 조규태, 「신간회 경성지회의 조직과 활동」, 『국사관논총』 89, 국사편찬위원회, 2000, 238-239쪽.

60) 「신간회의 경성지회, 북부지회를 경성지회로 설치 준비」, 『중외일보』 1927년 6월 3일자; 「확충되는 신간회 경성지회 설치」, 『조선일보』 1927년 6월 3일자.

61) 「신간회 경성지회 10일 夜에 설립대회」, 『중외일보』 1927년 6월 12일자; 「신간회 경성지회 성황리 발회」, 『조선일보』 1927년 6월 12일자.
이날 선출된 임원은 다음과 같다.
회장 韓龍雲, 부회장 許憲, 간사 이원혁 김홍진 박의양 정칠성 이병헌 김항규 강인택 홍기문 이황 이병의 이시완 이희춘 김정기 김영윤 박완 김익동 김동혁 이갑준 박영태 강상희 박일 김인수 조원숙 신현구 황신덕.

62) 「신간회 경성지회 간부 부서 작성」, 『조선일보』 1927년 6월 18일자.

수리하였고 이병헌, 이원혁, 이병의, 김홍진 등 4명을 간사 보선 전형위원으로 구성하였다. 간사 후보에는 이춘숙, 이용흡, 이관구, 신현익, 권태열, 김응집, 이창휘, 김상진 등 8명을 추천되었고 이들 중 이춘숙, 이용흡, 이관구, 신현익 등 4명이 간사에 선출되었다.

이외에도 이날 간사회에서는 신간회 경성지회 약칙을 제정하기도 하였다.[63] 다음날 16일 오전 11시 본부 회관에서 개최된 총무간사회에서는 상무간사를 선출하고 업무를 분장하였다. 이병헌은 이날 총무부 상임간사에 선정되었다.[64] 이로써 신간회 경성지회는 설립대회를 개최한 지 7일 만에 조직이 완료되었다.

경성지회는 10월 29일 오후 1시 안국동 범어사 포교소에서 간사회를 개최하였는데, 이병헌이 상무간사로 있는 총무부는 8월 11일부터 말일까지 회원 방문 및 회비 징수의 건, 회원 김동철 탈회의 건, 지회 규칙 수정의 건 등을 처리하였다고 보고하였고, 중앙고등보통학교의 동맹휴학을 조사하여 보고할 것을 일임하였다.[65] 이 보고에 의하면 이병헌은 상무간사로써 회원 방문, 지회 규칙 수정과 그리고 중앙고등보통학교 맹휴사건 조사 등 총무부 사업에 직간접적으로 참여하였을 것으로 보인다.

그러나 이병헌은 1927년 12월 10일 개최된 정기대회에서 임원진을 개편할

[63] 「新幹會京城支會幹事會件」, 京鍾警高秘 第6701號-1, 1927년 6월 16일.
[64] 「新幹會京城支會總務幹事會二關スル件」, 京鍾警高秘 제6833호, 1927년 6월 17일. 이날 간사회에서 선정된 부서별 간사는 다음과 같다.
총무부 : 총무간사 김영륜, 상무간사 김홍진 이병헌 김인수
재정부 : 총무간사 이용흡, 상무간사 이갑준 박일
정치문화부 : 총무간사 이춘숙, 상무간사 이관구
조직부 : 총무간사 김항규, 상무간사 신현익
선전부 : 총무간사 이원혁, 상무간사 이황 김동혁 정칠성
[65] 「新幹會京城支會幹事會二件」, 京鍾警高秘 第12237호, 1927년 10울 30일.

때 간사 등 주요 직책에 선정되지 못하였다. 천도교구파에서는 이병헌이 빠지는 한편 신태순, 손재기 등이 새로 참여하였다. 이로부터 1년여 후 제3회 임시대회에서 다시 임원으로 선출되었다. 제3회 임시대회는 1929년 1월 20일 오후 2시 15분 천도교기념관에서 개최되었는데, 이병헌은 전체 참가자 중 55표를 획득하여 간사로 선출되었다.[66] 이어 1월 23일 간사회를 개최하였는데, 이날 이병헌이 참석하여 기존의 조직인 '선전부'를 '조사연구부'로 개편하는데 적극 찬성하였다.[67]

경성지회는 신간회본부의 정기대회를 개최하기 위한 활동을 지원하였다. 신간회본부는 2월 초 3월 19일과 20일 정기대회를 개최하기로 하였고, 3월 9일 오후 7시 50분 경성지회회관에서 정기대회준비위원회를 조직하였는데, 대다수가 경성지회 회원들이었다. 이병헌도 대회준비위원으로 선정되었는데, 접수부 위원이었다.[68] 이병헌은 경성지회 간사로 활동하면서 가능하면 간사회에 참석하였다. 1929년 4월 11일 개최한 임시간사회에서는 부회장 김항규, 총무간사 민중식, 간사 김용기를 선출하는데 적극 의사를 표현하였다.[69]

한편 1929년 3월19일과 20일에 개최하려고 하였던 신간회 정기대회가 당국으로부터 불허되자 경성지회는 4월 11일 임시간사회를 열고 수개의 인접

---

[66] 「新幹會京城支會第三會臨時大會續會二件」, 京鍾警高秘 第642-1號, 1929년 1월 21일.
[67] 「新幹會京城支會ノ幹事會二關ルス件」, 京鍾警高秘 第818號, 1929년 1월 24일.
[68] 「新幹會大會準備委員會二關スル件」, 京鍾警高秘 第2951호, 1929년 3월 11일.
대회준비위원은 다음과 같다.
서무부 : 김인수 김세진 김진태
용도부 : 이원혁 홍명희
접대부 : 박명환 박양신 박한경 박완 홍봉유 이청범 이병헌 조헌영 김원석 정칠성
　　　　박호진 정헌태 이기홍
설비부 : 장수창 김응집 민중식 최성원 손재기
선전부 : 박천 김성수 조헌식 조병옥 안재홍
[69] 「新幹會京城支會臨時幹事會二關スル件」, 京鍾警高秘 第4681호, 1929년 4월 12일.

지회에서 공동대표자를 선출하고 이들이 모여 정기대회를 개최하자는 복대
표대회안을 제기하였다.[70] 이에 따라 경성지회도 7월 21일 중앙집행위원회
의 체제로 간부를 인선하기 위해 임시대회를 개최하였다. 이날 임시대회에
서 조병옥이 집행위원장으로 선출되었으며, 이병헌은 집행위원으로 선정되
었다.[71] 이어 7월 23일 개최된 제1회 집행위원회에서 이병헌은 조직부 위원
으로 선정되었다.[72] 뿐만 아니라 1930년 1월 23일 개최한 경성지회 임시상무
집행위원회에서 이병헌은 본부 회관 건립, 회보 발행, 도연합회 조직, 도내
지회 확장, 반조직, 회원 교양, 회비 징수, 공제부 설치, 차가인 문제, 각 단체
연락 등 안건을 다룬 바 있다.[73]

이외에도 이병헌은 신간회 경성지회에서 다양한 활동을 하였다. 1930년
6월 경성지회 설립 3주년을 맞아 기념준비위원회를 구성할 때 이병헌은 이
황, 이민행, 김세진 등과 함께 준비위원으로 선정되어 기념식이 원만히 진행
될 수 있도록 철저히 준비를 하였다.[74] 그리고 기념식이 있는 당일 여흥부
책임을 맞아 성황리에 마칠 수 있도록 하였다.[75] 기념식을 성황리에 마친
이병헌은 기념식 후 개최된 상무집행위원회에서 그동안 맡아오던 교육부[76]
에서 서무부로 교체되었다.[77]

이병헌은 경성지회뿐만 아니라 신간회본부의 행사에도 적극 참여하였다.

---

70) 「신간경성지회 임시간사회의」, 『조선일보』 1929년 4월 13일자.
71) 「신간회 경지대회」, 『조선일보』 1929년 7월 26일자.
72) 「신간 경지 부서 결정」, 『조선일보』 1929년 7월 26일자.
73) 「集會取締狀況報告」, 京鍾警高秘 第998號, 1930년 1월 23일.
74) 「集會取締狀況報告」, 京鍾警高秘 第8253號, 1930년 6월 3일.
75) 「集會取締狀況報告」, 京鍾警高秘 第8454호, 1930년 6월 5일.
76) 「신간 경지 상무각부임원 결정」, 『중외일보』 1930년 4월 20일자.
77) 「集會取締狀況報告」, 京鍾警高秘 第8815호, 1930년 6월 11일.

1928년 7월부터 전국 각 지역에 대한 순회강연을 시작하였다. 각 지역별 순회강연에서 이병헌은 이종린과 함께 함경도 지방을 담당하였다. 이때 이병헌은 강연내용이 불순하다고 하여 일시적으로 구속되기도 하였다.[78] 1929년 광주학생운동을 확산시키기 위해 신간회는 전국적으로 민중대회를 개최하기로 한 바 있었다. 이에 12월 14일 안국동 네거리를 중심으로 민중대회를 하기로 하고, 다음과 같이 결의하였다.

1. 민중대회를 개최할 것
2. 시위운동을 할 것.
3. 다음과 같은 표어로서 민족적 여론을 환기할 것
   (ㄱ) 광주사건의 정체를 폭로하자.
   (ㄴ) 경찰의 학교 유린을 배격하자.
   (ㄷ) 포악한 경찰정치에 항쟁하자.[79]

그리고 격문으로 "來하라. 형제여, 자매여, 광주대연설회. 我等의 자질이 희생되는 것을 묵시키 불능하다"를 채택하고 각 지회에 우송하였다. 학생들이 12월 9일 궐기하자 일제는 신간회본부를 찾아와 민중대회의 중지를 요구하였다. 그러나 신간회본부는 이를 거부하고 예정대로 개최하기로 하였다. 이에 당일 민중대회는 분산시켜 진행되었는데, 이병헌은 조병옥과 함께 안국동 네거리에서 민중대회를 갖기로 하였다. 이에 일제는 민중대회 하루 전인 12월 13일 신간회본부를 급습하여 신간회 임원들을 체포하였다. 이로 인해 이병헌은 안국동 네거리에서 가지려고 하였던 민중대회는 뜻을 이루지 못하

---

78) 이병헌, 「신간회운동」, 『신동아』 1969년 8월호; 신용하, 『신간회의 민족운동』, 한국독립운동사편찬위원회, 2007, 169쪽.
79) 「7개항의 슬러건, 12인이 결의 서명」, 『조선일보』 1930년 9월 7일자.

였다.[80)]

　이로 볼 때 이병헌은 3·1운동과 신간회에서 적극적인 활동을 하였다고 할 수 있다. 이후 그는 종교인으로써 삶을 추구하였다.

Ⅴ. 종교인으로서의 이병헌

　이병헌은 자신이 밖으로 드러나는 것을 좋아하지 않았다. 평소 겸손하였던 그는 전면에 나서서 활동하기보다는 늘 뒤에서 묵묵히 자신의 해야 할 일만 하였다. 뿐만 아니라 이병헌은 평소 글쓰기를 좋아했다. 자신이 주변에서 일어난 일이나 교회적 사회적인 사건을 일기 형식으로 일지(日誌)로 남겼으나 불행하게도 분실되어 안타까움을 더해주고 있다. 그 외에도『천도교회월보』에 종종 기고하는 경우가 있었는데 이를 살펴보면 그의 성격을 조금이나마 알 수 있다. 특히 교단이 신구파로 분규에 휩싸이자 교회의 앞날을 걱정하는 심정을 그대로 보여주고 있다.

　이병헌은 항상 교회의 앞날을 걱정하면서도 철저한 종교인이기를 원했다. 더욱이 사람은 신앙을 갖지 않으면 안 된다고 생각하였다. 즉 사람은 신앙심이 없어짐에 따라 마음이 약해지고 육체도 역시 파멸상태에 빠진다고 보았다. 사람의 마음이라는 것은 견고하기도 한이 없고 미약하기도 한이 없으므로 견고함으로써 집심(執心)이 되면 근본심주(根本心柱)가 자리를 잡게 되니만치 밖으로부터 침입이 있을수록 더욱 견고하여져서 만효불발이 되며, 미약함으로써 방종을 하게 되면 근본 마음이 위치를 잃게 되므로 이성목색의 유

80) 이승복, 「신간회소사」, 『한국일보』 1958년 8얼 11일자; 이병헌, 「신간회운동」, 『신동아』1969년 8월호; 신용하, 『신간회의 민족운동』, 184쪽.

혹을 받게 된다고 지적하고 있다. 이에 따라 그는 신앙심과 각비심이 없으면 탈선된 그 마음이 한없이 방종에 빠져든다고 지적하고 있다. 결국 사람은 "종교의 신앙, 도덕의 주의에 입각해야 탈선 방종의 문제로부터 해방이 될 수 있으며 인생 생활상으로도 반드시 종교생활을 아니 할 수 없는 것"[81])이라고 단언하였다.

이러한 관점에서 신앙생활을 하게 된 이병헌은 철저하게 종교적 수양을 닦았다. 한 번은 이러한 일이 있었다. 1933년 3월 10일 최제우 순도일을 맞아 49일 특별기도를 할 때의 일이다.

> 이번 기도 중 기차 안에서 청수시간을 보내게 되었는데 기차가 수원 군포장 사이를 통과할 때인데 식당차에 가서 청수를 얻어서 모시게 되었습니다. 기차 안 식당에 들어가게 되면 뽀이(심부름하는 소년)가 무엇을 먹으려느냐 묻고 제일 먼저 종이와 유리곱부(유리컵)에 냉수를 갖다 주는 것이 한 예가 됩니다. 그 청수를 놓고 생각하는 시간이 약 십분 동안은 되었습니다. 묻는 말에 대답하지 않고 가만히 묵념을 하는 동안에 뽀이뿐이랴, 그때 마침 만주 출병으로 인하여 군인도 식당에 다수였는데 기도를 다 마치고 나니까 나보고 종교신자냐고 물었습니다. 나는 서슴치 않고 그렇다고 대답했습니다.[82])

이처럼 신앙의 규제가 몸에 철저하게 밴 이병헌은 '기도는 영통이나 도통보다는 정신통일로 규모일치를 위해 남녀노소를 가리지 않아야 하며 어디서든지 모든 교인이 기도식을 가져야 한다'고 강조하였다. 뿐만 아니라 이병헌 자신도 감상적인 신앙인이기보다는 투철한 종교인이기도 했다. 단순히 종교

---

81) 石雲, 「생각나는 대로(독자논단)」, 『천도교회월보』 235호, 1930.7, 27-29쪽.
82) 오암, 「공동식사가 곤란」, 『천도교회월보』 264호, 1933.3, 16-17쪽.

적 수양을 쌓는 것이 아니라 이를 사회적으로 실현하고자 노력하였다.

이병헌은 종교적 수양을 위하여 주문과 기도를 주로 생활화하였다. 이러한 관점에서 마음의 쓸데없는 공상은 수양이 없기 때문이라고 보았다. 그리고 공상은 마음을 조급하게 갖는 데서 비롯된다고 하였다. 그러므로 급할수록 천천히 하여야 하고 어려울수록 참아야 한다고 하였다. 이러한 경우에는 무엇보다도 주문을 많이 읽기를 권하였다. 즉 생활에서 노여운 일이 있거나 슬픈 일이 있을 때에는 주문을 항상 읽으라고 강조했다. 주문을 만 번 읽으려면 한 시간 내에 천 번씩 열 시간이 필요하게 되지만 이 열 시간이 비록 지루하거나 짧게 느껴지기도 하나 결국 마음의 병, 즉 공상이라든가 잘못된 일을 바로잡게 한다고 하였다. 그리고 그 실례를 다음과 같이 하나를 들었다.

수년 전 어떤 교인 한분이 오셔서 교를 믿은 지 수십 년이라도 아무 소용도 없으니 그만 두겠다고 하여 모든 것을 원망하는 것을 듣고서 그 대 나는 얼른 이런 말을 하게 되었다. '그만 두시겠다면 그만 두실 것이나 이왕지사 일 끝치는 것이니 나하고 청수 한 번 더 모시고 주문 만 번만 더 읽고 그만 두시오' 하였다. 그는 그러면 입교할 때도 청수를 모시고 교를 믿겠다 하였으니 그만 둘 때도 청수를 모시고 그만 두겠다 하느냐고 반문한다. 나는 '그러하는 것이 원리'라고 하였다. 그는 청수를 모실 때는 반드시 그만 두겠다고 하였다. 그것은 그 때의 그의 표정으로 보아 알 것이다. 주문 만 번을 읽고 나더니 한 번 웃으면서 '모든 것을 다 잘못으로 생각하였다' 하므로 나는 한 번 물어보았다. 그는 대답하기를 '그만 두겠다고 심고하고 주문을 읽는 동안 꼭 다시는 그러한 마음을 먹지 아니 하겠다는 것이 자꾸 나옴으로 마음은 점점 단단하여져서 다시는 그러한 마음을 먹지 않기로 결심하였다'고 함을 들었다.[83]

----

[83] 石雲, 「여러 동무들에게」, 『천도교회월보』 207호, 1928.3, 24-25쪽.

이러한 일화처럼 이병헌은 평소에도 주문을 일만 번씩 읽었을 만큼 철저한 종교인이었다.

VI. 맺음말

이상으로 일제강점기를 중심으로 이병헌의 생애와 민족운동에 대하여 살펴보았다. 이병헌은 한말 경기도 진위(현 평택)에서 출생하였지만 수원을 기반으로 일생을 천도교인으로써, 그리고 이를 바탕으로 민족운동에 참여하였다. 일생을 천도교와 민족운동에 매진한 이병헌의 생애와 민족운동을 정리하면 다음과 같다.

첫째는 이병헌의 활동무대는 주로 수원이었지만 평택에서도 적지 않은 활동을 했다. 첫 천도교 활동은 바로 진위군 현덕면(현 평택시 현덕면) 전교사였다. 이병헌은 한말 경기도 진위군 현덕면에서 출생하였지만 비교적 활발하게 활동하였던 청년기를 고향인 진위에서 활동하였다. 계대교인으로서 천도교에 입교한 것도 평택 현덕면이었고, 천도교 교역자로서 첫 활동도 현덕면이었다. 그렇지만 현덕면 일대가 생활권이 가까운 천도교 수원교구 관할이었기 때문에 수원교구에서 주로 활동하였다. 이로 인해 이버지 이민도도 동학에 입도한 이후 수원지역을 중심으로 포교를 하였고, 이를 기반으로 수원지역 동학교인을 이끌고 보은 척왜양창의운동과 동학혁명에 참가하였던 것이다. 이후 수원교구장을 비롯하여 중요 직책을 맡으면서 활동하였다. 이러한 영향으로 이병헌도 수원을 중심으로 활동하였던 것이다. 일찍이 수원교구에서 설립한 강습소에서 근대적 교육과 종교적 소양을 쌓았으며, 이후 수원교구 임원으로 적극 활동하였고, 이후 청년회를 조직하여 수원지역 청년운동에도 영향을 미쳤다.

둘째, 동학 및 천도교인으로서 민족운동에 적극 참여하였다. 이병헌은 어릴 적부터 아버지로부터 동학의 영향을 받은 이병헌은 천도교와 관련된 민족운동에 적극 참여하였다. 손병희의 부름을 받은 이병헌은 독립선언서를 운반하고 3월 1일 당일에는 태화관과 탑골공원과의 연락책으로, 그리고 만세시위 등으로 3·1운동에 참가하였다. 또한 수원으로 피신하여서도 수원지역 만세운동을 전개하는데 일정한 영향을 주었다. 특히 '제암리학살사건'을 현장에서 목격하고 남긴 기록은 '제암리학살사건'에서 희생된 인물을 확인할 수 있는 실마리를 제공했었다고 본다. 또한 이병헌은 천도교 구파에서 신간회에 참어할 것을 결정함에 따라 경성지회 설립부터 참여하여 주요 임원으로 활동하였다. 이병헌이 이처럼 3·1운동과 신간회 등 민족운동에 적극 참여할 수 있었던 것은 천도교의 민족주의적 성향도 있었겠지만 아버지로부터 받은 영향도 적지 않았을 것으로 본다. 아버지 이민도는 사회개혁운동의 일환인 보은의 척왜양창의운동과 동학혁명에 참가하였던 사실은 그로 하여금 일제강점기 민족운동에 적극적으로 참여할 수 있었던 동기로 판단된다.

셋째, 철저한 종교인으로 삶을 살았다. 아버지로부터 받은 동학적 삶은 그를 평생 종교인, 신앙인으로 살 수 있는 토대를 마련해주었다. 계대교인으로서 이병헌은 아버지를 이어 수원교구에서 교역자로 활동하였고, 이후 천도교중앙총부로 진출하여 주요 직책을 맡았다. 이처럼 이병헌이 종교인의 삶은 천도교의 종교적 수양에서 비롯되었다. 앞서 일화에서 살펴보았듯이 이병헌은 늘 종교적 수양을 위해 기도와 주문, 그리고 수련을 생활화하였다.

이로 볼 때 이병헌은 계대교인으로서 천도교에 입교한 이후 일생을 종교인으로써, 그리고 민족운동가로서 암울한 일제강점기를 보냈다고 할 수 있고 본다.

제 2 부

평택 항일운동의 역사 연구

평택지역 3·1운동의 역사적 배경

박철하(전 수원대학교 강사)

Ⅰ. 머리말

평택지역의 3·1운동은 1919년 3월 9일 현덕면 옥녀봉에서 있었던 독립만세운동을 시작으로 4월 10일까지 계속되었다. 당시 진위군 관내 북면(현 진위면), 서탄면, 송탄면, 고덕면, 병남면(현 평택역 주변), 청북면, 오성면, 부용면(현 팽성읍 지역), 포승면, 현덕면 등 서면을 제외한 10개 면에서 15차례에 걸쳐 5,800여 명이 참여했다.

투쟁양상에 있어서 초기에는 비폭력적으로 전개되었으나 3월 말 이후 폭력화 양상이 뚜렷했다. 이와 더불어 일제의 헌병과 경찰에 의한 주민들의 피해 또한 적지 않았다. 독립만세운동 과정에서 평택지역에서는 257명이 체포되었으며, 인명피해는 사망 64명, 부상 174명이었다. 독립만세운동이 확산되자 경기도에서는 평택군을 비롯한 경기도 내 각 군에서 전개되는 민중들의 만세운동 확산을 막아내고자 '자위단'을 조직하도록 하고, 유력자 및 군참사 등을 단장 또는 위원으로 하여 경찰 및 관헌과 협력해 만세운동지역을 순회 강연하거나 주민을 감시하고 만세운동자들을 고발하도록 했다.[1] 이후 평택에는 육군 보병 1개 중대가 배치되어 주둔하였다.

평택역 및 평택시장을 중심으로 한 병남면 지역에서는 지식인과 상인들이 독립만세운동을 주도하였다. 또한 인근의 평택공립보통학교 학생들도 적극 참여했다. 천도교인들이 많이 거주하던 현덕면과 북면에서는 천도교인들이 독립만세운동을 준비하고 대거 참여했다.

이와 같은 평택지역의 3·1독립만세운동은 당시 평택지역이 갖는 역사적 성격과 밀접한 관련이 있다. 그동안 평택지역의 3·1운동에 대한 연구성과가 꾸준히 있어왔다. 특히 『평택3·1독립운동사』(평택시, 1977), 『평택시항일독립운동사』(평택시독립운동사편찬위원회, 2004) 등의 단행본과 함께 성주현, 「평택지역 3·1운동과 천도교」(2011), 김방, 「평택지방의 3·1독립만세운동」

---

1) 『매일신보』, 1919년 6월 2일자 3면. 경기도에서 작성한 각 군 자위단 규약의 내용은 다음과 같다.

〈자위단 규약〉

1. 본단은 서로 삼가고 경계하여 경거망동을 막고 촌락의 평화를 유지함을 목적으로 함
2. 본단은 자위단이라 칭함
3. 본단은 구역 안에 거주하는 호주로서 조직함
4. 단원은 그 가족과 용인으로 본 규약을 준수케 할 의무가 있다함
5. 본단에 단장과 위원 약간 명을 둠
6. 단원은 망동에 참가치 않기를 서약하고 좌의 사항을 준수할 자로 함
   (1) 망동을 계획하고 또는 이에 참가하는 자가 있는 때는 계고 제지하고 근처 경찰관헌에 급보함
   (2) 협박 또는 선동을 등 불온한 문서를 발견하는 때는 즉시 군수, 면장 또는 근처 경찰관에 제출할 일
   (3) 망동을 하는 자 또는 거동 수상한 자가 있는 때는 그 도주를 할 것을 막고 일변으로 근처 경찰관헌에게 급보할 일
   (4) 폭동이 일어나는 때는 군청, 경찰관서, 면사무소 등을 원조하여 그 진무에 노력할 일
7. 단장과 위원은 때때로 구역 안을 순시하여 민정을 사찰하고 그 상황을 면장에게 통보할 것이요, 본단은 비용을 받지 않으(며) 군청 또는 경찰관헌의 지휘감독을 받을 일

(2008) 등의 연구가 지속되고 있다.

하지만 평택지역 3·1독립만세운동의 사회경제적, 역사적 배경에 대해서는 연구가 아직은 일천하다. 최근 성주현, 서태정 등에 의해 평택지역의 천도교 및 근대교육에 대한 연구가 이뤄지고 있다. 본 발표에서는 그동안의 연구 성과를 토대로 평택지역 3·1독립만세운동의 사회경제적, 역사적 배경을 재구성해보고자 한다. 이를 시작으로 평택지역 독립만세운동의 성격과 역사적 특징을 밝혀낼 수 있도록 더욱 깊이 있는 연구가 이뤄지길 바란다.

II. 평택지역의 사회·경제적 변동

1905년 경부선의 개통은 평택지역의 급격한 변화를 주도하였다. 철도부설은 유통구조의 변화와 함께 경제적으로도 커다란 변화를 가져왔다. 조선후기 대표적인 장시의 하나인 안성장은 경부선 개통과 함께 위축되었다. 철도 개통은 상품유통구조를 철도 중심으로 재편시켰다. 평택은 철도로 운반되어 온 상품들을 주변시장으로 공급하는 상업중계지 역할을 담당했다.[2]

1910년대 평택역은 진위군청 소재지에 위치해 있으며, 경기도와 충청도의 교차점에 해당한다. 드넓은 평야로 농산물이 풍부하고 아산만에 아주 가까우며, 안성과 둔포에 이르는 대로가 있어 자동차를 이용한 교통도 편리한 곳이 되었다. 또한 서정리역은 송탄지역을 아우르고 있는 역으로 진위장, 안중장, 양성장이 가깝다. 또한 진위천 하류에 약 100석을 선적한 범선이 들어

---

[2] 서태정, 「대한제국기 평택지역 계몽운동의 전개양상과 성격」, 2011.12.17 한국민족운동사학회 제160회 월례발표회 발표문.

설 수 있는 선착장도 있으며, 특히 하류 쪽으로 광활하게 펼쳐진 미개간지가
있어 일본인은 물론 조선인들에게도 많은 관심을 불러일으키고 있었다.[3]

1910년대에 평택역과 연결되어 평택장과 안성장, 둔포장이 있었다. 안성
과 둔포장은 조선후기 이래 열리던 장이고, 평택장은 철도역 설치 이후 기존
소사장을 역 앞으로 이전하여 개설한 시장이다.[4] 평택역을 중심으로 한 농
산물 유통구조가 형성되면서 안성시장과 둔포시장으로 모이던 상품들이 두
시장을 거치지 않고 바로 평택장을 통해 유통되었다. 특히 평택역을 중심으
로 미곡상인이 급격히 증가하였다. 1914년 평택역 주요 상점으로 미곡상의
경우 일본인 4명, 조선인 15명이 집중해 있었다.

일본인들은 평택지역에서 농업관련 대부업과 미곡수출 회사를 운영하였
다. 1913년에 일본인 회사로 진위흥농(振威興農) 주식회사가 진위군 서탄면
금암리 28번지에 설립되었다. 대표자는 일본인 심전여삼병위(深田與三兵衛)
라는 사람이다. 흥농회사는 토지개간, 경작, 식수 및 부대사업을 비롯해 농업
에 필요한 자금을 대부하고, 농사에 필요한 가축을 기르거나 매매하고 농산
물 매매업 등을 하였다. 사장을 비롯해 이사와 감사 모두 일본인이었다.[5]
진위흥농 주식회사는 1935년 7월 경 해산되었다. 회사 소유 448,000평의 토지
는 200여 명이 소작인에게 불하하기로 했다.[6]

1917년 말 평택을 중심으로 주식회사 형태의 미곡수출상회 조직도 추진되
었다. 1주에 100원으로 하여 1천 주를 계획하여 "상업을 개선하여 공중에 이익
을 기도하고 신용을 확수(確守)하여 업무를 발전"시킴을 목적으로 하였다.[7]

---

[3] 남만주철도주식회사 경성관리국,『조선철도여행안내』, 1918, 40~41쪽.
[4] 허영란,「1910년대 경기남부지역 상품유통구조의 재편」,『역사문제연구』2, 역사문제
연구소, 1997, 173쪽.
[5] 中村資良 編,『朝鮮銀行會社要錄』(東洋經濟新報社), 1921. 96쪽.
[6]『동아일보』1935년 7월 3일.

1910년대 중반을 넘어서면서 평택지역의 인구구성은 급격한 변화를 가져왔다. 조선인 인구 증가가 빠르게 진행되고 있으며, 특히 1910년대 초반까지 평택역 주변 전체 주민의 50%에 달했던 일본인 인구도 조선인에 미치지는 못했지만 급증하였다. 인구구성 변화양상은 다음과 같다.

〈1910년대 후반 평택지역 인구구성 변화양상〉

구분	일본인		조선인		총계	
	호수	인구수	호수	인구수	호수	인구수
1915	170	562	9,967	55,127	10,156	55,738
1917	189	652	10,279	57,564	10,490	58,290

*출전: 『조선총독부관보』 1916년 6월 16일; 『조선총독부통계연보』, 1918.

〈진위군 병남면 평택리의 인구구성〉[8]

구분	조선인	일본인	중국인	합계
1916	1,363	411	43	1,817
1917	1,580	442	55	2,077
1918	1,977	511	47	2,535
1919	2,252	454	38	2,744

1917년 현재 진위군 내 농업호수의 비율을 보면, 전업자가 8,721호, 겸업자가 901호였다. 이를 보다 세분화하면, 지주 : 자작 : 소작 : 자작 겸 소작 = 173 : 365 : 4,333 : 3,751이었다.[9] 즉 소작 및 자작 겸 소작인이 전체 농업호수의 95%에 가까웠다. 평택지역의 일본인 농업자 수는 31호에 149명이었다. 당시 일본인 농업자는 지주 또는 자작농으로 보아도 무방할 것이다.

평택지역의 조선인들의 삶은 고됐다. 병남면 유천리 거주 신복돌(申福乭, 27세)은 남에게 빚이 있어 매일 걱정하다가 남의 소를 훔쳐 평택시장에서

---

7) 『매일신보』 1917년 12월 5일.

8) 허영란, 앞의 글, 184쪽에서 재인용.

9) 『조선총독부통계연보』, 1918.

15원에 팔아 갚았다가 진위경찰서에 발각되기도 하였다.[10] 특히 1917년과 1918년 평택지역의 경제는 매우 좋지 않았다. 당시 진위에는 곡물영업자가 400여 명에 달하여 금전유통이 넉넉한 듯 했으나 실제로는 연말에 각 미곡상점과 포목상점 등 기타 상점들의 금전유통이 곤경에 빠졌고, 보조화도 결핍되어 물품매매가 쉽지 않았다.[11] 더욱이 1918년 여름에는 홍수를 맞아 일반 농작물이 커다란 피해를 입었다.[12]

평택역을 중심으로 평택지역이 급격하게 변화하면서 조선인과 일본사이의 대립 양상들이 나타났다. 이는 경부철도 부설과정에서부터 보이고 있다. 경부선 철도가 부설되는 과정에서는 일본인과 부일배에 대한 철도건설 노동자들의 대립이 자주 발생했다. 진위군에서는 일본인이 매호 1인씩 억부를 뽑아달라고 요청한 것을 빌미로 이방이 중간에 협잡하여 이득을 취하는 일이 발생했다. 이에 1904년 8월 군민이 봉기하여 향청과 이서배의 가옥 7호를 파괴하기도 했다.[13]

이러한 양상은 3·1운동 시기에서도 보이고 있다. 안성군 원곡면사무소를 습격하는 등 4월 1일에 있었던 안성지역 독립만세운동 중에 당시 안성군 원곡면 죽백리의 박용업을 비롯한 시위대는 당시 잡화점을 운영하는 일본인의 집에 돌을 던지고, 집 안의 가구 등에 불을 질렀다.[14] 또한 대금업자의 집으로 몰려가서 서류를 들고 나와 불태웠다.[15]

---

10) 「빚에 몰려 도적질」, 『매일신보』, 1917년 8월 9일.

11) 「진위, 연말경제상황」, 『매일신보』, 1917년 12월 28일.

12) 「진위, 농작상황」, 『매일신보』, 1918년 7월 16일.

13) 『대한매일신보』 1904년 8월 25일. 경기도사편찬위원회, 『경기도 항일독립운동사』, 1995, 259~261쪽. 이와 같은 양상으로 대대적인 항거가 시흥군에서 일어났다. 43개 동에서 1만여 명이 참가했다.

14) 「朴龍業 신문조서」(1919.5.9 안성경찰서), 『韓民族獨立運動史資料集(23)』, 국사편찬위원회, 1997.

비록 3·1운동이 일어난 지 3년 뒤의 일이지만 조선인과 일본인 사이의 대립의 극단적 양상이 1922년 진위군 병남면 동삭리에서 표출되었다. 일본인과 조선인 사이에 언어불통에 따른 감정 대립으로 출발하여 사상자가 발생하고 결국 주민들에 의해 일본인이 타살되기도 하였다.[16]

철도연선에서 철도와 군사시설에 대한 의병들의 공격도 빈번했다. 1907년 9월에는 병점역에서 30리 떨어진 생장동에서 의병 700명이 모여 오산역과 진위역을 습격하기도 했다. 이는 철도역이 곧 물자가 밖으로 나가는 곳이자 역 부근에 일본인 관리나 상인들이 집중적으로 거주한 것과도 밀접한 관련이 있다. 즉 철도역을 중심으로 일본과 식민지 조선의 첨예한 민족모순이 드러나고 있었던 것이다.

---

15) 「李承益 신문조서」(1919.5.4), 『韓民族獨立運動史資料集(23)』, 국사편찬위원회, 1997.
16) 『동아일보』 1922년 2월 25일, 3월 2일. 기사 내용은 다음과 같다.
   "振威郡 東面 平澤里 居住 日本人 中根方光(31歲)은 昨 23日 밤중에 振威郡 丙南面 東朔里 金敎弼 집에 들어와 自己 親舊의 집을 물었으나 言語 不通으로 서로 紛爭이 생겼는데 24日 午前 1時半頃 中根方光은 不問曲直하고 金敎弼을 現場에서 때려 죽이고 金敎弼의 長男 金漢東이 덤비는 것을 또 現場에서 打學殺한 다음 金敎弼의 親兄 金成五와 옆집 閔京鎬(63歲) 閔敬奉(23歲, 閔京鎬의 長男) 및 閔京鎬의 妻 姜姓女(54歲) 등 여러 사람이 現場에 달려들어 制御하려 하는 것을 閔京鎬와 그의 家族 2名을 打殺하고 金成五를 負傷시켰는데 그는 다시 洞里 人家에 放火까지 하자 이에 激憤한 洞里사람 金大汝를 비롯한 百餘名의 群衆은 마침내 日人 中根方光을 打殺하다."

III. 평택지역 식민통치기구의 설치

일제 식민통치에서 가장 강력한 지배기구는 조선주차 일본군이었다. 이러한 무장군대의 상비적 폭력을 배경으로 의병운동을 진압하고, 3·1운동 시기 강력한 무력진압의 수단으로 이용되었다. 1907년 군대 해산 이후 의병투쟁이 고조되자 일본은 군대를 동원하여 대규모 '토벌작전'을 벌였다. 의병투쟁을 진압한 이후에도 일본은 분산 배치되어 있던 수비대를 각 지방에 재배치하고, 1915년에는 조선에 2개 사단의 증설안을 확정하였다.

뿐만 아니라 헌병경찰기구 또한 식민지배 안정을 위한 주요 지배기구 역할을 담당했다. 처음에 육군 통신기관의 경호와 연신 치안의 확보를 목적으로 설치된 헌병대는 러일전쟁 중 주차군 헌병사령부가 창설되자 그 휘하에 들어갔다. 헌병대는 점차 군용 전신전화, 철도보호, 방역업무 이외에도 일반 경찰업무도 취급하였다. 1907년 이후에는 한일경찰을 일원화시킨 뒤 주차헌병을 통감에 직속시키는 등 전국의 경찰권을 장악했다. 한일합병 이후에는 헌병경찰이 행정, 사법 기타 잡무에 이르기까지 거의 모든 지배정책의 수행에 관여했다.[17]

강제 합병 이후 헌병경찰 수는 물론 각도에 한 개씩 설치된 분대 이외에 분견소, 파견소, 출장소 등도 해마다 증가했다. 1918년 9월말 현재 헌병대 1,048개, 인원 8,054명, 경찰관서 738개, 인원 6,287명의 규모가 되었다. 점차 보통경찰보다 헌병경찰의 비중이 더 커져갔다.

특히 헌병 분대장에게는 관할 구역 내에서 즉결권을 행사할 수 있는 특별권한이 부여되었고, 구류·태형 또는 과료의 형에 해당하는 범죄, 3개월 이하

[17] 『3·1민족해방운동연구』, 한국역사연구회·역사문제연구소 엮음, 1989, 87~91쪽.

의 징역 또는 100원 이하의 벌금에 해당하는 죄 등에 대해서는 경찰서장이 마음대로 사법권을 행사하였다. 동시에 봉건적인 태형이 부활되어 경범죄에 적용되었다. 이리하여 한국인의 피해는 극심하게 되었다.

경찰의 조직을 살펴보면, 경찰통감부 밑에 직할 경찰서와 각 도 경찰부가 있고, 직할 경찰서 밑에는 고등경찰과·서무과·경무과·보안과·위생과 등 5개 과가 있었다. 이중 고등경찰과는 기밀계와 도서계를 두었는데 기밀계는 사찰 이외에 집회·결사·암호·대중운동·단체 등을 마음대로 수색할 수 있었고, 도서계는 신문·잡지·출판물·저작물 등에 관한 사항을 취급하면서 항일운동을 고취시키는 일체의 활동을 탄압하였다.

일제는 1907년 군대해산 이후 의병전쟁이 격렬해지면서 그에 적극적으로 대처하고자 일본군 수비대 배치를 강화했다. 1908년 5월 일본군 수비대의 주력주둔지로 하여 충주수비구 관내 보병 제23연대 본부를 수원에 두었다. 평택지역과 관련하여 살펴보면, 성환·조치원·충주 등지에 각각 보병 1중대씩 배치하고, 양지·장호원·여주 등지에 보병 1소대씩, 그리고 진위·안성 등지에 보병 1분대씩을 배치했다. 평택과 진위지역에 의병이 활발하게 활동할 때 성환수비대와 수원수비대에서 일본 병사들이 직접 출병하였다. 이후 점차 의병전쟁의 영향을 덜 받게 되면서 주력부대의 주둔지는 김화와 충주로 이동되었으며, 1917년에는 수원수비대와 헌병분대가 해산되었다.[18] 1917년 말 현재 진위경찰서(병남면 평택리 소재) 산하에는 4개의 순사주재소가 있었다.

각 지방의 헌병분대나 경찰서는 관내 주민의 동향과 사회의 추세를 알기 위해 각 장시를 감시하고 통제하였다. 즉 장날을 이용하여 헌병보조원, 조선

---

18) 한동민, 「일제강점기 화성행궁의 파괴와 식민통치 기구의 설치」, 『수원학연구』 제8호, 2011, 41~42쪽.

인 순사, 순사보를 변장시켜 주막에 잠입시켜 일반 민들이 주고받는 얘기 가운데 정치, 경제, 종교, 교육, 징세, 농상공업 관련 사항, 기타 여러 유언비어 등을 염탐하여 자료로 남겼다. 조선인들과 밀착되어 있는 장시에 대해 조선총독부는 민중생활을 감시하고 통제하기 위한 직접적 통로로 활용했다.[19] 3·1운동 당시 일제는 주민들이 독립만세운동 참여를 봉쇄하고자 장시에 대한 감시를 늦추지 않았다. 그럼에도 장시는 조선인 일상생활의 가장 중요한 요소였고, 장날을 통한 독립만세운동은 한동안 어찌하지 못했다.

1918년 현재 평택역을 중심으로 관공서 및 기타시설로 진위군청을 비롯하여 진위경찰서, 우편소, 학교조합, 조선상업은행지점, 소학교, 지방금융조합, 조선흥업주식회사 파출소, 진위흥농주식회사, 삼정(三井)물산회사 대리점 등 각종 총독부 통치기구와 식민지 상업기구들이 위치해 있었다.[20] 진위군청은 병남면 군문리에 위치했으며, 북면, 서탄면, 송탄면, 고덕면, 병남면, 청북면, 포승면, 현덕면, 오성면, 부용면, 서면 등 11개 면을 관할하였다. 진위군 각 면리원의 현황을 보면 면장 11명에 면서기 49명이었고, 128개 동리에 128명의 구장이 있었다.

조선의 면은 이미 통감부시기에 말단 징세의 단위이자 의병탄압의 보조수단으로서 역할을 하였다. 한일합병 이후 지방행정의 최말단기구로서 제 기능을 하기 시작했다. 일제는 조선 유력자들을 포섭하여 면의 운영자로 임명하고 면구역 개편, 면유재산 확보 등을 통해 행정말단기구로서 기능을 강화하였다.[21] 1917년 조선면제의 시행과 더불어 이는 법제화되었다. 면장은 도

---

19) 허영란, 앞의 책, 82쪽.
20) 경기도, 『경기도안내』, 1915, 37쪽; 남만주철도주식회사 경성관리국, 『조선철도여행안내』, 1918, 40~41쪽.
21) 한국역사연구회·역사문제연구소 엮음, 앞의 책, 93쪽.

장관이 임명하였고, 따라서 일정하게 지역에서 명망성을 얻으면서 동시에
일제에 협력적 대상으로 대우받았다. 당시 면장은 헌병경찰의 물리적 비호
아래 법령의 주지, 징수금의 납입고지, 징수독려, 민적의 이동 보고, 각종 청
원 서류의 전달, 면내 정황 보고, 통계자료 조사, 이장 또는 구장의 감독 업무
등을 수행하였다.[22] 이러한 면의 기능과 면장의 역할은 주민을 억압하고 수
탈하는 도구로 인식되었고, 곧 3 · 1운동 때 독립만세운동 시위대의 직접적
저항대상이 될 수밖에 없었다.

IV. 3 · 1운동 이전 평택지역의 항일구국운동과 근대교육

1. 항일구국운동

1) 동학농민운동과 천도교

1894년 동학농민운동에서 평택지역의 동학교인이 얼마나 참여했는지는
확인되지 않는다. 수원을 비롯한 인근 경기남부지역의 양상으로부터 그 규
모를 짐작할 수 있을 뿐이다. 이에 대해서는 성현주의 〈평택지역 3 · 1운동과
천도교〉에서 상세하게 연구해 놓은 바 있다. 그의 연구에 따르면, 1893년 교
조신원운동에 이은 척왜양창의운동에 각지의 동학교도가 보은 장내리로 모
였는데, 깃발마다 칭호가 있었고 그 가운데는 수원접과 진위접에서 참여하였
음을 알 수 있다.[23] 수원접에 속한 사람이 1천여 명에 이르며, 평택과 인근의

---

22) 강동진, 『일제의 한국침략정책사』, 한길사, 1980, 327쪽.
23) 「취어」, 『동학농민혁명국역총서』 1, 22쪽. 성주현, 「평택지역 3 · 1운동과 천도교」에
    서 재인용. 평택지역의 동학 및 천도교에 대해서는 성주현 선생의 연구성과를 토대로

안성접 300명, 죽산접 400명 정도가 되었다고 한다.

교조신원운동과 척왜양창의운동에 참여했던 평택지역의 동학세력은 1894년 동학농민운동에도 적극 참여한 것으로 보인다. 수원유수는 평택 소사에 동학군 1만여 명이 있다고 보고하는 한편 정산군 출신의 김영배는 1894년 2월 20일 서울을 출발하여 소사평에 이르렀는데, 이곳에서 동학군과 함께 10여 일을 머물다 금구 원평으로 내려갔다.[24]

또한『주한일본공사관기록』에서도 평택지역의 동학지도자로 김용희(金鏞喜)와 김형식(金瀅植)을 지목하고 있는데, 이들은 9월 23일(양) 천안에서 일본인 6명을 살해하는데 관여한 것으로 보인다.[25] 뿐만 아니라 장교진(張敎鎭), 정동주(鄭東杜), 김지현(金芝鉉), 노병규(盧秉奎), 이승엽(李承曄), 이규성(李圭成), 이인수(李麟秀), 고문재(高文在), 안영식(安領植), 장인수(張仁秀), 박인훈(朴仁勳) 등은 동학혁명 이전 또는 동학혁명 시기에 동학에 입도한 인물들로, 이들 역시 동학혁명에 참여하였을 것으로 추정된다.

동학농민운동 이후 평택지역의 동학조직은 김한식과 이민도 등의 노력으로 회복되어 갔다. 1906년 천도교중앙총부와 지방교구가 설치될 때 평택지역은 수원교구에 소속되었다. 고덕면과 현덕면에는 수원교구 소속의 면전교실이, 그 외 지역은 진위교구가 각각 설립되었다. 이후 1910년대 고덕면전교실은 박원병(朴元秉), 원세봉(元世鳳), 진종만(陳鍾萬), 김영학(金永學), 김연건(金演健), 김유경(金有卿), 임승팔(林承八) 등이, 현덕면전교실은 이민도(李敏道), 손수한(孫壽漢), 오기영(吳起泳), 이유상(李儒像), 박이화(朴利嬅), 장

재구성하였음을 밝힌다.

[24] 「양호초토등록」,『동학농민혁명국역총서』1, 동학농민혁명참여자명예회복심의위원회, 2007, 108쪽. 성주현, 앞의 글에서 재인용.

[25] 『주한일본공사관기록』1, 122쪽.

용준(張容俊), 최정래(崔貞來), 임경한(林景漢), 최이래(崔利來), 김화경(金化景), 이병헌(李炳憲), 최종환(崔宗煥), 이인수 등이 전교사와 종리사로 활동하였다.[26] 평택지역에는 천도교 교리보급과 근대적 교육을 위해 진위교구에 제539강습소가 설치되었다.[27]

천도교는 일제의 강점이 시작된 1910년부터 독립운동을 준비하였다. 이를 위해 손병희는 지방의 중진 교역자를 중앙으로 불러 49일간의 특별기도를 통해 정신적 무장과 민족의식을 함양시켰다. 평택지역에서는 이민도가 참여하였다.[28] 당시 특별기도에 참여한 인물들은 3 · 1운동 당시 각 지역에서 3 · 1운동에 적극 참여하거나 주도하였는데, 이민도도 앞장서서 교인들을 지도하였다.[29]

2) 항일의병운동

1907년 군대 해산 이후 경기남부 지역의 항일의병은 점차 불타오르기 시작했다. 일제가 수비대와 헌병, 경찰을 증원하여 의병탄압을 강화하였지만 지리에 밝은 의병들은 능숙하게 숨고 나타났다 하였다. 경기도 지역의 의병들은 일본군의 강력한 탄압에 맞서 의병부대를 소부대로 나눠 기동성 있는 유격전으로 대응했다. 이 시기 평택지역 일부에서도 의병의 활약상이 확인된다.

평택지역에서 활동한 대표적인 항일의병 지도자로는 안춘경(安春京), 홍일초(洪一初) 등이 대표적이라 할 수 있다. 안춘경은 의병에 참여하여 40~400여 명을 지휘하며 정주원 부대의 선봉장 역할을 했다. 1907~1908년 수원군

---

26) 「수원군종리원연혁」, 31~32쪽.
27) 『천도교회월보』 29호, 49쪽
28) 「수원군종리원연혁」 29쪽; 조기주, 『동학의 원류』, 보성사, 1979, 369~373쪽.
29) 성주현, 앞의 글.

광덕면(현 현덕면)과 청용면(현 청북면)에서 군자금을 모으기도 했다. 의병 장으로 활동하던 안춘경은 1909년 일본 순사에게 체포되어 7년형을 언도받고 수형생활 하던 중 감형을 받아 1911년 9월 출옥했다. 청북면을 근거지로 활동한 홍일초는 평택지역을 포함해 경기 남부지역을 중심으로 하여 의병활동을 전개하였다.

이 외에도 평택지역 항일의병운동의 주요 활동상황을 살펴보면 다음과 같다. 1907년 9월 진위군에서 의병 16명이 총기 8정을 확보하였고, 10월 5일에는 의병 20여 명이 일북면 동천리에서 화포 등 총기 조달을 명령하였으며, 같은 달 10일에는 동경리에서 의병 2명이 군자금을 마련한 뒤 양성군쪽으로 이동하였다.[30] 10월 26일 새벽에는 의병 약 160명이 평택군청 아문(衙門)과 분파소(分派所)를 파괴하고 아전을 구타한 뒤 수원방면으로 이동하였다. 이에 성환수비대에서 병정 4명과 순사가 파견되었다.[31]

점차 평택지역의 항일의병들은 안중시장을 중심으로 그 주변에서 일제의 수비대(守備隊) 및 '토벌대(討伐隊)'와 치열한 전투를 벌였다. 1907년 11월 17일 안중시장 부근에서 의병 500명이 성환수비대에서 출동한 일본 병사들과 교전했다.[32] 1908년 2월경 안중장 부근 곳곳에서 의병 30~40명이 나타나 활동하고 있다는 정보를 듣고 성환수비대의 일본 병사들이 출동했다. 같은 달 23일에는 안중시장 동북지역 운촌(雲村)에서 의병 약 10명이 '토벌대'를 맞아 교전을 했다.[33] 1908년 중반 이후 평택지역에서 항일의병 투쟁은 보이지 않는다.[34]

---

[30] 경기도사편찬위원회, 『경기도 항일독립운동사』, 1995, 85쪽.
[31] 『황성신문』 10월 29일.
[32] 『황성신문』 1907년 11월 23일.
[33] 『황성신문』 1908년 2월 21일; 『황성신문』 1908년 3월 31일.
[34] 평택지역의 1906년~1908년 항일의병운동 현황은 평택시사편찬위원회, 『평택시사 1』, 2014, 322~323쪽 참조.

3) 국채보상운동

통감부 설치 이후 일제가 식민지 경영을 본격화하면서 일본의 차관도입정책에 따라 대한제국의 대일부채는 급격히 늘어났다. 1907년 현재 외채는 1,300만원에 달했다. 일제의 경제적 침탈이 가속화되는 상황에서 대일부채는 곧 국권의 상실 여부와 직결될 만큼 식각한 문제로 대두되었다. 이에 국채를 보상하려는 움직임이 곳곳에서 일어났다.[35]

1907년 2월 대구에서 시작된 국채보상운동은 당시 언론매체의 적극적인 보도로 전국적으로 확산되었다. 평택지역에서도 1907년 3월부터 모금에 참여했는데, 그 시작은 진위군 율포의약사(栗浦義約社)에서 33환 10전을 황성신문사에 기탁하면서였다.[36] 특히 진위보통학교 교원 윤대선(尹大善)은 〈국채보상회연의문(國債報償會演義文)〉을 발표하여 평택지역의 주민들에게 동참을 호소하였다.[37] 이후 각 마을을 단위로 국채보상을 위한 모금이 경쟁적으로 진행되었고 나아가 개인이 직접 의연금을 내는 모습으로 확산되었다. 진위군 이북면 구가곡(7환 70전), 일서면 내리(12환 20전), 여방면(각동 14환 60전), 주막리(13환 70전), 송장면 장안리·가재동·이충동·동령리(31환 27전), 병파면 합정리(20환), 일북 마산면 월경리(17환 20전), 고두면 안화리(13환 20전) 등 각 동리와 개인 주민들의 모금 기탁이 있었다. 평택지역 전체적으로 보면 1,381명이 참여하여 537환 95전을 모금하였음이 확인된다.[38] 학생들과 여성의 참여도 적지 않았으며, 상인들과 교회에서도 함께 했다. 이처럼

---

35) 경기도사편찬위원회, 앞의 책, 241쪽.
36) 『황성신문』 1907년 3월 18일 광고. 평택지역의 국체보상운동에 대해서는 2011년 12월 17일 한국민족운동사학회 제160회 월례발표회에서 발표된 서태정 선생의 「대한제국기 평택지역 계몽운동의 전개양상과 성격」을 중심으로 참고하였다.
37) 「진위연의문」, 『황성신문』 3월 28일.
38) 평택시사편찬위원회, 『평택시사 1』, 2014, 327쪽.

평택지역의 국채보상운동은 유림과 관료, 종교계와 상인, 여성, 학생 등 다양한 계층이 참여했다. 이러한 흐름은 1908년 초까지 계속되었다. 평택지역의 국채보상운동 모금자의 계층별 현황은 다음과 같다.[39]

〈평택지역 국채보상운동 모금자 계층별 현황〉

구분	전체	여성	아동/학동	유림/관료/계몽운동가	상인	종교
기사별 등장수(건)	112(89)	8	5	8	3	1
참가자수(명)	1,884	9	8	34	29	28

국채보상운동에 대한 평택지역 주민들의 적극적 참여는 곧 국권회복에 대한 열망이 폭넓게 형성되어 있었음을 의미한다. 이러한 단합된 국권회복 의지는 1910년 강제합병 이후 항일 독립의식으로 성숙되어 독립만세운동으로 계승되었던 것이다.

2. 평택지역의 초기 근대교육 현황

대한제국기 평택지역에 근대적인 사립교육기관이 북부지역을 중심으로 설립되었다. 1895년 고종의 〈교육에 관한 조칙〉 발표 이후 각급 학교 관제와 규칙이 제정, 공포되었다. 지금까지 확인된 평택지역 최조의 근대적 학교는 진위소학교(振威小學校, 현 진위초등학교의 전신)이다. 대한제국기 평택지역 사립교육기관 현황은 다음과 같다.[40]

---

39) 평택지역 국채보상운동 모금 현황과 계층별 현황표는 서태정, 「대한제국기 평택지역 계몽운동의 전개양상과 성격」에서 재인용하였다.

40) 서태정, 「한말·일제하 평택지역 근대학교의 설립과 성격」, 수원대학교 대학원 사학과 석사학위논문, 2010, 26쪽; 「대한제국기 평택지역 계몽운동의 전개양상과 성격」, 2011.12.17 한국민족운동사학회 제160회 월례발표회 발표문에서 재인용.

〈대한제국기 평택지역 사립교육기관 현황〉

학교명	설립 연도	위치	설립자	교과목	학생수	출전
진위소학교	1898	진위군	이범철			『제국신문』 1898.11.21
남산리학교	1904	팽성읍 남산리	강란수			『평택군지』, 1984.
진흥의숙	1906	고두면 율포리	이범창	한학, 산 학/흥학 회 조직	40~50	『대한매일신보』 1907.2.23
국문학교	1906	고두면	이범철	국문	농민자제	『대한매일신보』 1907.2.23
진문소학교	1907	이북면 가곡리	김영진	심상과, 고등과	50~60	『대한매일신보』 1907.12.29 『황성신문』 1908.2.21. 29
수성학교	1907	수원군 북면 백봉41)	서상천	한문, 일 본어	53	『대한매일신보』 1907.2.19 『황성신문』 1907.1.28, 2.4
오산학사	1907	진위군 병파면 오산				『황성신문』 1908.10.15
성공신명강습소	1907	평택군 부용면 객사리	성공회 지부		40	『동아일보』 1927.4.23
사범양성학교	1908	진위군	김영진			『황성신문』 1908.3.7
동명의숙	1909	병파면 합정리	김춘희	한학, 산 학, 일본 이/노동 야 학 교 설치	주야 80여 명	『대한매일신보』 1909.11.18
사숙	1909	진위군 일서면 마두리	이병철		수십명	『황성신문』 1909.3 · 13
진동학교		서정리				『황성신문』 1910.4.21
노동야학회	1909	진위군	유준홍		50여 명	『대한매일신보』 1909.2.14

41) 수원군 북면 백봉리는 현재 평택시 청북면 배봉리이다.

진위소학교는 1898년 사립학교로 설립되었다. 그 다음 해 2월에 곧 공립화되었는데 이는 교육이 부진한 이곳에 비춰 매우 이른 시기였음을 알 수 있다. 그 다음으로는 1904년 강란수(姜蘭秀)의 사랑방에서 출발한 남산리학교이다. 남산리학교는 일제의 조선 강점 이후 〈조선교육령〉에 따라 1913년에 평택공립보통학교로 개편되었다.[42]

1907년 이범철(李範喆)이 당시 진위군수 백남규(白南奎)와 상의하여 조직한 '한남흥학회(漢南興學會)'는 특히 주목할 만하다. 그 목적은 교육과 식산방침 및 지방자치제도를 연구함에 있었다. 〈흥학회 취지서〉란 이름으로 발표된 내용의 일부를 옮기면 다음과 같다.[43]

> 국권회복을 위해 세계정세에 상응한 보통 지식을 일반 국민에게 주입시켜 실력을 양성해야함은 국가의 막중한 임무이자 국민의 절대적인 의무이다. 또한 소학교를 수학한 연후 개인의 자유에 따라 전문학교, 교등학교, 실업학교에 진학하고자 하는 자에 대해 국가는 전력으로 장려해야 한다(평택시사편찬위원회, 『평택시사 1』, 2014, 325쪽)

당시 사립교육기관의 대부분은 근대교육의 필요성을 깨달은 지방행정 관료나 지역유지들의 교육운동 차원에서 설립되었다. 동명의숙의 경우 1917년 4월 1일부로 공립보통학교로 변경되어 새로운 교사를 짓고 이전하였다. 이때 학교 부채 400여 원을 마련하기 위해 지역 유지들이 '교채상각(校債償却) 연주회'를 개최하기도 했다.[44] 그러나 대부분의 교육기관이 1910년대까지 이

---

42) 『조선총독부관보』 1913년 3월 25일.

43) 「振威古頭面栗浦設立 興學會趣旨書」, 1907(서태정, 앞의 글에서 재인용).

44) 「교채상각연주회」, 『매일신보』, 1917년 4월 1일; 「평택에 연주회」, 『매일신보』, 1917년 4월 14일.

어졌는지는 정확히 알 수 없다.

평택 지역에 처음 설립된 근대적인 공립학교는 진위공립소학교(현 진위초등학교의 전신)이다. 1895년에 제정된 소학교령, 즉 고종의 「교육에 관한 조칙」 발표 이후 1899년 2월 진위군 현내면에서 개교하였다. 한일합병 이후 진위공립보통학교로 명칭을 변경하고, 보습과(2년제)와 보통과(4년제)로 나뉘었다. 1920년을 전후한 시기까지 매회 졸업생은 대체로 20명 내외였다.[45]

1913년에는 병남면에 평택공립보통학교(현 평택성동초등학교의 전신)가 설립되었다. 일제 강점 후 〈조선교육령〉에 따라 1913년 3월 25일자로 조선총독에 의해 평택공립보통학교 설치가 인가되었고, (충청남도) 평택군 읍내면 객사리에 위치하였다.[46] 이는 1904년 지금의 팽성읍 남산리 강란수(姜蘭秀)의 사랑방에서 비롯되었다.[47] 개교 직후 진위공립보통학교보다 교원 수가 적었으나 1917년 이후 많아진 것으로 보아 학생 수도 크게 증가했음을 알 수 있다. 이는 1905년 경부철도가 건설되고 평택역이 설치되면서 진위지역에서 평택지역으로 중심이 이동되었기 때문이었다.

하지만 1910년대 평택지역의 근대적 교육기관은 턱없이 부족하였다. 지역 주민들의 경제적인 어려움으로 자녀들은 근대적 교육기관에 보내는 것조차 쉽지 않았다. 경제적인 문제로 평택공립보통학교의 경우 개교 초기에 학교 선생이 학생을 입학시키기 위해 직접 돌아다녀야 했으며, 중도 퇴학하는 학생들도 적지 않았다.

한편, 일제는 내선일체에 입각한 동화정책을 추진함에 있어서 각종 교육

------

45) 서태정, 「한말·일제하 평택지역 근대학교의 설립과 성격」, 수원대학교 대학원 사학과 석사학위논문, 2010, 45~47쪽.
46) 『조선총독부관보』, 1913년 3월 25일.
47) 평택군지편찬위원회, 『평택군지』, 1984, 846쪽.

기관을 설립하여 일본어 보급을 통해 그 목표를 달성하고자 했다. 그들은 일본어를 '국어'라고 하여 제도권 교육기관은 물론 야학이나 사설강습소 등을 설치하고 일본어를 교육하였다. 설립 및 운영 주최는 공립보통학교, 군청, 경찰서, 헌병분견소 등 교육기관 또는 관청, 관변측 인사와 유지, 일본인들이었다.[48]

평택지역의 경우 1911년 평택군청에 '국어야학교'를 설립하고 직원 30여 명에게 일본어를 교육시켰다.[49] 1917년에는 포승면에 국어강습소, 청북면에 국어강습회가 각각 설립되었다. 1910년대 야학 또는 '국어강습소'는 식민체제의 공고화의 일환으로 전개된 것으로 생활 속까지 침투하려는 것이었다.

한편 1911년 〈사립학교규칙〉, 1915년 〈개정 사립학교규칙〉 등에 의해 민족의식을 고취해 오던 사립학교들의 수는 감소되었다. 반면에 전통적인 교육기관인 서당을 통한 민족의식의 교육이 확산되었다. 1917년 평택지역을 비롯한 인근지역의 사립학교 및 서당현황을 보면 다음과 같다.[50]

〈부 · 군별 사립학교 및 서당현황(1917)〉

부/군	사립학교		서당	
	학교수	학생수	서당수	학생수
진위군	1	316	115	8,503
안성군	1	380	151	11,578
수원군	3	2,120	248	16,580

[48] 김형목, 『교육운동』(한국독립운동의역사 35), 한국독립운동사편찬위원회 · 독립기념관 한국독립운동사연구소, 2009, 103쪽.

[49] 서태정, 「한말 · 일제하 평택지역 근대학교의 설립과 성격」, 수원대학교 대학원 사학과 석사학위논문, 2010, 32~35쪽; 김형목, 앞의 책, 90쪽. 군청사 내에는 면장사무견습소를 설치하고 군내 각 면장들에게 『매일신보』 구독을 적극 장려하였다.

[50] 조선총독부, 『경기도통계연보』, 1918, 102~105쪽.

위의 표에 의하면 1917년 말 현재 평택지역의 경우 근대적 교육기관이 절대 부족한 가운데 115개의 서당에 8,500여 명의 학생들을 수용하고 있음을 알 수 있다. 3 · 1운동 당시 안성의 '원곡면사무소 습격사건'에 연루된 평택지역 주민들 가운데 대부분이 무학문맹이었으며, 일부가 서당에서 한문교육을 받았음이 확인된다. 오성면의 김용성(金容成, 26세)은 서당 한문교사로 1919년 4월 3일 학현리 봉오산의 독립만세운동을 주도하였다.

V. 맺음말

이상으로 1919년 평택지역 3 · 1독립만세운동의 사회경제적, 역사적 배경에 대해 기존 연구 성과를 토대로 살펴보았다.

평택지역 3 · 1독립만세운동은 1905년 경부선이 개통되고 평택역과 서정리역이 설치되면서 사회경제적 변화를 가져온 것과 밀접한 관련을 갖는다. 평택역을 중심으로 새로운 시장이 서고 상업권이 형성되었으며, 인구구성에 있어서도 상업인구의 급증과 일본인과 조선인 사이의 민족적 모순도 격화되고 있었다.

일제의 식민지배의 주요 기반은 군과 경찰이었다. 헌병경찰은 행정, 사법은 물론 일반 경찰 업무 등 조선총독부의 거의 모든 지배정책을 수행했다. 특히 사법권에 대한 전횡으로 조선인에 대한 무리한 탄압이 자행되었다. 일본군 수비대와 각지의 헌병분대는 일반 경찰과 함께 3 · 1운동 탄압의 전위대 역할을 했다. 또한 면은 지방행정의 최말단기구로 기능했다. 도장관에 의해 임명된 면장들은 헌병경찰의 비호 아래 법령 주지, 징세 납입 고지, 면내 정황 보고, 이장 및 구장 감독 등을 수행했다. 그들은 지역의 명망성과 함께 일제의 협력적 대상으로 대우받았다. 이러한 면의 기능과 면장의 역할은 주민을 감시, 억압하고 수탈하는 도구로 인식되었다. 3·1운동 때 면사무소와 면장이 독립만세운동 시위대의 직접적인 저항대상이 될 수밖에 없었다.

또한 평택지역에는 1879년부터 천도교 세력이 형성되고 있었으며, 1893년 교조신원운동 및 척왜양창의운동, 1894년 동학농민운동에 참여하면서 반일 독립의식이 일찍 형성되어 있었음을 알 수 있다. 일제에 강제합병되기 전까지 활발하지는 않았지만 의병운동이 전개되었고, 특히 국채보상운동은 평택 전지역에서 매우 적극적인 모습을 보여주었다. 이 과정에서 유림과 관료, 종교계, 상인, 학생 등 다양한 계층의 반일독립의식이 널리 확산되었을 것으로 생각된다.

평택지역의 근대적 교육은 매우 열악했다. 대한제국기 확산되던 사립교육기관은 1910년 강제합병 이후 일제의 공립학교로 축소되었다. 경제적으로 어려웠던 평택지역의 아동들은 전통적인 교육기관인 서당을 통해 민족의식 교육을 접했다. 평택지역의 근대적 교육의 확산은 1920년대 이후에 이뤄진다.

여전히 평택지역 3·1독립만세운동의 사회경제적, 역사적 배경에 대한 연구는 너무도 부족하다. 이번 연구발표를 계기로 이 분야에 대한 연구가 더욱 활발하게 진행되기를 바란다.

〈참고자료〉

〈평택지역 국채보상운동 모금현황〉

지역		모금자 및 단체명	모금자 특징	금액	전거
고두면	율포리	栗浦義約社(김교신 외 41인)	유림 다수	33환 10전	황1907.3·18
		이두종 외 13인		6환	황1907.5.1
		이범창, 이범철 외 45인	前승지,前참봉	25환	황1907.6.27
	신리	임순근 외 89인		50환 40전	만1907.4.23
	교포회동	성진 외 23인	先達	10환 80전	대1907.4.27
	안화리	안승규 외 52인	여성	13환 20전	대1907.4.30
	해창리	김인식 외 42인		8환 50전	만1907.5.14
		이경삼 외 8인		1환	황1907.6.21
	효학리	양재수 외 5인		2환	만1907.5.14
		김원영 외 12인		2환	황1907.6.21
	건곤리			2환 20전	만1907.5.14
		문동규 외 6인		2환	황1907.6.21
	방시천			1환 10전	만1907.5.14
		백진오 외 5인		1환 20전	황1907.6.21
	여염리	최종근 외 21인		4환	황1907.6.21
	옹정리	오윤영 외 16인		5환 50전	황1907.6.21
	동청리	염구실 외 48인		9환 60전	황1907.6.21
	좌교	문병은 외 22인		4환 24전 10리	황1907.6.21
	마분리	오학도 외 15인		3환 80전	황1907.6.21
	송호회동	손대식 외 16인		1환 85전	황1908.1.12
이북면	구가곡	이봉오 외 32인		10환 70전	황1907.3.30
	하북리, 견산리	이곡준 외 63인		41환 40전	만1907.4.11
	신북리	양응수 외 29인		12환 50전	황1907.5.2
	신리	송만일 외 14인		40환 30전	만1907.5.11
	산직리	김현기 외 10인		2환 50전	만1907.5.12
	신가곡	학동 외 35인	학동	15환 40전	만1907.5.30
일서면	내리	조존충 34인		12환 20전	황1907.4.6
	회화정리	회화정리교당 우동중 외 27인	기독교인	14원 50전	대1907.7.10

이서면	야막리	박창훈 외 19인		6환	만1907.4.18
	월암동	원후태		3환 40전	황1907.4.27
	사동	김두희 외 1인		4환	황1907.4.27
	상내천리	조영주 외 31인	전주사, 여성	12환 20전	대1907.5.15
	내천	이보선 외 15인		10환 30전	만1907.5.30
여방면	3개동	동삭곡동, 동영신동, 동모산곡동		14환 60전	황1907.4.9
	수촌	김민제 외 22인		9환 60전	만1907.4.18
	중리	최주현 외 11인		5환 20전	황1907.5.2
	방혜동	이두영 외 19인		6환	황1907.5.2
	모곡리	이규흥		5환	황1907.5.8
		김겸홍 외 39인	여성	7환 10전	만1907.5.8
	여좌동	원제석 외 65인		27환 60전	황1907.7.5
군내면	주막리	변황찬 외 7인		13환70전	황1907.4.9
	아곡리	이계명 외 10인		6환 20전	대1907.7.18
송장면	장안리	윤종민 외 31인	주사	13환	황1907.4.15
	이충동	차석희 외 8인		2환	황1907.4.15
	가재동	최명현 외 15인		3환37전	황1907.4.15
	동령리	원경의 외 22명		5환 40전	황1907.4.15
	석정동	최성락 외 2인		60전	황1907.4.15
	대조동	노혁근 외 14인		4환 50전	황1907.4.15
	신리	김학성 외 7인		2환 40전	황1907.4.15
성남면	세교리	최인명 외 27인		6환 55전	만1907.4.16
	울성리	이찬승 외 44인		20환	만1907.4.28
병파면	합정리	최응구 외 5인	평택정차장대한운륜회사주인	20원	대1907.4.5
		신석범 외 6인		20환	황1907.4.17
	상류천	전오위장 황사관 동몽 김천석 외 29인	아동	11환 24전	대1907.5.3
	오산리	사숙학동	학동	65전	대1907.5.12
	10개동	비전리 외 9개동		47원 55전	대1907.6.14
마산면	월경리	서성실 외 52인		17환 20전	대1907.4.26
소고니면	갈평동	조동빈 외 11인		4환 40전	황1907.5.1

	광천동	차석지 외 23인		5환 40전	황1907.5.1
	장당리	六戸		1환	황1907.5.1
	서정리	신형균 외 26인		7환 50전	황1907.5.1
	가좌동	최창순 외 10인		7환 20전	황1907.5.1
	시동	이호식 외 10인		3환	황1907.5.2
일탄면	신장리	박명보 외 26인		13환 30전	황1907.4.29
	지산동	이종구 외 25인		9환 25전	황1907.5.9
	오좌동	최덕환 외 40인		14환60전	황1907.5.10
	좌동	최기옥 외 21인		5환30전	황1907.5.10
	독곡			2환	황1907.5.10
이탄면	황호	홍종환 외 8인	전참서, 여성	2환 40전	대1907.7.27
평택군 경양면	신대리	한성도 외 18인		8환	만1907.5.12
	계양촌	김옥현 외 26인		11환 44전	만1907.5.12
남면	서정리	김노경 외 10인		3원	만1907.5.12
	석호	박온수 외 3인		80전	만1907.5.12
	신성리	김용래 외 18인		14원 60전	황1907.7.31
읍내면	상궁리	조병목 외 40인		당오 705냥	황1907.4.27
	군물리	조필원 외 4인		3원 50전	만1907.5.12
	창월리			2환	만1907.5.12
	객사리	한창호		1환	만1907.5.12
동면	추팔리			10원65전	만1907.5.12
	노리	박용래 외 10인		2환	황1907.8.6
서면	동창리	방만순 외 21인		5환	대1907.6.13
	내리	조창순 외 23인	여성	5환	대1907.6.13
	위등촌	정대권외 6인		60전	대1907.6.13
오타면	동고리	김정만 외 32인		4환 88전 950리	만1907.5.14
	삽교리			5환 40전	만1907.5.14
	방축동			5환 60전	만1907.5.14
	궁리	최영순 외 15인		3환 20전	만1907.5.14
	신리	유보현 외 7인	여성	1환 44전	만1907.5.14
수원 숙성면	주교동	김현영 외 19인		8환 60전	대1907.7.17
청룡면	덕우리	이신의 외 31인		9환	대1907.7.17

전방면	신촌	이병훈 외 43인			20환	황1907.5.29
진위군	선시동				72전	만1907.5.14
	자문동	부인 장씨, 여아외 1인	여성, 여아		5환	만1907.5.30
	개인	진위군수 백남규 외 9인	군수, 군서기		38환 50전	황1907.4.18
		차후현 외 10인	대한협회 회원		20환 50전	만1907.4.28
		葛院店, 김인보 등	상점		10환	황1907.5.8
		수어창			4환 90전	만1907.5.14
평택		평택정차장대한운륜회 사주인 최응구씨부인 신씨	여성		10환	대1907.4.5
안중장		안중장 商人 24인	상인		13원 10전	대1907.8.3
振威遠村		문경화			2환	황1907.4.9

*출전: 「대한제국기 평택지역 계몽운동의 전개양상과 성격」, 2011.12.17 한국민족운동사학회 제160회
월례발표회 발표문에서 재인용

평택지방의 3·1독립만세운동

김 방 (국제대학교 교양과 교수)

Ⅰ. 머리말

3·1운동은 1910년대 일제의 혹독한 무단통치에 대항하여 전 민족이 일어선 자주독립운동이자 봉건제를 타파하고 근대적 민주공화국을 수립하고자 한 민족민주운동이었다. 비록 3·1운동이 일제의 무자비한 탄압으로 인하여 독립된 민주국가의 수립이라는 목표를 성취하지는 못하였으나 한민족이 하나로 뭉쳐 일제와 항쟁하고 대내외적으로 민족정신을 새로 인식케 하는 계기가 되었다. 그리하여 이후 항일독립운동의 정신적 지주를 3·1운동에서 찾게 되었으며 해방 후 대한민국의 헌법 전문에도 3·1운동의 정신을 계승하였음을 명백히 밝히고 있다.

또한 3·1운동이 항일독립운동의 선상에서 주목받을 수 있었던 것은 1919년 3월 1일 서울의 독립선언식과 만세시위 이후, 2~3개월에 걸쳐 전국 각지에서 각계각층 민중들이 목숨을 내걸고 투쟁한 결과 때문이었다. 따라서 3·1운동의 실체는 민중들의 투쟁 현장이었던 지방사회에서 확인될 수 있다고 본다.

평택지방에서 3·1운동에 참여한 사람은 무려 5,800여 명이나 되었고 만세시위운동을 주도한 사람은 65명[1]에 이르렀다. 이 결과 해방 후 독립유공자로 표창 받은 사람이 9명[2]이나 되었다. 이것은 평택지방의 3·1운동이 다른 지역보다 치열하게 전개되었음을 알 수 있다.

그리하여 본고에서는 평택지방이 다른 지역보다 왜 많은 사람이 만세시위운동에 참여하였는가를 살피고, 만세시위운동의 주도층은 누구이며 어떠한 계층이 적극적으로 참여하였는가를 자세히 살펴보고자 한다. 동시에 평택지방의 3·1운동은 다른 지방과 다르게 전개되었는데 어떠한 점이 다른지 재조명하고자 한다.

---

[1] 주도인물 65명의 명단은 다음과 같다.
고문재·김유경·이승기·임승팔(고덕면),공재록·김용성·김원근·안육만·안희문·이사필·이충필·최만화·한영수·황순태(오성면),김봉희·박성백·박창훈·유동환·유만수·이명천·전영록·정경순·정문학·정성숙·정재운·최구흥·최선유(북면),김사유·김운선(부용면),목준상·민응환·심헌섭·안봉수·안종각·안종악·안종철·안충수·이덕순·이도상(병남면), 원심창(서면), 원제승·이승익·이약우(송탄면), 윤교영·윤기선·윤대선·차덕겸·한성수(서탄면),이민도·이민익·이승엽·이인수·장용준·최리래·최우섭·최정래·최종환·최혁래(현덕면), 이병헌(포승면), 정수만·홍기성(청북면), 이익종·최경섭·최경환·최종화(기타).
주도인물을 면별로 살펴보면 다음과 같다.
고덕면(4명)·오성면(10명)·북면(13명)·부용면(2명)·병남면(10명)·서면(1명)·송탄면(3명)·서탄면(5명)·현덕면(10명)·포승면(1명)·청북면(2명)·기타(4명).
[2] 독립유공 서훈자 9명의 명단은 다음과 같다.
공재록·김용성·이사필·유한종(애족장), 안육만·이덕순·이승익(애족장·대통령표창), 안희문(대통령표창), 이익종(건국포장).

II. 평택지방의 지역개관

1. 연혁

평택지방의 선사시대에 관한 자료는 전무하다. 그런데 구석기시대 평택지역에 사람이 존재하였음을 알려주는 유적이 나타나고 있다(이융조·하문식, 1995). 또 평택지방은 지형이 낮은 구릉지가 널리 분포되어 있고 서해바다와도 인접해 있어 신석기시대의 생활터전도 있었을 것으로 보인다(아주대학교박물관 제2호, 1997). 청동기시대의 유적·유물은 여러 곳에서 나타나고 있다(세종대학교박물관, 조사보고 제4책, 1997). 이러한 유적과 유물을 통해서 볼 때 평택지방에도 선사시대의 생활공간이 있었음을 짐작할 수가 있다.

삼한시대에는 평택지역의 일부가 신분활국(臣憤活國)에 속하였고 팽성지역은 마한에 복속되었다(경기도사편찬위원회, 제1권, 1979). 이후 삼한시대 후기 평택지역은 마한의 목지국(目支國) 지배 아래 놓이게 되었다. 삼국시대 백제 근초고왕 때 평택지역은 백제의 영역에 들어가게 되었다. 이때 진위는 송촌활달부곡(松村活達部曲)이었고 양성은 사복홀현(沙伏忽縣)이었으며 평택은 아술현(牙述縣, 현재: 아산지역)에서 분리되어 하팔현(河八縣)이 되었다.[3]

그러나 고구려 장수왕의 남진정책으로 평택지역은 다시 고구려의 영토로 편입되었다. 평택지역은 이때 북으로 연달부곡(連達部曲, 현재: 진위), 중간부에 송장부곡(松莊部曲, 현재: 송탄), 천장부곡(川場部曲, 현재: 서탄서부), 백랑부곡(白浪部曲, 현재: 팽성서남부) 등이 있었다. 이시기 진위현은 연달부곡(連達部曲)·금산현(金山縣)·송촌활달(松村活達) 등으로도 불리웠다.

----

3) 『大東地志』振威·陽城·平澤縣 등의 각조 참조.

통일신라시대 신문왕은 옛 삼국의 지역을 9주 5소경으로 편제하였다. 이
당시 평택 팽성현은 한산주(漢山州)에 속해 있었다. 한산주는 경기도와 황해
도의 대부분 지역과 강원도 · 충청남북도 · 평안남도의 일부까지도 포함하는
가장 넓은 지역이었다. 이때 팽성현의 취락들은 저평한 충적평야에 인접한
침식평지를 따라 형성되었다.

고려시대에 접어들어 태조가 전국 주 · 부 · 군 · 현의 명칭을 고쳤는데 팽
성현이 평택현으로 개칭되었다.[4] 이후 공민왕 때 양광도에 1경 3목 2부 27군
78현을 둘 때 천안부에 1군 7현이 설치되었는데 이때 평택현이 여기에 예속
되면서 감무(監務)가 파견되었다.[5]

조선이 건국된 이래 태종은 양광도에 소속된 평택현을 충청도로 편입시켜
현감(縣監)을 파견하였고 군사적으로는 홍주진관(洪州鎭管)에 소속시켰다.
이후 평택현은 치폐(置廢)를 거듭하다가 연산군 11년 6월 직산 · 진천 · 아산
현과 더불어 경기도에 이속되었다.[6]

동년 11월에는 진천 · 직산 · 아산 · 평택 등 5현을 성환도(成歡道)라 불렀
다. 그러나 중종 1년 충공도(忠公道)를 충청도로 개칭하고 경기도에 이속된
4현을 다시 충청도에 이속시켰다. 임진왜란 중인 선조때 평택현을 직산현에
합부시키면서 현의 이성(夷城, 토성, 농성이라고도 함)을 축조하였을 것으로
추정된다. 그후 주민들이 현의 복구를 요구함에 따라 광해군 3년 2월에 다시
복구되었다.[7]

1895년(고종 32년) 5월 26일 전문 6조의 칙령 제98호 '지방제도 개정에 관한

---

4) 『고려사』 권56 지10 지리1 序文.
5) 『신증동국여지승람』 권19 평택조.
6) 『연산군일기』 연산군 11년 6월 임오조.
7) 『광해군일기』 광해군 3년 2월 기묘조.

건'을 공포하여 8도제를 폐지하고 23개 부로 나누어 전국 337개 군을 그 관하에 속하게 하였다. 그러나 1895년은 민비 시해사건과 단발령의 공포 등으로 전국에서 의병투쟁이 격화되면서 사회의 불안이 야기되어 관찰사와 군수 등 지방관의 사직상소가 그치지 않았다. 더욱이 새로 개편된 지방제도는 운영상의 난점과 불편한 점이 많아 시행한지 1년 2개월 만인 1896년 7월 폐지되고 8월 4일 칙령 제36호 '지방제도 관계 봉급 경비 재정의 건'을 공포하여 1부 13도제가 시행되었다(平澤市·京畿道博物館, 1999).

그리하여 판윤을 수장으로 하는 한성부 외의 13도는 관찰사를 두고 도마다 행정적인 수부(首府)를 지정하였다. 특히 13도제는 종래의 8도제를 바탕으로 경기·강원·황해도를 제외한 5도를 남북의 2개 도로 분할한 것으로 오늘날의 지방행정구역 체제의 기반이 되었다. 이때 평택군은 충청남도로 편입되었다(경기도사편찬위원회, 제1권, 1979; 송탄시사편찬위원회, 1984).

일제는 1910년 8월 조선강점 이후 식민지의 최고 통치기구로 조선총독부를 설치하였다. 그리고 조선사회를 식민지 지배구조로 재편하기 위한 강압적 무단통치를 실시하였다. 일제의 무단통치는 조선민중의 반일항쟁을 억압하고 미숙한 일본 자본주의의 자본 축적 기반을 강권적으로 만들기 위한 방편으로 시행되었다. 일제는 무단통치를 원활하게 수행하기 위하여 1913년 12월 19일 공포하고 1914년 3월 1일에 시행한 조선총독부 부령 제111호 '도의 위치 관할 구역 및 부군 명칭 위치 관할 구역'에 따라 지방행정 구역을 대폭적으로 개정하였다. 대체로 현재의 지방행정 구역의 명칭과 규모가 이 때에 확립된 것이다.

이때 평택군과 경기도 수원군에 속해 있던 고덕면 일부 지역, 오성면의 일부 지역, 청북면, 포승면, 현덕면은 경기도 진위군에 병합되었다. 즉 평택군 동부는 경기도 진위군 부용면으로, 평택군 서부는 진위군 서면으로 편제

되면서 평택군이 경기도로 들어가게 되었다(평택시사편찬위원회, 상권, 평택시.2001). 1914년 행정구역 개편 후의 진위군 면·리의 구분현황은 다음과 같다.8)

북   면: 봉남리·청호리·고현리·동천리·가곡리·신리·하북리·견산리·마산리·은산리·야막리·갈곶리

서탄면: 사리·수월암리·내천리·금암리·마두리·회화리·적봉리·장등리·금각리·황구지리

송탄면: 지산리·독곡리·신장리·장당리·서정리·이충동·장안리·가재리·도일리·칠원리·칠괴리·모곡리

고덕면: 해창리·좌교리·여염리·율포리·궁리·방축리·동고리·당현리·두릉리·문곡리·동청리

병남면: 지제리·신대리·세교리·군문리·비전리·합정동·통복리·평택리·유천리·동삭리

오성면: 양교리·죽리·숙성리·안화리·당거리·창내리·신리·교포리·금곡리·대반리·길음리·삼정리·안중리·학현리

부용면: 신궁리·두리·객사리·평궁리·추팔리·노와리·석봉리·신호리·근내리·원정리·동창리·내리

서   면: 함정리·대추리·안정리·송화리·서근리·두정리·노성리·대사리·도두리·신대리·본정리·노양리·남산리

청북면: 토진리·어소리·현곡리·한산리·어연리·백봉리·용성리·덕우리·옥길리·후사리·삼계리·고잔리·율복리

포승면: 홍원리·도곡리·원정리·석정리·내기리·만호리·희곡리·신영리·방림리

---

8) 府令 제111호: 1913년 12월 19일 공포.

현덕면: 덕목리 · 대안리 · 신왕리 · 두매리 · 권관리 · 기산리 · 화양리 · 인
광리 · 도대리 · 방축리 · 운정리 · 황산리

이후 1926년 4월 1일 진위군 병남면을 평택면으로 개칭하였고 1937년 부용
면과 서면을 합쳐 팽성면으로 개칭하였다. 1938년 10월 1일 진위군을 평택
군[9]으로 개칭하였고 평택면이 평택읍으로 승격되었다.[10]

해방이후 평택군은 1962년 12월 법률 제1177호로 1963년 1월 송탄면이 송
탄읍으로 승격되어[11] 2읍 8면이 되었다. 이리하여 평택군의 행정구역은 2읍
8면 399리로 되었다.[12] 그후 평택군은 1979년 5월 1일 팽성면이 팽성읍으로
승격되어[13] 3읍 7개면으로 되었다가 1981년에는 송탄읍이 송탄시로 승격되
어[14] 평택군과 분리되었다.

1986년 1월 1일에는 법률 제 3798호(1985년 12월 28일 공포)에 의해 평택군
평택읍이 평택시로 승격하였다.[15] 그리하여 평택지역은 평택시 · 송탄시 ·
평택군의 3개의 행정구역으로 분리되었고 다시 1995년 5월 10일에 통합되어
현재의 평택시가 확정되었다.

9) 府令 제196호 : 1938년 9월 27일 공포.

10) 府令 제197호 : 1938년 9월 27일 공포.

11) 法律 제1177호 : 1962년 11월 21일 공포.

12) 『增補文獻備考』 권16 輿地考 4 郡縣沿革.

13) 대통령령 제9404호 : 1979년 4월 7일 공포.

14) 法律 제3425호 : 1981년 4월 13일 공포.

15) 法律 제3798호 : 1985년 12월 28일 공포.

2. 지리

행정적 위치는 국토 공간상 한반도의 중서부에 위치하며 경기도의 남서부에 자리 잡고 있다. 동쪽은 안성시 공도면과 용인시 남사면에 접하고 서쪽은 서해안과 접하며 남쪽은 충청남도 당진군 송악면과 천안시 성환읍에 각각 접하고 있다. 수리적 위치는 북위 36° 55′에서 37° 08′까지이며 위도 간격은 13′차이로 남북 거리 차이가 25.6㎞이다. 경도는 126° 47′에서 동경 127° 19′으로 경도 차는 31′으로 동서 거리 차는 32.8㎞에 이르며 면적은 452㎢의 크기를 가지고 있다(평택시사편찬위원회, 상권, 평택시, 2001).

교통상의 위치는 서울~부산과 서울~목포간의 중심에 있어 통과적 위치를 갖고 있으며 중·남부지방에서 서울로의 관문 역할을 하고 있다. 경기도 최남단에 위치한 평택은 서울에서 70㎞, 대전에서 94㎞, 광주에서 259㎞, 부산에서 383㎞의 공간거리를 갖고 있으며 경부선 철도·국도 1호선·국도 29호선·국도 45호선 등이 연결되어 있다. 국도 1호선은 남북방향으로 동측 국도 45호선은 용인으로 국도 38호선은 안성으로 이어지고 서측으로는 경부선을 중심으로 한 국도 38호선이 안중으로 연결되는 가로망을 형성하고 있다.

고속도로는 경부고속국도가 통과하고 있는데 안성·평택IC를 통하여 이 고속국도와 연결되어 있다. 또 서해대교의 개통과 함께 평택은 인천~목포간의 서해안 고속국도에서 서해안 지역의 관문역할을 하고 있다. 여기에 경부고속국도와 서해안 고속국도를 연결하는 동서고속국도가 완성이 되면 평택지방은 전국 여러 지역을 연결하는 교통상의 요지로 성장할 것으로 보인다. 동시에 평택항의 개항과 더불어 평택지방은 환황해권 개발에 있어서 수도권 남부와 중부권지역의 가장 중요한 관문 역할을 할 것으로 기대되고 있다(평택시사편찬위원회, 상권, 평택시, 2001).

3. 지형

평택지방은 동으로 천덕산 · 덕암산 · 팔용산이 동북의 무봉산과 이어지는 구릉지대를 이루고 있다. 또한 진위천을 끼고 평야지대가 조성되어 있어 대부분이 비산비야(非山非野)라 할 수 있다. 서로는 서해 아산만과 남양만 일부지대를 연결한 바다와 접하고 오산천과 황구지천이 합류해 서해로 들어가는 여울에는 준평원을 이루고 있다(평택시사편찬위원회, 상권, 평택시, 2001).

남으로는 충청남도와 이웃하고 아산만이 가로놓여 있으며 팽성읍 부용산을 비롯한 산지들로 덮여 있고 안성천에 의한 평야가 형성되어 있다. 북으로는 화성군과 오산시에 이웃하고 구릉지가 서탄면 일대에 능선을 이루고 있다. 그리고 오산천과 진위천이 합류하여 황구지천으로 흘러가 진위면과 서탄면에 평야지대를 만들었다.

한편 서해안과 황구지천 연안에도 30~100m에 이르는 구릉산지가 산재해 있으며, 동 · 서 · 북에서 안성 · 진위 · 오산 · 황구지천 등 4대 하천이 합류하여 아산만으로 흘러 들어가는 삼각지를 형성하고 있다. 이렇게 평택지방의 지형은 서로는 서해와 접하고 많은 하천 그리고 구릉과 평지로 이루어져 있다. 평택지방을 흐르는 수많은 하천은 기름진 평야의 젖줄이 되어 옥토를 이루게 해준다.

또한 노년기에 해당하는 산지와 하천으로 형성된 충적평야로 비옥한 농토를 갖게 되었고 4대 하천의 혜택으로 관개수 이용이 원활하여 풍요로운 곡창지대 또는 원예주산지로서 특히 배와 쌀의 명산지로 발달되어 왔다.

또 아산만 방조제와 많은 저수지는 평택지방 전역을 농지화하는 녹색혁명을 일으켰다. 그리고 풍부한 수원 및 수계로 인해 1960년대에는 진위면 일대에 크고 작은 산업체들이 들어서면서 근대산업의 요람지가 되었다(平澤市 ·

京畿道博物館, 1999).

III. 평택지방 3 · 1운동의 개요

1. 북면(北面: 현재의 진위면)

3월 18일 진위읍내에서는 보통학교 학생 20명이 만세시위를 전개하였다.

3월 21일 천도교구가 있고 천도교인이 많은 야막리 주민들은 유림들이 많이 살고 있는 봉남리 주민들과 합세하여 500명의 시위대를 조직하였다. 시위대는 태극기를 들고 면사무소를 습격한 후 면장을 앞세우고 만세시위운동을 전개하였다. 지리적으로 야막리 시위군중이 봉남리 시위군중과 합세하여 면소재지로 집결하려면 하북리 · 가곡리 · 견사리 주민들도 동조하였을 것으로 보여진다.

3월 31일 면소재지인 봉남리에서는 주민 400여 명이 만세시위운동을 전개하였다. 봉남리 주민 박성백(朴成伯: 30세, 농업) · 최구홍(崔九弘: 22세, 농업) · 유동환(柳東煥: 24세, 농업) · 전영록(全榮祿: 20세, 농업) 등은 전국에서 벌어지고 있는 3 · 1운동의 취지에 찬동하여 미리 태극기 30개를 만들어 준비하였다. 이들은 3월 31일 오후 4시경 봉남리 주민 400여 명과 함께 북면사무소 앞과 경찰관 주재소 앞을 돌며 조선독립만세를 연달아 부르고 오후 6시까지 면내 각 동리에서 만세시위운동을 전개하였다.

4월 1일 은산리에 사는 정경순(鄭庚淳: 24세, 농업)은 자기 동리 사람인 정문학(鄭文學)과 정재운(鄭在雲)등에게 "나가서 만세를 부르지 않으면 방화를 당한다", "다른 곳에서 만세를 부르고 있으니 우리들도 조선독립 만세를 부르자"고(평택시, 1997) 권유하였다. 이에 이들이 중심이 되고 주민 30여 명 가량이 모여 은산리 산위에서 조선독립만세를 소리 높여 외쳤다. 그러자 많은 주민들이 호응하여 산 아래에 모여 함께 조선독립만세를 외쳤다.

이때 최선유(崔善有: 32세 농업)와 정성숙(鄭聖淑)이 "이 면 봉남리 순사주재소로 가서 만세를 부르자"고(평택시, 1997) 권유·선동하였다. 이에 시위군중들이 호응하여 면소재지인 봉남리로 만세를 부르며 나아갔다. 봉남 순사주재소에 이르러 최선유 등이 선창하고 군중들이 호응하여 조선독립만세를 소리 높여 외쳤다.

2. 서탄면(西炭面)

4월 2일 서탄면장 윤기선(尹箕善)은 면서기 한성수(韓聖洙)를 시켜 면민들을 4월 3일 정오 면사무소 앞에 모이게 하였다. 4월 3일 면민 400여 명이 모이자 윤기선 면장은 이들과 함께 자신이 선창하면서 조선독립만세 시위운동을 전개하였다. 이때 윤교영(尹敎永)과 윤대선(尹大善)은 격문을 돌렸다고 한다.

4월 10일 금암리의 주민 100여 명(일제의 기록은 40명으로 되어 있음)이 뒷산에 모여 봉화를 들고 조선독립만세를 외쳤다. 이들은 회화리에 있는 일제 주재소를 습격하고 만세를 부르며 결렬한 만세시위운동을 전개하였다. 이밖에도 사리·수월암리에서 주민들이 만세시위운동을 전개하다가 자진하여 해산하였다(이병헌, 1959). 특히 회화리에는 기독교 장로회의 교회당이 유일하게 있었는데 영수(領袖: 준장로급)라는 직분을 가진 차덕겸(車德兼)이 만세운동에 가담하여 항상 일제의 감시를 받았다고 한다.

3. 송탄면(松炭面)

4월 1일 지산리의 보통학교 학생 이약우가 독립선언서를 돌리며 병남면 지역의 만세시위운동을 전하자 주민들이 병남면 지역으로 달려갔다. 여기에 고덕면 주민들도 합세하여 만세시위운동을 전개하려고 하자 일본인들은 겁에 질려 모두 상점문을 닫고 공포에 떠는 밤이 되었다. 1919년 17세로 보통학교 학생이었던 이약우는 3 · 1운동이 일어나자 선배였던 이병헌씨의 영향을 받아 고덕면의 고재문, 병남면의 민흥환 등과 함께 송탄 · 병남면 지역의 만세시위운동을 준비하면서 안성군과의 연계도 도모하였다고 한다.

4. 고덕면(古德面)

두릉리는 안재홍의 출신 마을이란 이유 때문에 3 · 1운동 이후 비상경계를 받아왔다. 3월 23일 일제는 두릉리에 거주하는 임승팔(林承八) · 고문재(高文在) · 이승기(李承基) · 김유경(金有卿) 등을 호출하여 구금하였다. 일제는 이들이 안재홍 · 이병헌과 접촉하였는지를 자백받기 위하여 온갖 고문을 가하였다. 이때 1월경 고문재가 독립운동 자금으로 108원을 서정리에서 이병헌에게 건네 준 것이 발각되어 심한 고문을 당하였다. 이에 증인으로 출석한 이병헌이 그 돈이 독립운동 자금이 아니라 천도교당 건축비 명목으로 받은 것이라며 준비해온 영수증을 제시하여 고문재는 위기를 모면하였다.

4월 1일 율포리에서 500여 명의 농민들이 평화적인 만세시위운동을 전개하였다(대한민국국회도서관 편, 3 · 1운동편, 1977). 그런데 그날 밤 9시경 평택역 광장에서 만세시위운동이 전개되고 산봉우리마다 횃불시위가 전개되었다. 이에 고덕면 일원의 면민들이 면소재지에서 만세시위를 부르고 평택역의 만세시위운동에 동참하기 위하여 만세를 부르며 평택역으로 달려갔다. 이날은 진위면과 서탄면의 주민 수천 명도 만세시위운동을 전개하였다고 한다.

4월 2일 전날의 만세시위운동 분위기가 계속하여 지속되자 일제는 경찰과 수비대 및 평택자위대를 고덕면에 출동시켜 만세시위운동이 재발되지 않도록 마을들을 두루 순찰하였다. 그런데 일제가 두릉리에 있는 안재홍의 집을 수색하자 주민들이 격분하여 만세를 부르며 반항하였다.

5. 병남면(丙南面: 옛 평택읍 지역)

3월 11일 아침 만세를 부르자는 격문이 평택정거장 앞에 나붙어 일제의 경찰이 비상경계를 하였다. 오후 5시경에 이르러 평택역 앞 사거리에 수천 명의 군중이 모이어 독립만세를 외치면서 시내 쪽과 군문리 다리로 행진하였다.[16]

이 만세시위운동을 주도했던 사람은 비전리에서 미곡상을 하는 이도상(李道相, 30세)이었다. 그는 3월 5일 서울을 비롯한 전국 각지에서 조선독립만세를 외치며 만세시위운동을 전개하고 있다는 소식을 안충수(安忠洙)로부터 듣고 평택에서도 조선독립만세 시위운동을 계획하였다. 그는 3월 10일 밤 친동생 이덕상(李德相)에게 일체의 가사를 맡기면서 다음과 같이 말하였다. " 이 기회에 조선독립을 꾀하기 위하여 명일이 평택 장날이므로 그곳에 가서

---

16) 이병헌, 『3·1운동비사』(시사시보사출판국, 1959) p.880과 국사편찬위원회, 『한국독립운동사』 2 (1966) p.265의 「경기도 운동일람표」에는 "수 불명"으로 되어있고 대한민국국회도서관 편, 『한국민족운동사료』 3·1운동편 (1977) p.362의 「조선소요사건 일람표」에는 150여 명이 시위한 것으로 되어있다

동지와 함께 조선독립을 제창하여 만세를 외칠 작정이다. 그렇게 하면 곧 체포될 것이므로 다시 집에 돌아오지 못할 것이니 늙은 어머니를 봉양하여 달라". 이에 동생 이덕상이 만류하니 이도상은 "한번 마음먹은 것은 그만 둘 수 없다"고(평택시, 1997) 하였다.

이도상은 이튿날인 3월 11일 평택 읍내인 역전으로 와서 장날에 모여있던 군중들을 선도하며 목준상(睦俊相 : 29세, 미곡상)·심헌섭(沈憲燮 : 32세, 농업)·한영수(韓泳洙 : 28세, 농업) 등과 함께 조선독립만세를 외쳤다. 이에 학생과 군중들이 일제히 모자를 벗어들고 큰소리로 만세를 불렀다.

3월 31일 조선인 상점 2개소에 평택우체국 소인이 찍힌 우편으로 일제의 협박장이 배달되었다. 이에 평택 읍내의 각 상점들은 4월 1일을 기하여 모두 문을 닫고 조선독립 만세시위운동에 참여하였다. 사건이 확대되자 일제는 유력한 상인 10여 명을 군청으로 불러서 군수와 경찰이 함께 상점 문을 열 것을 설득·강요하였으나 상인들은 모두 후환이 두렵다는 이유로 완강히 거부하고 상점 문을 열지 않았다(국사편찬위원회, 1966).

4월 1일 밤 9시경 여객을 가장한 군중들이 평택역 대합실로 모여들었다. 밤 10시 반경 군중들이 평택역 광장에서 조선독립만세 시위운동을 전개하자 이를 신호로 각지의 면민들이 일제히 산위에 올라 봉화시위를 벌렸다. 이날의 조선독립만세 시위운동은 3,000여 명의 군중이 평택에 몰려들어 새벽 2시까지 전개되었다. 이날의 시위상황을 보여주는 경기도 장관의 보고는 다음과 같다(국사편찬위원회, 1966).

> 4월 1일 오후 10시 반 경부터 평택시가를 중심으로 하여 1리 내외의 곳인 서남 부용리에 걸쳐 무수한 봉화를 올리며 계속하여 독립만세를 연호하였고, 그 모인 10여 개 집단 인원 약 3,000여 명이 평택에 쇄도하여 정세가

불온하므로 해산을 명하였던바 저항하고 쉽게 해산하지 않으므로 발포하여 오전 2시 경 일단 진정하다. 폭민의 사망자 1명, 부상자 4명 외에 경상자가 있는 모양임.

또 봉화시위와 더불어 부용면에서도 평택 구읍 뒷산에 봉화를 올리고 평택역으로 달려오며 만세를 불렀고 고덕면에서도 만세를 부르며 평택으로 달려오므로 일본 상인들이 겁을 먹고 상점 문을 닫았다고 한다.[17)

6. 오성면(梧城面)

3월 10일 길음리·죽리·교포리의 면민들이 숙성리 뒷산에 모여 조선독립만세를 외쳤고, 평야지역을 비롯하여 산간지대를 누비고 다니며 조선독립만세 시위운동을 전개하였다(평택시사편찬위원회, 상권, 평택시. 2001; 평택시, 1997). 4월 3일 밤 학현리에 있는 봉오산에 주민 12~13명이 올라가 짚을 쌓아 봉화를 올리고 조선독립만세를 외쳤다. 이 조선독립만세 시위운동을 주도한 사람은 서당 한문교사인 김용성(金容成: 26세)과 공재록(孔在祿: 25세, 농업)·이충필(李忠弼: 32세, 농업) 등이었다.

7. 부용면(芙蓉面)

4월 1일 밤 평택에서 대규모의 조선독립만세 시위운동이 일어났을 때 팽

17) 이병헌, 『3·1운동비사』(시사시보사출판국, 1959) pp.881~882. 한편 3월 18일 진위 읍내에서는 보통학교 학생 20여 명이 만세시위를 전개하였고, 4월 1일에도 주민 300여 명의 시위가 있어 일본 병사의 발포로 10여 명이 사망했다고 한다(국사편찬위원회, 『한국독립운동사』 2 (1966) p 265~266)

성(서면, 부용면)에서도 군중이 무리를 지어 평택 구읍 뒷산인 부용산에 모였다. 부용산에 모인 군중들은 봉화시위를 벌이고 평택읍 방향으로 조선독립만세 시위운동을 전개하였다.

8. 청북면(靑北面)

3월 10일 토진리 뒷산인 오봉산과 마루산(현재 무성산) 그리고 청북면 면사무소가 있는 신포장터에서 다수의 군중이 모여 조선독립만세 시위운동을 전개하였다(평택시사편찬위원회, 상권, 평택시, 2001; 경기도사편찬위원회, 제1권, 경기도. 1979). 여러 명의 사상자가 발생하자 율북리 주민과 인근 화성군 양감면 면민들이 만세시위운동에 참여하였다고 한다.

오봉산은 오성면 양교리와 청북면 토진리의 경계선상에 위치하고 있으므로 당시 2면의 주민들이 모두 산 위에 올라와 만세시위운동을 벌렸을 것으로 보여진다. 또 마루산도 청북면 후사리와 옥길리 경계선상에 위치하고 있어 2리 주민들이 모두 산 위에 올라와 만세시위운동을 전개했을 것으로 보여진다. 특히 신포장터는 5일장으로 3월 10일은 장날인지라 많은 장사꾼들이 만세시위운동에 참여하여 더욱 격렬하였다고 한다.

4월 1일 면민 수십 명이 마을에서 조선독립만세를 부르며 만세시위운동을 전개하였다. 이날 오성면 안화리에 사는 안육만(安六萬: 20세, 농업)은 김원근(金元根)과 함께 청북면 백봉리로 갔다. 이들은 행길에서 "이 동리에서는 왜 독립만세를 부르지 않는가. 빨리 나와서 부르라"고(평택시, 1997) 주민들을 선동하였다. 이에 오성면 안화리 최만화(崔晩華: 24세, 농업)·안희문(安喜文: 21세, 농업)·황순태(黃順泰: 31세, 농업), 청북면 백봉리 정수만(鄭水萬: 20세, 농업)·홍기성(洪奇成: 36세 농업) 등과 기타 주민 수십 명이 호응하여 조선독립만세 시위운동을 전개하였다. 이로 인해 안육만은 징역 1년, 최만화·안희문·황순태·정순만·홍기성 등은 각각 징역 6월형을 선고받았다(독립운동사편찬위원회, 제5집, 1971).

9. 포승면(浦升面)

3월 10일 청북면 마루산 위에서 점화된 봉화시위를 신호로 하여 희곡리 대덕산에서 주민 200여 명이 모여서 조선독립만세 시위운동을 전개하였다(평택시, 1997).

10. 현덕면(玄德面)

3월 9일 기산리·황산리·도대리·방축리의 주민들이 면사무소 뒷산인 옥녀봉에 모여 횃불을 켜들고 목이 터져라 조선독립만세를 외쳤다. 이에 인근 면에서도 호응하였다(이병헌, 1959). 3월 22일 일제는 권관리에 사는 천도교인들이 조선독립만세 시위운동의 움직임을 보인다는 정보를 입수하였다. 이에 일제는 권관리 천도교인 중에서 이민도·이승엽·최리래·장용준·이인수·최혁래·최종환·이민익·최정래·최우섭·최경환·최경섭 등 12인을 평택경찰서에 구금하고 고문하였다. 특히 이들 가운데 이민도는 그의 아들이 천도교 중앙본부에 있으면서 항일독립운동에 적극 가담한다 하여 더욱 혹독한 고문을 당한 뒤 석방되었다고 한다(평택시, 1997; 평택시사편찬위원회, 상권, 평택시, 2001).

IV. 일제의 대응

1919년 3월 9일 현덕면민이 옥녀봉에서 횃불시위를 전개하자 이때 안중에 배치된 일제의 수비대가 출동하여 총을 난사하니 시위대 주민 중 일부가 부상하고 체포되었다. 3월 10일 청북면 면사무소 앞에서 다수의 면민이 만세시위운동을 전개하자 삼엄한 경계를 하던 일제 경찰이 기습하여 시위대 중 사망하거나 부상 또는 체포되는 사태가 발생하였다.

3월 11일 평택역 앞 사거리에서 수천 명의 군중이 만세시위운동을 전개하자 친일파 한사람이 소방대의 종을 쳐서 일제의 경찰에게 신호를 보냈다. 이때 신호를 받은 경찰이 출동하여 시위대의 해산을 강요하고 시위 주동자 13~14명을 체포하였다. 이 시위의 주동자로 체포된 사람 가운데 안종철(安鐘喆)외 1인은 14일간 구금되었다가 석방되었다. 그리고 학생 안충수 외 5인은 학교 교장 선생님의 신원 보증으로 석방되었으며 다른 5명은 보안법 위반으로 경성지방법원 검사국으로 압송되었다.

이때 압송된 사람은 비전리 이도상, 합정리 목준상, 비전리 심헌섭, 평택리 민응환(閔應煥), 오성면 양교리 한영수 등으로 이들은 경성복심법원에 공소되었다. 1919년 5월 5일 이도상은 징역 1년, 목준상·심헌섭·한영수 등은 각각 징영 8월형을 선고받아(독립운동사편찬위원회, 제5집, 1971) 고등법원에 상고하였으나 5월 31일 모두 기각되었다.

3월 21일 북면의 야막리·봉남리 주민 500명이 만세시위운동을 전개하였을 때 일제는 경찰과 수비대를 자동차로 출동시켜 시위대를 해산시키고 시위 주동자 박창훈(朴昌勳)을 체포하였다(이병헌, 1959). 이어서 3월 31일 봉남리 주민 400여 명이 만세시위운동을 전개하였을 때는 이 만세시위운동을 주도하였던 박성백·최구홍·유동환·전영록 등을 치안을 방해하였다는 혐의를 씌워 각각 징역 1년형을 선고하였다. 또 이 만세시위운동에 호응하여 적극적으로 참여하였던 유만수(柳萬壽: 26세, 농업)와 김봉희(29세, 농업)는 태 90의 형을 선고하였다(독립운동사편찬위원회, 제5집, 1971).

4월 1일 최선유와 정성숙이 봉남 순사주재소에서 주민들과 함께 만세시위운동을 전개 하 일제의 경찰들이 은산리의 각 가옥을 뒤져 어른들만 연행해 갔는데 모두 60~70여 명이나 되었다. 반항하면 현장에서 총검에 찔러 죽었으며 2~3일 뒤 연행된 시위자들은 주모자를 제외하고 모두 풀려나왔다고 한다. 이때 누구네 집의 아들은 걷지 못한다. 누구네 아버지는 귀머거리가 된 것 같다는 소문이 자자했다고 한다. 이후 정경순과 최선유는 치안을 방해한 혐의로 경성지방법원에서 징역 1년형을 선고받고 경성복심법원에 상고하여 1919년 7월 5일 각각 징역 6월로 확정되어 복역하였다(독립운동사편찬위원회, 제5집, 1971).

4월 1일 고덕면 · 진위면 · 서탄면 주민 수천 명이 평택 · 수원간의 큰 길까지 진출하여 만세시위운동을 전개하자 일제는 즉각 발포하였다. 이 발포로 즉사자가 발생하고 부상자가 속출하였다. 이때 사망자는 고덕면민이 9명, 평택읍민이 5명, 서탄면민이 4명이고 부상자는 60~70명에 이르렀다고 한다.

4월 1일 부용면에서 봉화시위가 격렬하게 전개되자 일제가 발포하여 이날 2명이 사망하고 4명이 부상하는 사태가 발생하였다(대한민국국회도서관 편, 3 · 1운동편, 1977). 4월 1일 청북면민이 만세시위운동을 전개하자 일제는 주동자인 안육만 등을 체포하여 안육만은 징역 1년, 최만화 · 안희문 · 황순태 · 정순만 · 홍기성 등은 각각 징역 6월형을 선고하였다(독립운동사편찬위원회, 제5집, 1971). 4월 1일 밤 부용면 부용산의 봉화시위 때 일제 군경의 무차별 사격으로 부용면민들이 사방으로 흩어졌다(평택시사편찬위원회, 상권, 평택시, 2001; 경기도사편찬위원회편, 1995).

4월 2일 송탄면 독곡리에서 500여 명의 주민들이 평화적으로 만세시위운동을 전개하였는데 일제의 발포로 1명이 죽고 2명이 부상당하였다(대한민국국회도서관 편, 3 · 1운동편, 1977). 4월 2일 일제가 고덕면 두릉리의 민세 안재홍 선생 가옥을 수색하자 주민들이 반발하였는데 일제 경찰들이 군중을 향하여 무차별 발포하여 6~7명이 부상을 당하는 사고가 일어났다(이병헌, 1959). 이때 일제의 경찰은 기마병으로 큰 말을 타고 있었다고 한다. 4월 2일에는 1,000여 명의 오성면민들의 조선독립만세 평화시위가 일어나 11명이 체포되었다(대한민국국회도서관 편, 3 · 1운동편, 1977).

4월 3일 오성면 학현리에 있는 봉오산의 봉화시위 주동자인 김용성 · 공재록 · 이충필은 법정투쟁 끝에 김용성은 경성복심법원에서 징역 1년을, 공재록과 이충필은 경성지방법원에서 각각 징역 1년 6월형을 선고받았다(독립운동사편찬위원회, 제5집, 1971).

4월 10일 서탄면의 금암리 주민 100여명이 만세시운동을 전개하자 일본 경찰이 발포하였는데(이병헌, 1959) 쫓겨 가면서도 시위대는 만세를 불렀다. 이때 주민 1명이 죽고 3명이 부상을 당했으며 5명이 체포되었다(대한민국국회도서관 편, 3 · 1운동편, 1977).

V. 평택지방 3 · 1운동의 주동인물

첫째, 평택지방은 다른 지역과 다르게 조선독립만세 시위운동에 상인층이 적극적으로 참여하였다.

초기의 3 · 1운동을 주도한 계층은 향촌사회 내의 지식인 · 청년 · 학생들이었다(독립운동사편찬위원회, 제5집, 1971). 이들은 3 · 1운동의 초기단계에서 서울 등 도시지역에서 유포된 선언서, 각종 유인물과 도시의 운동 경험을 전파하였다. 그리고 이들은 〈표 1〉에서 보이는 바와 같이 비폭력주의에 입각하면서 선언서 · 태극기 · 독립만세기 등을 제작 배포하며 직접 시위대를 선도하면서 이끌었다.

〈표 1〉 3 · 1운동 시기별 전개와 투쟁양상(진위군 · 용인군 · 안성군)[18]

	3 · 1~3 · 10			3 · 11~3.20			3.21~3.31			4.1~4.10			4.11~4.20			계		
	폭력		비폭력	폭력		비폭력	폭력		비폭력	폭력		비폭력	폭력		비폭력	폭력		비폭력
	발포	충돌		발포	충돌		발포	충돌		발포	충돌		발포	충돌		발포	충돌	
진위군						2			1	2	2	1				2	2	4
안성군						1		2	1	4	3	2				4	5	4
용인군							3	2	5	1		2				4	2	7
경기도		3	8	2	4	8	28	51	101	22	17	34	0	1	3	52	76	155

그러나 3월 중순 이후 지식인 · 청년 · 학생을 중심으로 한 초기 주도자들이 구속 수감되고 학교가 휴교상태에 들어가자 도시 중심의 3 · 1운동은 소강상태에 들어갔다. 그 이후 지방의 면 · 리 단위의 운동이 확산되면서 3월말 4월초의 3 · 1운동은 농민을 중심으로 하여 지역단위의 자체 운동조직에 의해 광범위하게 전개되었다.

평택지방의 3 · 1운동에 있어서 1919년 4월 1일 병남면의 대규모 시위를 주도한 계층은 평택지역의 상인들이었다. 평택은 1905년 정월 철도건설 이후 상업이 발전해 가는 신흥 도시지역으로 성장하였다. 그리하여 그 주민 구성에 있어서 중소상인과 자영업자 등이 상당수에 이르렀다.[19] 중소상인과 자

18) 국사편찬위원회, 『한국독립운동사』 2 (1968)의 「경기도운동일람」을 기초로 하고, 경기도사편찬위원회, 『경기도항일독립운동사』(1995) pp.500~503을 참조하여 작성하였다.

19) 경기도는 경성부를 둘러싸고 있는 외곽지대라는 경제적 입지와 개항장인 인천과 고양구 · 시흥구 · 수원군 · 개성군 · 진위군(현재 평택) 등의 상공업 발달 등으로 인해

영업자들은 평소 일제의 약탈적 식민지 경제정책에 의해 그 성장을 저해당하고 이익을 박탈당하여 일제에 대한 저항의식이 강하였다. 따라서 이들은 만세시위운동에 적극적일 수밖에 없었고 이러한 이유 때문에 4월 1일 병남면의 조선독립만세 시위운동을 주도하였다. 특히 이들이 조선독립만세 시위운동 날짜를 장날인 4월 1일로 잡은 것은 장터를 이용한 시위의 발전이 다수의 참가자를 유도하는 좋은 기회였기 때문이며 동시에 시위의 외부 확산에 크게 이바지 할 것으로 기대하였기 때문이었다.

둘째, 평택지방 조선독립만세 시위운동을 주도한 것은 농민층이었다.

평택지방의 3·1운동에 있어서 가장 많이 기소 당한 계층은 농민들이었다. 왜냐하면 농민들은 주로 리 단위의 조직에 의해 태극기를 들고 독립만세를 외치는 평화적인 만세시위,[20] 밤에 산에서 횃불과 봉화를 올리며 만세를 부르는 횃불봉화시위, 돌과 몽둥이 등으로 무장하고 관공서를 파괴하는 폭력투쟁 등 스스로 다양한 투쟁방법을 구사하면서 만세시위운동에 적극적으로 참여하였기 때문이었다.

농민들은 "우리는 그들(일제)의 앞잡이인 면사무소·주재소·우편소 등을 모두 때려부숴야 한다. 그리고 일본인도 모두 쫓아버려야 한다"(독립운동사편찬위원회, 제5집, 1971)는 생각이 보편적으로 확산되어 있었다. 그리하여

그 주민 구성에 있어서 중소상인이나 자영업자 그리고 노동자 등이 상당수에 달하였다. 1919년 경기도의 조선인 인구는 169만 6,443명(경성부 17만 8,907명 포함)인데, 이중 신고된 상공업자만 20만 5,156명이었다(『朝鮮總督府統計年報』大正 8年版, pp.37~38, 76~77).

[20] 농민들의 평화적 만세시위에는 한 가지 특징적인 것이 있었는데 이른바 '만세꾼'의 등장이다. 만세꾼은 시위에 참가한 군중을 지칭하기도 하나, '삼베주머니로 도시락을 만들어 망태에 넣어' 원거리 시위에 참가하는 의도적인 시위군중인 동시에 수십 명씩 떼를 지어 다니며 봉기를 유도하거나 지역적 연계를 꾀하는 이른바 '바람몰이꾼'이기도 했다(조동걸, 「3·1운동의 지방사적 성격: 강원도 지방을 중심으로」, 『역사학보』 47 (1970)).

농민들은 처음에는 만세시위로 시작하였다가 세가 모아지고 열기가 고양되면 면사무소 등을 공격하는 폭력투쟁으로 전환되었다. 이러한 것은 당초 민족대표 33인이 3 · 1운동에서 의도했던 독립선언식 또는 독립청원 방식과는 일치하지 않았다.

농민들은 파리강화회의의 여론을 불러일으키기 위하여 적극적인 소요로 조선민족이 직접적으로 민족자결의 의사를 표시하는 것이 관건이라고 판단하였다(독립운동사편찬위원회, 제5집, 1971). 그리고 조선민족의 만세시위운동을 독립획득의 궁극적인 힘으로 믿었다. 또한 농민들이 죽음을 두려워하지 않고 치열한 투쟁을 전개할 수밖에 없었던 것은 식민지 무단통치하에 펼쳐진 가혹한 수탈과 민족적 억압으로부터 벗어나려는 독립의식의 반영이었다. 다수 농민들은 '독립만세를 부르면 독립이 된다'(독립운동사편찬위원회, 제5집, 1971)거나 '독립은 천운'(독립운동사편찬위원회, 제5집, 1971)이라는 당위적인 독립의식에 젖어있었고 독립이 되면 대한제국으로 복귀하는 것으로 생각하였다.[21] 특히 고종의 독살설 등은 일제에 대한 임금의 복수라는 보편적인 감상을 자극하여 "태황제 폐하께서 암살되었다. 2천만 동포는 나라 없고 임금 없는 백성이 되었다. 이대로 살아나가기 보다는 차라리 대한독립만세를 불러 총칼 아래 죽은 것이 낫다"(독립운동사편찬위원회, 제5집, 1971)라고 투쟁심을 고무시킬 정도로 민중의 생각은 근왕주의적 관념이 크게 작용하고 있었다.

부르조아 민족주의자들이 표방했던 민주공화제에 대한 이해가 거의 없는 상태에서 농민들은 근왕주의적 왕조의식을 벗어나지 못하고 뚜렷한 정치사

---

[21] 시위대의 주동자들은 "독립만세의 의미는 구대한제국으로 만든다는 것이다"라고 하여 독립 후의 국가상을 제시하였다(독립운동사편찬위원회, 『독립운동사자료집』 제5집(3 · 1운동 재판기록)(독립유공자사업기금운용위원회, 1971) p 330)

상을 정립하지는 못하였으나 맹아적인 형태로나마 계급적 인식에 기초한 민족적 자각을 보여주었다. 동시에 민족자결주의나 파리강화회의 등에 대해서 명확히 인식하지는 못하였지만 일반적으로 외세보다는 주체적인 힘에 의해 독립을 쟁취하고자 하는 자주독립의 의지를 가지고 있었다.

VI. 평택지방 3·1운동이 다른 지역과 다른 점

첫째, 평택지방은 안성·용인 등 다른 지역과 유기적인 연계를 가지고 조선독립 만세 시위운동을 전개하였다.

〈표 2〉 평택의 3·1운동 일지[22]

월·일	3·1	2	3	4	5	6	7	8	9	10	11	12	13	14	15	16	17	18	19	20	21	22	23	24	25	26	27
진위군										1/불명																	
안성군										1/50이상									1/20								
용인군																											

월·일	3.28	29	30	31	4.1	2	3	4	5	6	7	8	9	10	11	12	13	14	15	계
진위군				1/400	3/3600		1/불명							1/10						8
안성군			1/500	2/5000	3/500	4/6500														13
용인군	2/800	1/100	3/3800	4/3500	1/200	2/600														13

----

22) 〈표2〉는 국사편찬위원회,『한국독립운동사』2 (1968)와 姜德相·梶村秀樹 編,『現代史資料』25 (みすず書房, 1977) 및 金正明 編,『朝鮮獨立運動』1 (原書房, 1967)에 수록된 자료들을 비교검토하면서 확인된 것을 근거로 하여 작성하였다.
　·칸 안의 숫자는 시위횟수/시위참가인원을 표시한 것임.
　·불확실한 증언 등은 제외하고 구체적인 증거 자료가 있는 것에 한정함. 선언서만 배포하였거나 시위계획 중 무산된 경우는 시위횟수에서 제외하고 1개 지역에서 같은 날 2회 이상 시위가 발생한 경우에는 1회로 간주함.

평택지방에서 3 · 1운동이 처음으로 시작된 곳은 3월 9일 현덕면 옥녀봉에서의 조선독립만세 시위운동이었다(평택시, 1997). 이후 3월 22일 서울 남대문에서 노동자대회가 열린 뒤 만세시위운동이 대중적 성격으로 변하면서 각 도로 확산되어 갔다(金正明 編, 1967). 이러한 영향을 받아서 평택지방도 3월 말과 4월초에 걸쳐서 만세시위운동이 가장 집중적이고 격렬하게 진행되었다(金正明 編, 1967). 특히 〈표 2〉에서 알 수 있듯이 조선독립만세 시위운동의 전개과정이 안성 · 용인 등과 유사한 양상을 보이는 것은 평택지방의 3 · 1운동이 다른 지역과 유기적인 연관 속에서 진행되었음을 알 수가 있다. 또한 다른 지역과의 연대투쟁은 평택지방의 3 · 1운동이 최초 비폭력 만세시위운동에서 점차 폭력 무력투쟁의 형태로 발전해갔음을 알 수가 있다.

둘째, 평택지방은 평야 · 구릉지대에서 군중을 동원하기 위하여 횃불시위를 전개하였다.

횃불시위 방법은 효과적인 군중 동원의 수단인 동시에 시위 군중의 단결력과 연대감을 강화시켰으며 시위의 규모를 실제 이상으로 나타냄으로써 매우 효과적이었다. 특히 조선후기 농민항쟁 때 자주 사용되었던 횃불시위는 대개 구릉이나 평야지대에서 일어났다. 횃불시위는 효과적인 농민 선동 수단인 동시에 지역 연대투쟁을 가능케 하였는데 평택지방의 지형과 무관하지는 않다.

셋째, 평택지방은 10개 면이 연쇄다발적으로 만세시위운동에 참여하였다.

3월 10일에는 오성면 · 청북면 · 포승면 등 3개 면이, 4월 1일에는 북면 · 송탄면 · 고덕면 · 병남면 · 부용면 · 청북면 등 6개 면이, 4월 2일에는 서탄면 · 송탄면 · 고덕면 등 3개 면이 연쇄다발적으로 만세시위운동에 참여하였다.

연쇄다발적으로 만세시위운동이 실현되는 과정에서 이장의 역할이 크게 자용하였다. 이장들은 만세시위운동에 적극적으로 참여하여 마을의 동리민들을 동원하고 이를 위한 사전 연락을 하는데 중요한 역할을 하였다. 이장들은 조선 각지의 만세시위운동 소식을 전해 듣고 자기 동리에서도 동리민을 규합하여 면사무소 앞에서 만세시위운동을 하기도 하고 동네 산에 올라가 봉화를 올려 마을 단위의 시위운동을 촉발하기도 하였다.

이장은 전통적으로 면리제(面里制) 하에서 마을 단위 공동행동의 대표자로서 말단 실무를 관장하거나 마을의 여론을 조절하는 역할을 하였다. 따라서 별다른 종교적 · 이념적 조직 지도체계가 없는 농민을 동원하여 운동을 조직하기 위해서는 리 조직과 이장의 역할에 의존하지 않을 수 없었다. 3월 말 4월초에 평택지방의 만세시위운동이 동시다발적으로 발생하고 급속히 확산되었던 것은 이와 같이 만세시위운동이 리 단위로 조직화되고 이에 이장들이 적극적인 역할을 담당하고 있었기 때문이었다(경기도사편찬위원회편, 1995).

VII. 맺음말

평택지방의 3 · 1운동은 3월초에 시작하여 3~4월에 걸쳐 10개 면에서서 지속적이고 연쇄다발적으로 전개되었다. 특히 3월말 4월초의 기간에는 조선독립만세 시위운동이 집중적으로 발생하면서 평택 각 지역의 중소상인 · 자영업자와 농민들의 참여가 두드러져 평택지방 3 · 1운동의 민중운동적 성격을 분명히 보여주었다. 그리고 평택지방의 3 · 1운동이 치열하게 전개될 수 있었던 것은 전통적으로 서울의 움직임과 가장 밀착되어 있고 평택지방의 지식인 · 청년 · 학생들의 선도적인 역할과 중소상인 · 자영업자와 농민 대중들의 적극적인 참여 때문이었다.

평택지방 초기의 3 · 1운동을 주도한 계층은 지역사회 내의 지식인 · 청년 · 학생들이었다. 이들은 비폭력주의에 입각하면서 선언서 · 태극기 · 독립만세기 등을 제작 배포하며 직접 시위대를 선도하면서 이끌었다. 이들이 구속 수감되면서 3월말 4월초의 평택지방 3 · 1운동은 중소상인 · 자영업자와 농민들을 중심으로 하여 지역단위의 자체 운동조직에 의해 광범위하게 전개되었다.

평택지방에서 중소상인과 자영업자가 시위를 주도하고 농민들이 시위에 적극 참여해 나갔던 사실은 평택이 경부선 철도 건설 이후 서울과 교통상으로 가까워졌으며 동시에 상업이 발전하면서도 여전히 농촌적인 특성을 갖고 있던 이 지방의 현실이 반영된 것으로 보인다. 여기에 중소상인과 자영업자들은 평소 일제의 약탈적 식민지 경제정책에 의해 그 성장을 저해당하고 이익을 박탈당하여 일제에 대한 저항의식이 강하였다. 또한 농민들이 죽음을 두려워하지 않고 치열한 투쟁을 전개할 수밖에 없었던 것은 식민지 무단통치하에 펼쳐진 가혹한 수탈과 민족적 억압으로부터 벗어나려는 독립의식의 반영이었다.

이들은 주로 리 단위의 조직에 평화적인 만세시위, 횃불봉화시위, 연쇄다발적 시위, 폭력투쟁 등 스스로 다양한 투쟁방법을 구사하면서 만세시위운동에 적극적으로 참여하였다. 이들의 투쟁양상은 주로 만세시위로 시작되었지만 세가 모여지고 열기가 고양되면 면사무소 등을 공격하는 폭력투쟁으로 전환되었다. 여기에 대다수 농민들은 '독립만세를 부르면 독립이 된다' 거나 '독립은 천운'이라는 당위적인 독립의식에 젖어있었고 독립이 되면 대한제국으로 복귀하는 것으로 생각하였다. 즉 민중의 생각은 근왕주의적 관념이 크게 작용하고 있었다.

그러나 이러한 정치의식적 한계에도 불구하고 평택지방 주민들은 3 · 1운동 과정에서 봉건적인 체제를 뛰어넘는 농민적 의식의 성정과 주체적인 자주독립의식의 고양을 경험하였다. 이는 평택지방 주민들이 목숨을 두려워하지 않고 시위운동에 적극적으로 참여하면서 얻어낸 평택지방 3 · 1운동의 최대 성과라고 할 수 있다. 그리고 이러한 의식의 성장과 함께 조선의 자주독립이라는 목표를 달성하기 위하여 평화적인 비폭력 시위와 비타협적인 직접투쟁을 견지하였다. 따라서 평택지방 주민들의 이러한 자주독립의식과 투쟁력은 이후 평택지역 주민들의 삶과 함께 면면히 계승되어 이후 항일독립운동을 이끌어가는 원동력이 되었다.

참고문헌

이융조 · 하문식,「평택 내기리 · 희곡리발굴조사보고」『서해안고속도로선설구간
　　　(안산~안중)유적 발굴조사보고서』(3) (1995).

아주대학교박물관, 「평택 원정리 발굴조사개보」『과기고고연구』제2호 (1997).

세종대학교박물관, 「안중~평택구간 고속도로공사 예정지역 문화유적지표조사 보
　　　고서」 조사보고 제4책 (1997).

경기도사편찬위원회, 『경기도사』 제1권(경기도, 1979) pp.81~82, 326~327, 1265.

平澤市 · 京畿道博物館, 『平澤의 歷史와 文化遺蹟』(1999) p.45, 47.

송탄시사편찬위원회, 『송탄시사』(1984) p.52.

평택시사편찬위원회, 『평택시사』 상권 (평택시, 2001) p.30, 44~45, 48~49, 501~503.

평택시, 『평택3 · 1독립운동사』(1997) p.59, 69, 72~73, 74, 129, 131~132, 152.

이병헌, 『3 · 1운동비사』(시사시보사출판국, 1959) p.373~374, 879~881.

대한민국국회도서관 편, 『한국민족운동사료』3 · 1운동편(1977) pp.172~173, 373~375.

국사편찬위원회, 『한국독립운동사』 2 (1966) p.676, 679.

독립운동사편찬위원회, 『독립운동사자료집』 제5집(3 · 1운동 재판기록) (독립유공자
　　　사업기금운용위원회, 1971) pp.272~564.

경기도사편찬위원회편, 『경기도항일독립운동사』(1995) pp.325~326, 509.

金正明 編, 『朝鮮獨立運動』1 (原書房, 1967) pp. 419~444.

Abstract

The Proclamation of Korean independence in Pyongtaek commenced on the beginning of March and during the month of March~April, it continually and repeatedly developed through the ten areas. The main reason why the independence act in Pyongtaek district was fierce was caused by the movement of Seoul that was traditionally close to Pyongtaek. But most of all, the strong act of the youth, well-based knowledge people, students and the merchants/self-employees and also the peasants was the reason of it.

With the non-violence act, the knowledged-people, youths and many students wrote a declaration, spread out the flag, and made an independence right placard and distributed to the people as they leaded the demonstration. When these people were arrested, the Independance act was widely developed by the group of people; such as the merchants, self-employees and the farmers on the end of month of March through the beginning month of April.

When the farmers strongly volunteered the independence act in Pyongtaek, they were showing the hard feelings of the Japanese economic policy and the plunder of benefits that was threatened by the Japanese imperialism ,which had caused a strong resistance of the act. Through these fundamental matters, the enforcement of farmers showed how it was violent and the act to escape from exploitation strongly applied to independence act.

These people were usually formation of group; who formulated the peace act, the signal-fire demonstration, continual-act, assaulting, and such kind of things have brought the variety of fighting methods, and more things were formed. The large amount of farmers were into the demonstration and they obviously thought it was the natural behavior. Also they thought that if they declare the independence it would return to the Dae-Han Empire.

But despite of these limited political thoughts, the people in Pyongtaek district were moving ahead of the conservative structure with the growth of the peasantry and the spirit of independence. Therefore, the spirit of independence and the struggle of people in Pyongtaek became the motive leading Independence against Japan, succeeding the spirit with the life of people living in Pyongtaek.

Key words: Pyongtaek district, The March First Proclamation of Independence, farmers, merchants, self-employees, demonstration, independence

평택지역 3·1운동의 재검토와 전개 양상

성주현(청암대 연구교수)

Ⅰ. 머리말

3·1운동은 천도교, 기독교, 불교 등 종교계, 그리고 학생 등 다양한 계층의 참여로 전개된 것은 이미 알려진 사실이다. 3월 1일부터 5월까지 전국적으로 전개되었던 만세시위는 일제의 강압적 무단통치에 대해 비록 '독립'이라는 목적을 달성하지는 못했지만, '임시정부'가 각 지역에서 조직되었고, 그리고 이 임시정부의 통합으로 비록 국외이지만 중국 상해에 통합임시정부가 성립되었다. 그러나 이 임시정부가 수립되기 전까지 국내에서는 일제의 잔혹한 만세시위의 탄압에 수많은 희생을 감내해야만 했다. 이러한 소기의 성과와 탄압은 서울뿐만 아니라 의주에서 제주에 이르기까지 전국적인 만세운동이 있었기 때문에 가능하였다.

3·1운동은 1919년 3월 1일 오후 2시 민족대표 33인의 태화관 선언, 그리고 탑골공원에서 학생과 시민들이 만세시위를 시작하였고, 또한 이날 평북 의주와 선천, 평남의 평양, 황해도의 해주, 함남의 원산 등의 지방에서도 동시에 만세시위를 전개함으로써 전국적으로 확산되었다. 초기에는 도시를 중심으

로 확산되었지만 시간이 지나면서 농촌 구석구석까지 만세소리가 울려 퍼졌다. 평택지역[1]도 예외가 아니어서 만세운동에 적극 참여하였다. 평택지역의 3·1운동은 3월 9일 첫 만세시위를 시작으로 4월 중순까지 관내 10여 면에서 무려 5천 8백여 명이 참가하였다. 이는 그만큼 평택지역의 만세운동이 격렬하게, 그리고 광범위하게 일어났음을 의미한다.

이러한 평택지역의 3·1운동에 대해 나름대로 연구 성과가 꾸준히 축적되어 왔다.[2] 그럼에도 불구하고 사료에 대한 부정확으로 몇몇 오류가 보이고 있다. 이러한 점은 사료를 제대로 검토하지 않고 무의식적으로 인용하였기 때문이었다. 이에 본고에서는 기존의 연구에서 활용되었던 사료를 재검토한 후 평택지역 3·1운동의 전개과정을 살펴보고자 한다. 그리고 이를 토대로 평택지역 3·1운동의 특성을 분석해보자 한다.

II. 3·1운동 기록에 대한 검토

평택지역 3·1운동에 대한 기록은 크게 두 종류로 나누어 볼 수 있다. 하나는 식민통치를 담당하였던 일제 측의 자료이며, 하나는 3·1운동 시기나 이후에 정리된 국내의 기록[3]이다. 이들 기록은 기록의 주체가 다르기 때문에

---

[1] 평택은 현재의 지명이다. 1919년 3월 당시에는 진위군이었다. 당시의 기록에는 진위가 대부분이지만 『매일신보』의 기사에는 평택이 종종 나오고 있다. 그러나 이때의 평택도 진위군에 속하였다. 본고에서는 편의상 진위를 대신해서 평택이라 한다.

[2] 평택시, 『평택3·1독립운동사』, 1977; 평택문화원, 『평택항일독립운동사』, 2007; 김방, 「평택지방의 3·1독립만세운동」, 평택항일독립운동사 세미나, 평택문화원·(사)민세안재홍선생기념사업회, 2008; 성주현, 「평택지역 3·1운동과 천도교」, 『소사벌』 22, 평택문화원, 2009.

[3] '국내의 기록'이라는 표현 자체가 모호하다. 국내의 기록이라면 3·1운동과 관련되어

그 성격 또한 매우 다르다고 할 수 있다. 전자는 통치자의 입장에서 3 · 1운동
당시의 활동을 보고 차원에서 정리하였기 때문에 정확성은 보다 분명하지만
경우에 따라서는 축소되거나 왜곡된 사례가 적지 않다.[4] 이에 비해 후자는
傳聞이거나 회고, 증언 등을 통해 기록된 것으로 과장된 경우도 없지 않다.
또한 정확성 측면에서도 전자보다는 취약하다고 평가할 수 있다. 그럼에도
이 두 종류의 기록은 3 · 1운동사를 연구하는데 중요한 기록임에는 분명하다.
다만 두 기록을 상호 비교하면서 보완되어야 한다.

평택지역의 3 · 1운동에 대한 기록에 대하여 살펴보자. 먼저 일본 측 기록
은 다음과 같다. 일본 측 기록은 두 가지인데, 하나는 조선군사령부의 정보와
『매일신보』에 게재된 기사, 구리고 판결문 등이다. 그러나『매일신보』의 기
사는 기본적으로 조선군사령부의 정보를 활용하였다.

- ■ (3월) 11일, 오후 5시경 약 150명의 시위대가 만세운동을 개시하자 수
  모자 8명을 검속하고 해산하였다.[5]
- ■ (4월 1일) 경기 진위군 평택에서 3,000명 만세세위, 제지에 반항, 경찰
  보병과 협력하여 발포로 해산, 시위대 1명 사망, 부상 5명[6]

국내에서 남겨진 모든 기록을 의미할 수도 있기 때문이다. 그러나 여기서는 3 · 1운동
이후 기록된 것으로써 사료적 가치가 있거나 관련 연구에 많이 활용하고 있는 것으
로 한정하였다. 예를 들어 이병헌의『3 · 1운동비사』, 이용락의『3 · 1운동실록』등이
다.

[4] 가장 대표적인 왜곡 사례는 제암리에서 전개되었던 학살사건이다. 이에 대해서는
졸고, 수원지역의 3 · 1운동과 제암리 학살사건에 대한 재조명『수원문화사연구』4,
수원문화사연구회, 2001을 참조할 것.

[5] 김정명,『조선독립운동 I -민족주의운동편-』, 原書房, 1968, 352쪽(국학자료원, 1992,
복각); 강덕상,『현대사자료 조선-3 · 1운동편(1)』, みすず書房, 1977, 305쪽.

[6] 김정명,『조선독립운동 I -민족주의운동편-』, 487쪽; 강덕상,『현대사자료 조선 -3 · 1
운동편(1)』, 191쪽.

- 진위군 평택, 1일 밤 평택 부근의 시위대 십 수 시위대 인원 약 3,000명이 평택으로 몰려들었으며, 해산을 명령하였으나 폭력 행위를 감행하며 완강히 저항함으로써 이를 저지하기 위해 보병과 협력하여 발포 해산했지만 시위대 1명 사망, 負傷者 4명이 있었다.[7]

- (4월) 3일, 진위군내에서도 수개 지역에서 폭력 시위에 경관이 해산, 시위대 약간 死傷者가 있었음[8]

- 4월 1일, 평택, 약 3,000명이 모여 폭력적 시위, 파견 보병 헌병과 협력하여 진압, 사망 1인, 負傷 4인[9]

- 4월 2일, 진위군 북면, 송탄면 만세시위[10]

- (4월) 10일 진위군 내에서 만세시위 주동자 검거 중 시위대 30명이 내습함에 경관이 발포로 해산, 시위대 약간 부상이 있음[11]

- 4월 1일, 평택 약 300명, 제지에 저항함[12]

- 4월 2일, 진위군 내 1곳 다수 만세시위, 발포 해산으로 시위대 死傷 있음[13]

- 4월 3일, 진위군 수개 지역, 폭동 있음, 진압하다 彼我 死傷 약간[14]

- 4월 1일, 진위군 평택, 3,000명, 발포, 5명 死傷[15]

---

7) 김정명,『조선독립운동 I -민족주의운동편-』, 489쪽; 강덕상,『현대사자료 조선 -3·1
   운동편(1)』, 344쪽.
8) 김정명,『조선독립운동 I -민족주의운동편-』, 494쪽; 강덕상,『현대사자료 조선 -3·1
   운동편(1)』, 182쪽.
9) 김정명,『조선독립운동 I -민족주의운동편-』, 530쪽.
10) 강덕상,『현대사자료 조선 -3·1운동편(1)』, 258쪽.
11) 김정명,『조선독립운동 I -민족주의운동편-』, 552쪽; 강덕상,『현대사자료 조선 -3·1
    운동편(1)』, 195쪽.
12) 김정명,『조선독립운동 I -민족주의운동편-』, 553쪽.
13) 김정명,『조선독립운동 I -민족주의운동편-』, 553쪽; 강덕상,『현대사자료 조선 -3·1
    운동편(1)』, 181쪽.
14) 김정명,『조선독립운동 I -민족주의운동편-』, 554쪽; 강덕상,『현대사자료 조선 -3·1
    운동편(1)』, 169쪽.

- 4월 10일, 진위군 금암리, 40명, 발포[16]
- (4월 1일부터 10일까지) 진위군 평택, 사망 1인, 부상 4인, 합계 5인[17]
- (4월) 10일, 경성 진위군 서탄면 내에서 출장 경관에게 폭행하자 발포 해산 후 사상자 있음[18]
- 진위군 금암리 (4월) 10일 새벽 서탄면 금암리에서 보안법사건에 관련하여 경찰관 출장, 수색 중 그곳의 주민 약 40명이 경찰관을 포위하고 돌을 던지는 폭행에 의해 발포 해산하였지만 주민 사상자 약간 있었다.[19]
- (4월) 10일, 진위군 내 약 40명, 시위 주동자 검거 중 경관을 습격함, 발포로 해산하였으며 주민 약간 死傷 있음[20]
- 4월 10일, 진위군 서탄면, 범인 검거 중 마을 주민 40명 내습 폭행, 부상 약간 명[21]
- 경기도 진위, 4월 1일 4월 1일부터 4월 5일까지 사상 10여 명, 3월 1일부터 31일까지 사상 20, 합계 사상 70[22]
- 경기도 진위군 서탄면 금암리, 4월 6일부터 11일까지, 부상자 약간 명, 3월 1일부터 4월 5일까지 사망 33, 부상 85, 합계 사망 34, 부상 87, 사상 70[23]

---

15) 김정명, 『조선독립운동 I -민족주의운동편-』, 561쪽.
16) 김정명, 『조선독립운동 I -민족주의운동편-』, 579쪽.
17) 김정명, 『조선독립운동 I -민족주의운동편-』, 580쪽.
18) 김정명, 『조선독립운동 I -민족주의운동편-』, 591 · 592쪽; 강덕상, 『현대사자료 조선 -3 · 1운동편(1)』, 197쪽. 강덕상의 책에는 서탄면이 아니라 '靑丹面'으로 기록되어 있다.
19) 김정명, 『조선독립운동 I -민족주의운동편-』, 593쪽; 강덕상, 『현대사자료 조선-3 · 1운동편(1)』, 368쪽.
20) 김정명, 『조선독립운동 I -민족주의운동편-』, 607쪽; 강덕상, 『현대사자료 조선-3 · 1운동편(1)』, 204쪽.
21) 김정명, 『조선독립운동 I -민족주의운동편-』, 618쪽.
22) 김정명, 『조선독립운동 I -민족주의운동편-』, 676쪽.
23) 김정명, 『조선독립운동 I -민족주의운동편』, 679쪽.

- 4월 1일, 진위군 평택, 3,000명, 사망 1, 부상 5[24]
- 4월 10일, 경기도 진위군 서탄면 금암리, 40명, 사망 1[25]
- 작 1일(4월 1일) 경기도 진위군 평택 부근 (시위가 있었음)[26]
- (4월) 10일, 경기도 진위군 서탄면에서 약 40명의 군중이 폭행하자 헌병 발포로 해산, 시위대 부상 약간 있음[27]
- 진위군 송탄면 (4월) 2일 오후 10시 송탄면 각 마을에서 봉화를 올리고 만세운동을 개시하고 폭행을 하자 발검 발포로 해산시켰지만 시위대에서 사상자 약간 있었음[28]
- 진위군 안중리 (4월) 2일 오성면 안중리 부근의 주민이 독립만세를 고창하고 곧 바로 해산하였다.[29]
- (3월) 10일 아침에 이상히 쓴 글을 두 서너 곳에 붙여 있는 고로 계엄하던 중 오후 5시쯤 되어 평택정거장 앞 십자가로에서 수십 명이 모이어 역시 독립만세를 부르는 고로 진위경찰서에서는 순사 수명과 및 당분간 주재하여 있는 보병 수명이 급행하여 주모자 7명을 인치하고 모이어 있는 군중은 해산하였으나 아직 경계 중이라더라.[30]
- 지나간 (3월) 11일 평택정거장 앞에서 독립만세를 불러 시위운동을 개시한 이래로 주모자로 검거된 자 13명은 19일까지 심리를 마친 후 안종철 외 한 명은 방환되고 안충수 외 5명은 학교 교장의 담보로 방환되었으며, 그 외 5명은 보안법 위반 기타로 20일 경성지방법원 검사국으로 압송하였는데, 그 성명은 아래와 같다. 진위군 내 비전리 이도

24) 김정명, 『조선독립운동 I -민족주의운동편-』, 727쪽.
25) 김정명, 『조선독립운동 I -민족주의운동편-』, 745쪽.
26) 강덕상, 『현대사자료 조선-3 · 1운동편(1)』, 257쪽.
27) 강덕상, 『현대사자료 조선-3 · 1운동편(1)』, 264쪽.
28) 강덕상, 『현대사자료 조선-3 · 1운동편(1)』, 353쪽.
29) 강덕상, 『현대사자료 조선-3 · 1운동편(1)』, 353쪽.
30) 『매일신보』 1919년 3월 13일자.

상, 同里 목준상, 同同 심헌섭 동면 평택리 한영수, 同里 민응환[31]

- 진위군 북면 봉남리는 천도교의 근거지라고 할 만한 곳인데, 과연 (3월) 31일 500명의 일대가 면사무소로 몰려가서 면장을 끌어가서 자 못 위험한 때문에 수비병 경관의 일대가 자동차를 몰아 현장에 급행 하였더라.[32]

- 진위군 평택 조선인 상점은 4월 1일부터 철시를 하였음으로 당국에서 경계를 엄중히 하였다 함은 이미 보도한 바와 같거니와 밤 9시 50분쯤 되어 평택정거장으로부터 서편으로 약 10정되는 곳에서 소요를 시작 하여 이에 따라서 사방으로부터 일제히 산에 불을 피우고 자못 불온한 태도가 충만하였음으로 당국에서는 발포하였으나 원래 여러 곳이었 으므로 12시 20분 가량이나 되어 경우 진정되었는데, 사망자 4명 중상 자 1명, 경상자 십 수 명을 내었더라.

- 4월 1일 밤 진위군 서면, 부용면에서 떼를 지어 평택으로 향하여 오다 가 안성천교 부근에서 소요를 시작하였으므로 동군 병남편, 송탄면, 고덕면까지 차차 만연되었다더라.

- 이번 소요 사건이 일어남을 따라 경계키 위하여 당국에서는 밤에 출입 을 금지하였더라.

- 4월 2일 오후부터는 만일을 경계키 위하여 일본인 상점도 일제히 철시 하였더라.[33]

- 진위군 고덕면에서는 지난번 소요 이래로 일향 평정치 못하던 바, 경 관 내는 병정 8명과 평택 자위단 8명과 함께 선동자를 검거키 위하여 출장 한 후 근처 촌락을 순찰하고 돌아가고자 할 때 9일 오후 8시쯤 되어 또 군중이 반항의 기세를 보이고 소요하였음으로 마침내 발포하

31) 『매일신보』 1919년 3월 25일자.
32) 『매일신보』 1919년 4월 3일자.
33) 『매일신보』 1919년 4월 5일자.

였는데, 반중의 일이 되어 자세히 알 수 없으나 6, 7명이 죽고 60여
명이 부상하였더라. 그런데 동군 금암리에서는 10일 약 40여 명의 군
중이 주재소를 음습하여 옴으로 총을 놓아 해산케 하였는데 군중 편에
약간의 사상이 있었다더라.[34]

- 이도상, 목준상, 심헌섭, 한영수 판결문 : 3월 11일 평택역 앞에서 만세
  시위 주도

- 박성백, 최구홍, 유동환, 전영록, 유만수, 김봉희 판결문 : 3월 31일 북
  면 봉남리에서 만세시위 주도

- 정경순, 최선유 판결문 : 4월 1일 북면 은산리에서 만세시위 주도

- 최만화, 안육만, 안희문, 황순태, 정수만, 홍기성 판결문 : 4월 1일 청북
  면 백봉리에서 만세시위 주도

- 김용성, 공재록, 이충필 판결문 : 4월 3일 오성면 학현리 봉오산에서
  봉화만세시위 주도

- 윤기선, 윤교영, 한성주, 윤대선 판결문 : 4월 2일 서탄면 면사무소에서
  만세시위 주도

위의 기록은 일본 측 기록이다. 전자는 군 또는 경찰에서 수집한 정보이고,
후자는 『매일신보』에 게재된 기사, 그리고 판결문이다.

다음은 국내의 기록에 대하여 살펴보자. 국내의 기록은 앞서 언급했던 바
와 같이, 당시의 기록보다는 어느 정도 시간이 지난 후 증언 등을 통해 남긴
기록이다.

- 3월 9일, 현덕면에서 각 면민이 산에 올라 불을 놓고 만세를 외치니
  인근 면에서도 호응하였다.

---

34) 『매일신보』 1919년 4월 14일자.

■ 3월 10일, 오성면에서 군중들이 평야를 비롯하여 산간지대로까지 누비며 일제히 만세를 외쳤고, 청북면은 토진리 뒷산과 마루산, 그리고 신포장터에서 다수의 군중들이 모여 만세운동을 벌였다. 한영수는 평택리에서 지휘하다가 잡히어 경성 서대문 감옥에서 3년간 옥살이 한 뒤 별세하였다.

■ 3월 11일, 평택읍에서는 아침에 만세시위하자는 격문이 정거장 앞에 나붙어 경찰이 경계하였으나, 오후 5시경 평택 역전 사거리에서 수천 명의 군중이 만세시위하며 군문리 다리 쪽으로 행진하던 중 소방대의 경종이 울려 경찰이 출동하였다. 그리하여 군중은 강제 해산당하고 그 가운데 주모자 7명이 구금되었다. 평택역 앞에서 군중들이 독립만세를 외치며 시위운동을 전개하였다. 이때 주동자 14인이 잡혔는데, 안종철 외 1인은 14일간 구금되었다가 풀려나고 학생 안충수 외 5인은 학교 교장의 신원보증으로 풀려났으며 다른 5인은 보안법위반이라 하여 경성지방법원 검사국으로 압송되었는데, 그 압송된 사람은 현 평택읍(진위군 병남면) 비전리 이도상, 목준상, 평택리 민응환, 오성면 양교리 한영수 등이었다.

■ 3월 21일, 북면(현 진위면) 야막리에는 천도교구가 있고 천도교인이 많은 곳이다. 봉남리 주민과 합세한 500여 명의 군중이 태극기를 휘날리며 면사무소를 습격한 뒤 면장을 앞세우고 만세시위할 때 경찰과 수비대는 자동차를 이용해 출동하고선 군중을 해산시키고 주동자 박창훈을 가두었다.

■ 3월 22일, 현덕면 권관리 천도교인 이민도, 이승엽, 최리래, 최혁래, 장용준, 이인수, 최종환, 이민익, 최정래, 최우섭 등을 평택경찰서에서 호출하여 엄중한 신문을 하였는데, 그중 이민도는 아들이 천도교중앙총부에서 독립운동 한다는 사실을 알고 더욱 혹독한 취조를 받고 풀려났다.

- 3월 23일, 고덕면 두릉리 임승팔, 고문재, 이승기, 김유경 등을 경찰에서 호출하여 김유경에게 안재홍, 이병헌에게 연락한 사실여부를 추궁하던 중 1월경 고문재가 독립운동자금 108원을 서정리에서 이병헌에게 건네준 일이 드러났는데, 천도교당 건축비란 영수증이 있어 무사하였다.

- 4월 1일, 밤 9경 평택정류장으로부터 시위운동이 일어나자 이에 부응하여 각처에서 일제히 산위에 불을 놓고 만세시위하므로 경찰은 형세가 급하다고 판단하여 발포하기 시작하였다. 동 12시 20분경에 해산당했는데 중상자 1명과 경상자 10여 명이 생겼다. 이날 밤 팽성(서면, 부용면)에서도 군중이 무리지어 평택 구읍 뒷산에 불을 놓고 평택역 쪽으로 달려오며 만세시위를 벌이자 이에 호응하여 송탄면 지산리 이약우는 보통학교 학생으로서 독립선언서를 돌리며 연락하여 고덕면에서도 만세를 외치며 평택읍으로 진출하려고 하니, 일본인은 겁에 질려 모두 상점문을 닫아버렸다.

- 4월 10일, 서탄면 금암리에서는 100여 명의 군중이 주재소를 습격하면서 만세시위를 벌이니 경찰은 발포하면서 해산을 강요하였다. 사리, 수월암리 주민도 만세시위를 벌이다가 자진 해산하였다.[35]

- (오성면) 4월 1일, 안화리 거주 안육만, 김원근 등이 주동이 되어 청북면 백봉리로 가서 최만화, 안선문, 황순태, 정수만, 홍기성 등의 찬동을 얻어 동민을 동운하고 대한독립만세를 고창하면서 만세시위를 결행하였다. 또 오성면 학현리에서도 4월 3일 김용성, 공재록, 이사필 등의 주동으로 동민과 함께 봉오산에 올라가 횃불을 켜고 대한독립만세를 고창하면서 만세시위를 결행하였다.

- (북면) 은산리에 거주하는 정재운, 정경순, 정문학 등이 주동이 되어 동민들과 함께 대한독립만세를 고창하고 만세시위를 결행하면서 주

35) 이병헌, 『3·1운동비사』, 시사시보사출판국, 1959, 879쪽.

재소까지 행진하였다.

- (평택읍) 4월 10일 평택장날인지라 병남면 비전리에 사는 이도상과 합정리에 사는 목준상, 오성면 양교리의 한영수, 비전리의 심헌섭 등 이 주동이 되어 다수의 군중과 함께 이도상의 선창으로 대한독립만세 를 고창하면서 만세시위를 결행하였다.

- (서탄면) 4월 2일 서탄면장 윤기선이 주동하여 면서기 한성수를 시켜 각 구장에게 동민들을 4월 3일 정오에 면사무소 앞으로 모이게 하라는 공문 지시를 보내고, 그날 면민 400여 명과 함께 윤기선 면장의 선창으 로 대한독립만세를 고창하고 윤교영, 윤대선 등이 격문을 돌리고 시위 를 벌였다[36]

- 평택군 내 각면의 3·1운동은 3월 11일부터 4월 9일까지 계속 봉기한 바, 고덕면 안재홍의 연락도 받았고 … 비전리 안종락이 국장 때 상경 하여 … 독립선언서라 쓰여 있어 … 고향에 돌아와 큰형인 안종철에게 그것을 보였다. … 큰아버지의 설명을 들은 안충수는 학생인지라 피 가 끓는 것 같았다. 동생인 이도상, 목준상, 심헌섭, 한영수, 민응환, 안종악, 안봉수 등과 회합하여 … 3월 11일 거사하기로 결정하게 되었 다. 그날 새벽 평택역전이 3개의 전선주에 독립선언서를 붙였는데 … 오후 6시경 할생 단체 수십여 명이 역전광장에 모여 태극기를 흔들며 독립만세를 높이 외쳐댔다. … 결국 체포되어 경찰서에 구금되었다. … 그뒤 15일 동안은 군내가 잠잠하다가 3월 21일 다시 북면 봉남리 천도교인 중심으로 의거가 맹렬하였고, 4월 1일 평택역전 가까이 서방 오선에서 궐기하였고, 4월 9일 고덕면, 북면, 서탄면 금곡리 등 각 지 방에서 수천 명의 군중이 만세를 외치다가 서로 연락하여 평택역전 광장에 모여 대대적인 시위운동을 펼치기로 다짐하였다. … 마침 밤 9시경 각면에서 모인 군중이 평택, 수원 간 큰 길에 나와 만세소리가

36)『대한독립항일투쟁사』, 편찬위원회, -----

진동 … 총을 마구 쏘아 대니 … 이때 귀가하지 않은 자는 죽은 것으로 알고 대강 세어보니 고덕면 사람이 9인이요, 평택읍 사람이 5인이요, 서탄면 사람이 4인이요, 부상자가 670여 명이나 되었다고 한다.[37]

이상으로 일본측 기록과 국내의 기록을 살펴보았다. 약간의 차이가 있지만 이를 정리하면 〈표 1〉과 같다.

〈표 1〉 평택지역 3·1운동에 대한 기록

날짜	일본 측 기록	국내 기록	비고
3.9		현덕면 일대 산상 만세시위	
3.10	오후 5시경 평택정거장 앞 만세시위, 주모자 7명 검거	오성면 일대, 청북면 토진리 뒷산과 마루산, 신포장터 등지에서 만세시위	
3.11	오후 5시경 150여 명 만세시위, 수모자 8명 검거	오후 5시경 평택역전에서 만세시위 주모자 7명 검거	이도상, 목준상, 심헌섭, 민응환, 한영수/안종철, 안충수
3.21		북면 야막리, 봉남리 천도교인 만세시위, 면사무소 습격	
3.22		천도교인 이민도, 이승엽 등 사전 검속	만세시위는 없음
3.23		고덕면 두릉리 임승팔 등 사전 검속	만세시위는 없음
3.31	북면 봉남리 천도교인 중심으로 만세시위		박성백, 최구홍, 유동환, 전영록, 유만수, 김봉희
4.1	평택(역)에서 3,000여 명(또는 300명) 만세시위, 사망 1명, 부상 5명(또는 4명)//서면 부용면 병남면 송탄면 고덕면에서 봉화만세시위//청북면 백봉리에서 만세시위/북면 은산리에서 만세시위	평택정거장에서 만세시위//이에 대응하여 서면과 부용면, 고덕면 등 각지에서 봉화만세시위, 이충수 보통학교 학생 독립선언서 배포//청북면 백봉리 만세시위	안육만, 김원근, 최만화, 호아순태, 안선문, 정수만, 홍기성

---

[37] 이용락, 『3·1운동실록』,

4.2	북면, 송탄면에서 오후 10시 봉화만세시위, 안중리에서 만세시위 후 자진 해산//서탄면에서 만세시위		윤기선, 윤교영, 한성수, 윤대선
4.3	진위군 수개 처에서 만세시위, 사상자 있음//오성면 학현리 봉오산에서 만세시위	오성면 학현리에서 봉오산에서 만세시위//서탄면장 윤기선 주도로 만세시위	김용성, 공재록, 이충필
4.9	고덕면 만세운동 선동자 검거 중 오후 8시경 60여 명 만세시위 발포로 다수 사상	고덕면, 북면, 서탄면 금곡리에서 만세시위를 하고 평택역으로 이동	
4.10	서탄면 금암리에서 40여 명이 주재소 습격하고 만세시위	서탄면 금암리에서 100여 명 주재소 습격하고 만세시위, 사리, 수월암리에서도 만세시위//평택 장날 이도상, 목준상, 한영수, 심헌섭 등의 주도로 만세시위	

〈표 1〉을 좀 더 면밀하게 분석해 보면 다음과 같다.

첫째는 두 기록에서 지역별 만세운동이 대체로 일치한다는 점이다. 우선 3월 11일의 평택역 앞 만세시위, 4월 1일의 평택역 앞·청북면 백봉리 등 만세시위, 4월 3일 오성면 만세시위, 4월 9일 고덕면 만세시위, 4월 10일 서탄면 금암리 만세시위 등이다. 이 두 기록이 일치한다는 것은 확실하게 만세시위가 전개되었다는 것을 분명히 알 수 있다. 특히 3월 11일과 4월 1일 만세시위는 평택에서 가장 격렬하고 광범위하게 전개되었음을 볼 때 일제의 기록이 보다 자세하고 구체적이었다고 평가할 수 있다.

둘째는 두 기록이 일치하지 않는 것도 없지 않다는 점이다. 대표적인 것이 3월 9일의 현덕면 만세시위와 3월 21일 북면 천도교인의 만세시위, 3월 31일의 북면 천도교인의 만세시위이다. 이 일치 하지 않은 기록에서 3월 9일은 이병헌의 기록에 유일하게 나오고 있다. 그렇다면 이병헌의 기록의 신빙성은 얼마나 있을까 하는 점이다. 이병헌은 현덕면 권관리에서 태어났으며 수원에서 활동하였다. 3·1운동을 전후하여 서울로 진출, 보성사에서 독립선언서를 교정보는 한편 운반하였으며 서울과 수원에서 만세운동에 참여하였다. 뿐만 아니라 아버지 이민도는 일경에 예비검속을 당하여 고초를 겪기도 하였다. 그런 점에서 본다면 상당히 신빙성이 있다고 보여진다. 그렇지만 3월 21일 북면 봉남리 천도교인 중심의 만세시위는 3월 31일에 전개되었던 것을 잘못 기록한 것으로 판단된다. 이 날의 만세운동을 보면 일제 측 기록인 3월 31일에 있었음을 알 수 있다. 이는 당시 만세운동을 주도하였던 박성백의 판결문을 통해서도 확인할 수 있다. 이러한 오류는 이용락의 기록에서도 마찬가지로 보이고 있다. 이로 본다면 3월 9일의 현덕면 일대의 산상만세시위는 좀 더 고찰해 볼 필요가 있다.[38]

셋째는 동일한 날의 만세시위가 때로는 다른 날로 기록하였다는 점이다. 3월 10일과 3월 11일의 만세시위는 사실상 동일한 것임을 알 수 있다.

이러한 점에서 위의 기록을 볼 때 평택지역의 3·1운동은 3월 11일이 아닌가 판단된다. 물론 여기에 대해서는 좀 더 고찰할 필요가 있다는 점도 없지 않다. 이후 평택지역의 만세시위는 4월 10일까지 이어졌는데, 약 한 달 중 '7일' 즉 3월 11일, 31일, 4월 1일, 2일, 3일, 9일, 10일에 만세시위가 있었음을 알 수 있다.

---

[38] 이러한 기록은 수원만세운동에서도 확인되고 있다. 수원지역 최초의 만세운동은 3월 1일이었다고 이병헌이 기록하고 있는데, 이 역시 이병헌의 유일한 기록이다.

III. 3 · 1운동의 전개 양상

본 절에서는 앞에서 언급하였던 기록을 토대로 평택지역의 3 · 1운동의 전개과정에 대하여 살펴보고자 한다.

평택지역의 3 · 1운동은 서울보다 10여 일 늦은 3월 9일 첫 만세시위를 시작으로 4월 10일까지 약 1개월 동안 만세운동이 전개되었다. 기존연구에 따르면 5,800여 명이 참가하였을 정도로 치열하게 전개되었다.[39] 본고에서는 평택지역 만세운동의 전개과정을 편의상 시간의 추이에 따라 재구성해 보고자 한다.

천도교, 기독교, 불교 등 종교단체와 학생들을 중심으로 준비 중이던 3 · 1운동은 고종의 국장이 중요한 계기가 되었다. 망국의 설움과 고종의 죽음은 서울뿐만 아니라 지방의 만세운동을 확장하는데 중요한 기폭제가 되었다.[40] 지방에서는 고종의 국장에 맞추어 철시를 하거나 망곡식을 가졌다. 평택에서는 紳商 柳昌根 李成烈 南相殷 辛廷薰 李日薰 金文煥 崔華燮 閔載衡 등 20여 명이 3일간 휴업하였으며, 趙載熙 金鳳南 鄭謙秀 柳彰河 李完根 韓奎東 등 유생들은 碑前山에서 망곡식을 가졌다. 그리고 시민 일반은 半旗를 게양하고 奉悼의 뜻을 표하였다.[41]

이러한 분위기에서 평택지역에서 처음으로 만세시위가 전개된 곳은 현덕면이었다. 현덕면에서는 3월 9일 밤 각 마을마다 일제히 산에 올라가 불을 놓고 만세를 불렀다.[42] 현덕면에는 鷄頭峰을 비롯하여 옥녀봉, 고등산 등이

---

39) 김방, 「평택지방의 3 · 1독립만세운동」, 평택항일독립운동사 세미나 자료집, 2008, 5쪽.
40) 이정은, 『3 · 1독립운동의 지방시위에 관한 연구』, 국학자료원, 2009, 129-134쪽.
41) 『매일신보』 1919년 3월 9일자.

있는데, 이들 산 정상에서 만세시위가 전개되었던 것이다. 3월 10일에는 현덕면 계두봉 등의 만세운동에 영향을 받은 오성면에서도 주민들이 평야와 산에 올라 만세시위를 하였다. 현덕면은 독립선언서를 인쇄한 보성사에서 선언서를 교정하고 이를 운반한 바 있는 이병헌의 고향이며, 또한 천도교인이 많았던 곳으로 천도교 전교실이 있었던 곳이기도 하다. 현덕면의 천도교인들은 수원교구에서 활동하였는데, 3월 1일 전개된 수원의 만세시위의 영향을 받아 적극적으로 만세시위를 한 것으로 추정된다. 그리고 이날 청북면에서도 토진리 오봉산과 마루산 정상에서 신포의 주민들이 만세를 불렀다고 한다.[43]

계두봉 등에서 첫 산상만세시위를 전개한 지 3일째인 3월 11일에는 李道相, 睦俊相, 沈憲燮, 韓泳洙, 安鍾喆, 安忠洙 등의 주도로 평택읍내에서 대대적으로 전개되었다.[44] 이도상은 서울과 각 지역에서 만세운동이 전개되었다는 소식을 3월 5일경에 듣고[45] 만세운동을 주도하기로 결심한 후 3월 10일 밤 동생 李德相을 찾아가 집안일을 맡겼다.[46] 다음날 11일 오후 5시쯤 이도

---

[42] 이병헌, 『3・1운동비사』, 시사시보사출판국, 1959, 879쪽.

[43] 이병헌, 『3・1운동비사』, 890쪽.

[44] 『매일신보』 1919년 3월 13일자; 「독립운동에 관한 건」(제13보), 고제6763호, 1919년 3월 12일자; 김정명, 『조선독립운동』 I (민족주의운동편), 原書房, 1967, 352쪽; 강덕상, 『3・1운동』(1), みすず書房, 1967, 305쪽.

[45] 이도상이 만세운동에 대한 소식은 3월 7일이었을 것으로 보인다. 왜냐하면 당시 총독부 기관지 『매일신보』에서 만세시위를 처음으로 보도한 것은 3월 7일자였다. 이날 신문에는 서울을 비롯하여 평양, 진남포, 안주, 중화, 강서, 성천, 선천, 의주, 황주, 곡산, 수안, 사리원, 원산, 함흥 등 15개 지역에서 전개된 만세운동을 간단하게나마 보도하였다. 평택에서 신문 이외에 이들 지역에서 전개된 만세운동 소식을 접한다는 것은 사실상 불가능할 것으로 본다.

[46] 이도상은 동생을 찾아가 "이 기회에 조선독립을 꾀하기 위하여 명일이 평택 장날이므로 그곳에 가서 동지와 함께 조선독립을 제창하여 만세를 외칠 작정이다. 그렇게 하면 곧 체포될 것이므로 다시는 집에 못 올 것이니, 늙은 어머니를 봉양하여 달라."

상은 평택역 앞에서 장날에 모인 군중을 향해 만세를 선창한 후 군중을 선동 하였고, 이 자리에 함께 있던 목준상·심헌섭·한영수·민응환 등이 이에 동 조하여 군중들의 만세시위를 주도하였다.[47] 진위경찰서는 순사 수명과 보병 수명을 급파하여 이도상 등 주모자 13명을 검거하고 만세 시위대를 해산하였 다.[48] 이날 함께 검거되었던 안종철, 안충수 등은 풀려났고 만세시위를 주도 한 이도상·목준상·심헌섭·한영수 등 4명만 보안법 위반으로 경성지방법 원 검사국으로 넘겨졌다.[49] 이도상 등은 4월 11일 경성지방법원에서 이도상 징역 1년, 목준상 심헌섭 한영수는 각각 징역 8개월을 언도받았고[50] 상고하 였지만 5월 5일 경성복심법원에서 원심 형량 그대로 선고하였다.[51] 그럼에 도 불구하고 이도상 등은 이에 불복하고 경성고등법원에 상고하였지만 5월 31일 기각되어 형이 확정되어[52] 서대문형무소에서 옥고를 치뤘다.

이후 20여 일 정도 진정되었던 평택의 만세운동은 3월 31일[53] 북면 야막리

고 하였다.

[47] 「이도상 등 4인의 판결문」, 경성지방법원, 19119년 4월 11일;『독립운동사자료집』
5(3·1운동 재판기록), 독립운동사편찬위원회, 1983, 405-406쪽.

[48] 『매일신보』1919년 3월 13일자; 이병헌,『3·1운동비사』, 830쪽; 이용락,『3·1운동실록』,
금정, 1994, 413-415쪽. 이용락의『3·1운동실록』에서는 安鍾珏, 安忠洙가 주도한 것
으로 기록하고 있다. 이외에도 安鳳洙, 安鍾岳 등도 만세운동에 참여하였다. 그리고
이병헌의『3·1운동비사』에서는 安鍾喆이 추가로 확인되고 있다.

[49] 『매일신보』1919년 3월 25일자; 이병헌,『3·1운동비사』, 880쪽.

[50] 『이도상 등 4인 판결문』, 경성지방법원, 1919년 4월 11일.

[51] 『이도상 등 4인 판결문』, 경성복심법원, 1919년 5월 5일.

[52] 『이도상 등 4인 판결문』, 경성고등법원, 1919년 5월 31일.

[53] 북면의 만세운동은 이용락은 3월 11일, 이병헌은 3월 21일, 일제 측 기록은 3월 31일로
각각 기록되었다. 그런데 북면 만세운동은 이들 날짜에 각각 전개된 것이 아니라
3월 31일에 전개된 것으로 보인다. 일제 측에 의하면 3월 21일 경기도지역에서의 만
세운동은 연천군 두일리에서만 전개되었다. 적어도 4, 5백여 명이 모여 면사무소를
습격하고 주재소에서 만세운동을 전개하였다면 일제 측 기록에 누락되었을 가능성
은 거의 희박하다. 이용락과 이병헌의 기록은 후일 증언이나 다른 기록(일제 측 기록

와 봉남리에서 전개되었다. 야막리는 천도교 진위교구가 있는 곳으로 교인들이 많았다.[54] 이곳의 천도교인들은 朴昌勳의 주도로 북면 면사무소가 있는 봉남리 천도교인들과 합세하여 5백여 명의 시위대를 형성한 후 오후 4시경 면사무소로 달려가 면장을 끌어내고 만세를 불렀다.[55] 이날 만세시위에서는 朴成伯·崔九弘·柳東煥·全榮祿·金鳳熙 등이 미리 만든 태극기로 시위대를 선동하였고, 이들의 주도로 북면사무소와 봉남리 경찰서주재소 앞에서 만세를 부른 후 각 마을을 행진하였다.[56] 이날 만세시위를 주도한 박성백 등 6명은 일경에 검거되었고, 5월 9일 박성백·최구현·유동환·전영록 등

일 가능성도 없지 않다)을 보고 정리한 것으로 보아 날짜가 잘못 기록된 것으로 추정된다. 또한 『매일신보』 1919년 4월 3일자 기사에 의하면, 이병헌의 기록과 『매일신보』의 기사가 거의 동일하다. 이와 같은 상황을 종합해 볼 때 북면의 만세운동은 3월 31일로 확인된다.

[54] 이와 관련하여 북면 만세운동에 참여한 바 있는 박규영의 후손 박종구의 증언은 다음과 같다.

"야막리의 천도교인들은 3·1운동 때에도 적극 가담하였다. 박종구씨는 야막리 주동자 박창훈은 몰랐지만 자신의 조부와 부친이 만세운동에 적극 참여하였던 것은 기억하였다. 만세운동에 참여하면서 박해도 많이 받았다. 일제는 농촌지역 만세운동의 거점이었던 천도교당과 교회를 박해하는 한편 천도교인들이 집단적으로 거주하는 마을을 집중적으로 탄압하였다. 당시 박종구씨는 6살 밖에 불과했지만 일본 헌병들이 들이닥쳐 집집마다 뒤지고 마구잡이로 잡아갔던 광경은 기억하였다. 잡혀간 사람들은 모진 고문을 당했다. 조부와 부친도 오산경찰서 헌병대에 잡혀가서 고문을 당했다. 천도교인들은 만세운동을 주도한데다 위험인물이라고 해서 일반사람보다 고문이 심하게 당했다고 한다. … 만세시위 광경을 목격한 것이 없냐는 필자의 질문에 박종구씨는 서탄면 주민들이 사리에서 봉남리로 나가는 큰 길을 가득 메우고 만세를 불렀던 광경을 이야기하였다. 어린 눈에도 길 이쪽에서 길 저쪽까지 시위 군중으로 꽉 들어찬 광경이 수백 명은 되어보였다고 하였다. 한참 만세를 부르고 있는데 하북리 방면에서 헌병들이 총을 들고 나타났다. 그래도 사람들은 굽히지 않고 만세를 불렀는데, 나중에는 총소리에 놀라 흩어져 도망가느라 아비규환이었다고 한다."(김해규, 『평택의 마을과 지명이야기』 Ⅲ, 104쪽)

[55] 『매일신보』 1919년 4월 3일자; 이용락, 『3·1운동실록』, 415쪽; 이병헌, 『3·1운동비사』, 880쪽.

[56] 「박성백 등 5인의 판결문」; 『독립운동사자료집』 5 (3·1운동 재판기록), 406-407쪽.

4명은 징역 1년 2개월, 유만수와 김봉희는 징역 6개월을 언도받았다.[57] 박성백 등은 이에 불복하고 항소하였으며 6월 21일 박성백·최구현·유동환·전영록 4명은 징역 1년을, 유만수와 김봉희는 태 90일[58]로 감형되었다.[59] 박성백·최구현·유동환·전영록은 상고하였지만 8월 7일 경성고등법원에서 기각되고 형이 확정되었다.[60]

이어 4월 1일에는 평택지역에서 가장 규모가 크고 치열하게 만세운동이 전개되었다. 일제 측 기록에 의하면 당시의 상황은 다음과 같다.

> 1일 밤 평택 부근의 폭민 10團이 그 인원 3천명이 평택으로 몰려오자 해산을 명령하였음에도 불구하고 폭행을 감행하고 완강히 저항하자 이를 막기 위해 보병과 협력하여 발포로 해산시켰는데, 폭민 사망 1명, 부상자 4명이 났다.[61]

4월 1일의 만세시위는 이날 밤 9시 50분쯤 병남면 평택역 서쪽 약 10정보 떨어진 곳에서 시작된 만세시위를 신호로 각 지역의 산 정상에서 만세시위를 전개하였다. 서면과 부용면에서는 시위대가 평택으로 이동하다가 안성천교 부근에서 만세시위를 전개하였고, 송탄면과 고덕면에서도 만세시위를 시도하였다. 이처럼 평택읍내를 비롯하여 각지에서 만세시위가 산발적으로 전개되자 진위경찰서는 시위대를 향해 총격을 가하면서 해산을 시켰다. 12시

---

57)『박성백 등 6인 판결문』, 경성지방법원, 1919년 5월 9일.
58) 태 90일은 징역 3개월과 동일한 선고이다.
59)『박성백 등 6인 판결문』, 경성복심법원, 1919년 6월 21일.
60)「박성백 등 4인 판결문」, 경성고등법원, 1919년 8월 7일.
61)「극비 독립운동에 관한 건」(제35보), 고제9808호, 1919년 4월 2일자; 김정명,『조선독립운동』Ⅰ, 489쪽; 강덕상,『3·1운동』(1), 344쪽.

경에서야 만세시위가 진정되었는데, 이 과정에서 4명이 희생되었고, 부상자가 10여 명에 달하였다.[62] 또한 일제 경찰은 야간출입을 금지시켰고, 일인상점은 다음날부터 철시하였다.[63] 고덕면에서는 율포리 주민 5백여 명이 만세시위를 하였다.[64]

이날 만세시위에 호응하여 청북면에서는 안육만과 김원근이 이날 밤 백봉리 행길에서 "이 마을에는 왜 독립만세를 부르지 않는가. 빨리 나와서 만세를 부르라"고 선동하였으며, 이에 호응하여 최만화·안희문·황순태·정수만·홍기성 등 주민들과 만세시위를 전개하였다.[65] 이날 만세시위에서 주동자인 안육만과 최만호·안희문·황순태·정수만·홍기성 등 6명이 일경에 검거되었고, 6월 21일 경성지방법원에서 안육만은 징역 1년, 최만화·안희문·황순태·정수만·홍기성은 각각 징역 6개월을 언도받았다.[66] 안육만·최만화·안희선·정수만 등은 항소하였으나 7월 5일 경성복심법원에서 기각되었고,[67] 안용만과 안희문은 다시 상고하였지만 역시 8월 21일 경성고등법원에서 기각되어 형이 확정되었다.[68]

또한 이날 북면 은산리에서는 정경순과 최선유의 주도로 주민 30여 명을 모아 뒷산에서 만세를 부른 후 봉남리 경찰주재소로 몰려가 만세시위를 계속하였다. 일경에 검거된 정경순과 최선유는 5월 16일 경성지방법원에서 각

62) 이병헌, 『3·1운동비사』, 880-881쪽; 이용락, 『3·1운동실록』, 415-416쪽. 이용락의 『3·1운동실록』에는 고덕면에서 9명, 평택읍에서 5명, 서탄면에서 4명이 죽었고, 부상자가 6,70명이었다.
63) 『매일신보』 1919년 4월 5일자.
64) 『한국민족운동사료』(3·1운동편 기2), 국회도서관, 1977, 372쪽.
65) 「최만화 등 6인의 판결문」; 『독립운동사자료집』 5 (3·1운동 재판기록), 408-409쪽.
66) 「최만화 등 6인의 판결문」, 경성지방법원, 1919년 6월 21일.
67) 「최만화 등 4인의 판결문」, 경성복심법원, 1919년 7월 5일.
68) 「안용만 등 2인의 판결문」, 경성고등법원, 1919년 8월 21일

각 징역 1년을 언도받았다.[69]

4월 1일 평택역을 비롯하여 서면·북면·송탄면·고덕면·청북면 등지에서 동시다발로 전개된 만세시위는 연인원 3천여 명이 참가한 가장 규모가 컸던 만세운동이었다. 일제는 이날 평택지역에서 전개되었던 만세시위를 안성의 양성과 원곡만세시위, 수원군 장안면과 우정면 면사무소 습격시위 등과 함께 '가장 광포한 것'으로 인식하였다.[70] 이날의 만세시위에 대해 민세 안재홍은 "遠近 數百里 높고 낮은 峰과 峰, 넓고도 아득한 平原과 河川地帶까지 점점이 피어오르는 화톳불과 천지도 들썩거릴 듯한 독립만세의 웅성궂은 아우성"[71]이라고 회고하였다.

다음날 4월 2일에는 서탄면과 송탄면, 안중면, 북면 등에서 만세운동이 전개되었다. 서탄면에서는 尹箕善의 주도로 전개되었다. 당시 면장이었던 윤기선은 4월 3일 새벽 면서기 韓聖洙에게 관내 각 구장으로 하여금 오전 10시에 마을 주민을 인솔하여 면사무소로 집결하도록 명령하였다. 12시경 구장과 주민 4백여 명이 면사무소에 모이자 윤기선은 "세계의 대세로 보면 조선은 독립할 시기에 이르렀다. … 내가 적에게 잡혀가는 일이 있으면 면민 전체를 버을 주는 일이니, 계속 투쟁하라"고 독려하면서 만세시위를 주도하였다. 이어 尹敎永은 미리 준비하였던 격문을 돌렸으며, 尹大善은 윤기선에 이어 "왜노를 우리나라에서 추방하자"고 주민들을 선동 만세운동을 독려하였다. 서탄면 만세운동을 주도한 윤기선과 윤교영·한성수·윤대선은 일제에 검거되었지만 6월 17일 경성지방법원에서 무죄로 방면되었다.[72]

---

69) 「정경순 등 6인의 판결문」, 경성지방법원, 1919년 5월 16일.
70) 「조선3·1독립소요사건」, 『독립운동사자료집』 6, 독립운동사편찬위원회, 1973, 928-929쪽.
71) 안재홍, 「3·1정신과 국민정신-군인정신의 수립문제」, 『민세안재홍선집』 2, 1983, 413쪽.
72) 「윤기선 등 4인의 판결문」, 경성지방법원, 1919년 6월 17일.

또한 송탄면에서는 이날 오후 10시 독곡리를 비롯하여 5백여 명이 각 마을마다 봉화를 올리고 만세운동을 전개하였고, 이를 진압하던 일경은 '拔劍發砲'하여 2명이 사망하고, 약간의 부상자가 있었다.[73] 그리고 오성면에서도 안중리 주민들이 독립만세를 부른 후 해산하였다.[74] 이밖에도 이날 북면에서도 만세시위가 있었다고 하지만 분명한 활동은 확인이 되지 않고 있다.[75]

이어 4월 3일 오성면에서 金容成, 孔在祿, 李思弼 등은 주민들과 함께 봉오산에 봉화를 올리며 만세시위를 하였다. 김용성·공재록·이사필은 일경에 검거되었고, 5월 20일 경성지방법원에서 김용성은 징역 2년, 이사필과 공재록은 각각 징역 1년 6개월을 선고받았다.[76] 이에 김용성은 불복하고 항소하였지만 6월 30일 경성복심법원에서 징역 1년으로 감형되었고,[77] 다시 상고하였지만 8월 21일 경성고등법원에서 기각되어 형이 확정되었다.[78]

또한 이날 평택 관내 각 지역에서도 만세시위가 있었다고 일제 측에서는 보고하고 있으나 구체적으로 확인은 되지 않고 있다.[79] 이 보고에 의하면, 만세시위의 진압과정에서 경관과 충돌하여 서로 간에 약간의 사상자가 있었다. 이처럼 평택읍내에서 만세시위가 전개되자 일본인 상점은 철시를 하였고 자위방침을 도모하였다. 또한 군청당국에서는 4월 3일부터 적극적으로 이들을 진정시키는 한편 개점을 유도하였다.[80]

---

[73] 『한민족독립운동사료』(3·1운동운동편 기1), 국회도서관, 1977, 373쪽 및 강덕상, 『3·1운동』(1), 353쪽.

[74] 강덕상, 『3·1운동』(1), 353쪽.

[75] 김정명, 『조선독립운동』I, 531쪽.

[76] 「김용성 등 3인의 판결문」, 『독립운동사자료집』5(3·1운동 재판기록), 409-410쪽.

[77] 「김용성 판결문」, 경성복심법원, 1919년 6월 30일.

[78] 「김용성 판결문」, 경성고등법원, 1919년 8얼 21일.

[79] 김정명, 『조선독립운동』I, 494쪽.

[80] 『매일신보』1919년 4월 14일자.

이후 한동안 잠잠하던 만세시위는 4월 9일 고덕면과 10일 서탄면에서 전개되었다. 9일과 10일의 만세시위는 만세시위에 참여하였던 인물들을 조사하는 경찰에 대한 반감에서 비롯되었다. 4월 들어 만세시위가 격렬해지자 평택 당국은 자위단을 조직하였다.[81] 평택자위단은 경찰과 함께 만세시위의 주모자를 체포하기 위해 현장에 출장가기도 하였다. 4월 9일 고덕면에서는 자위 단원 8명과 병정 8명이 만세시위 선동자를 검거하기 위해 현장을 조사하고 돌아갈 즈음 오후 8시경, 주민들은 거세게 항의하고 만세시위를 전개하였다. 이를 해산시키기 위해 병정이 쏜 총에 6, 7명이 죽고 10여 명이 부상당하였다.[82] 이어 10일에는 서탄면 금암리에서는 앞서 4월 2일에 있었던 만세시위 참여자를 현장조사 중이던 경찰관에 대한 실력행사로 대응하였다. 주민 40여 명이 경찰관을 포위하고 돌을 던졌다. 이어 주민들이 주재소를 습격하려고 하자 주재소 경찰관은 총을 쏘면서 주민들을 해산시켰다. 이로 인해 1명이 사망하고 12명이 부상당하였다.[83] 이밖에도 이날 북면 사리와 수월암리

----

81) 『매일신보』 1919년 4월 14일자. 그러나 평택의 자위단은 언제, 어떤 형태로 만들어졌는지 명확하지는 않지만 당시 비슷한 시기에 만들어진 평북 정주군의 自制團의 규약은 다음과 같다.

　"제1조 본단은 정주군 定州自制團이라 칭함. 제2조 본단은 輕擧妄動에 인하여 국민의 품위를 傷케 할 事를 無케 하기로써 목적함. 제3조 본단에 단장 1명, 각 부단장 1명 及 간사 약간을 置할 사. 제4조 본단은 소요 주모 又는 선동자의 침입을 예방하며 彼等의 유혹과 협박에 인하여 부화뇌동하는 폐가 無케 하여서 일반야민의 安堵樂業을 期케 할 사. 제5조 본 단원은 誰某라도 불온한 행위가 有하거나 又는 유언허설을 做出하여 양민을 誣惑케 하는 자를 발견할 시는 卽速키 단장에게 보고할 사. 단장은 前項의 보고를 접수한 시는 直히 경찰관헌에게 고발할 사. 제6조 본단의 사무소는 정주군 정주면사무소에 置할 사. 제7조 본단원은 관청의 계시 又는 명령사항은 절대로 복종케 할 사. 제8조 금후 본단에 가입코자 하는 者 有한 시는 본단의 役員會議의 결정에 의하여 가입케 함을 得함."(『매일신보』 1919년 4월 18일자)

82) 『매일신보』 1919년 4월 14일자; 이병헌, 『3·1운동비사』, 881쪽.

83) 김정명, 『조선독립운동』 I, 552쪽 및 강덕상, 『3·1운동』(1), 368쪽; 『매일신보』 1919년 4월 14일자, 이병헌, 『3·1운동비사』, 881쪽; 『신한민보』 1919년 6월 3일자.

에서도 주민들이 만세를 부른 후 해산하였다.[84]

이처럼 3월 말과 4월 초에 평택지역 각지에서 만세운동이 격렬하게 전개되면서 면사무소와 주재소가 습격을 당하자 9일경 제79연대 소속의 육군보병대위 成瀨淸 중대장 등 1개 중대를 파견 평택에 수비대를 설치하였다. 이 수비대는 9일 고덕면과 10일 서탄면 만세시위를 진압하는 데 앞장섰다. 이로 인해 서탄면에서는 1명, 고덕면에서는 6, 7명이 희생되었고, 수십 명이 부상당하였다. 또한 4월 15일에는 총독부 工藤莊平 총무과장을 보내 민심의 동향을 파악하기도 하였다.[85] 이에 비해 같은 날 헌병대는 경찰관주재소가 주민들의 습격 대상이 되자 栢峯里, 鳳南里, 安仲里, 西井里에 있던 주재소를 철수시켰다.[86] 이러한 조치는 평택지역의 만세운동이 그만큼 격렬했었음을 알 수 있다.

이밖에도 5월 10일 평택지역 서해안 일대에서 수천 명의 군중이 만세를 부르고 주재소를 습격하였다[87]는 보도가 있으나 확인이 되지 않고 있다. 뿐만 아니라 만세시위가 전개되는 상황에서도 독립단이 조직되어 군자금을 모금하였다. 고덕면 사는 황준재와 서울의 황인재는 임정의 특파원으로 군자금을 모금하다가 4월 15일 일경에 검거된 바 있다.[88]

3월 9일 현덕면 계두봉과 옥녀봉에서 시작된 평택지역 만세운동은 4월 중순경에 이르러 대체로 진정되었다. 그러나 일제 측의 보고에 의하면, 음력

---

84) 이병헌, 『3 · 1운동비사』, 881쪽.

85) 『매일신보』 1919년 4월 19일자.

86) 김정명, 『조선독립운동』Ⅰ, 629쪽; 강덕상, 『3 · 1운동』(1), 377쪽; 「조선3 · 1독립소요사건」, 『한국독립운동사자료집』 6, 한국독립운동사편찬위원회, 1983, 629쪽.

87) 『신한민보』 1919년 6월 24일자.

88) 『신한민보』 1919년 6월 30일자. 그러나 이에 대해서는 좀 더 확인해 볼 필요가 있다고 본다.

8월에 다시 만세운동을 전개할 것이라는 유언비어가 돌 정도로 여전히 일제의 식민지배에 대해 저항적이었다.[89)

이상에서 살펴본 평택지역에서 만세운동을 주도하다가 검거되었던 중심인물을 정리하면 〈표 2〉와 같다.

〈표 2〉 평택지역 만세운동 중심인물

이름	나이	직업	형량	비고
이도상	30	미곡상	징역 8개월	경성고등법원
목준상	29	미곡상	징역 8개월	경성고등법원
심헌섭	32	농업	징역 8개월	경성고등법원
한영수	28	농업	징역 8개월	경성고등법원
최만화	24	농업	징역 6개월	경성복심법원
안육만	20	농업	징역 1년	경성고등법원
안희문	21	농업	징역 6개월	경성고등법원
황태순	31	농업	징역 6개월	경성지방법원
정수만	20	농업	징역 6개월	경성복심법원
홍기성	36	농업	징역 6개월	경성지방법원
박성백	30	농업	징역 1년	경성고등법원
최구현	22	농업	징역 1년	경성고등법원
유동환	24	농업	징역 1년	경성고등법원
전영록	20	농업	징역 1년	경성고등법원
유만수	26	농업	태 90	경성복심법원
김봉희	29	농업	태 90	경성복심법원
윤기선	54	면장	무죄	경성지방법원
윤교영	39	농업	무죄	경성지방법원
한성수	32	면서기	무죄	경성지방법원
윤대선	55	교사	무죄	경성지방법원
김용성	26	서당교사	징역 1년	경성고등법원
공재록	25	농업	징역 1년6개월	경성지방법원
이사필	32	농업	징역 1년6개월	경성지방법원

89) 김정명, 『조선독립운동』Ⅰ, 90쪽;

〈그림〉 평택지역 3·1운동 당시 만세시위가 전개된 곳[90]

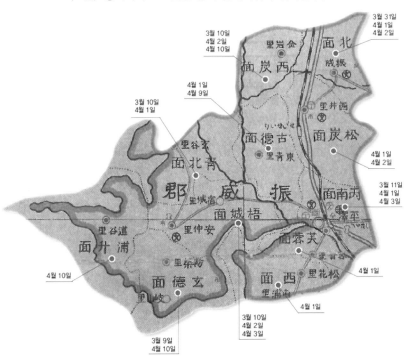

IV. 맺음말

이상으로 평택지역의 3·1운동의 전개과정에 대하여 살펴보았다. 평택지역 3·1운동은 서울보다 10여 일 늦은 3월 9일부터 시작하여 4월 중순까지약 한 달간 지속적으로, 그리고 전 면에서 전개되었다. 일제의 한 기록에 의하면 수원, 수안, 안성과 마찬가지로 '가장 광포한 시위' 중의 하나였다. 이와같은 평택 3·1운동의 역사적 위상은 어떻게 평가할 수 있을까. 평택의 3·1운동의 역사적 위상은 다음과 같이 평가할 수 있다.

90) 『평택시사신문』 2012년 3월 7일자.

첫째는 일시적 현상이 아니라 계획적으로 장기간 동안 지속되었다는 점이다. 비록 서울보다 늦었지만 3월 9일 첫 현덕면 계두봉 일대에서 전개된 만세시위는 4월 10일까지 전 지역에서 지속적으로 전개되었다. 이는 여타 지역에서는 찾아볼 수 없는 평택인만이 가지고 있는 역사성이라고 평가할 수 있다. 뿐만 아니라 평택지역의 중심지인 평택역이 있는 병남면을 비롯하여 서면·북면·송탄면·현덕면·고덕면·청북면·서탄면·오성면·포승면 등 10개의 전면에서 만세시위를 전개할 정도로 적극적이었다. 이러한 사례는 드문 예라 할 수 있다.

둘째는 평택의 만세운동은 지역적 한계를 벗어나 수원지역 및 안성지역과 직간접적으로 연관을 가지고 있다는 점이다. 첫 만세시위를 전개한 현덕면의 경우 수원지역의 만세시위의 영향을 받았으며, 평택의 만세시위는 안성지역으로 확산되었다. 즉 안성의 원곡과 양성에서 전개되었던 3·1운동은 평택의 영향을 받아 4월 초에 대대적으로 전개할 수 있었다. 뿐만 아니라 이들 지역의 만세운동에는 평택지역에서도 주도적으로 참여하였다.

셋째는 일제의 평가처럼 전국적으로 가장 격렬하게 전개되었다는 점이다. 특히 평택 전 지역에서 전개하였던 4월 1일의 만세시위는 일제가 "가장 광포한 만세시위"로 인식할 정도였다. 뿐만 아니라 이는 전 주민이 참여할 정도로 독립의지가 컸음을 알 수 있다. 또한 평택인들이 일제의 지배체제에 대한 저항이 그만큼 크다는 것을 의미하기도 한다. 이에 대해서는 평택지역 3·1운동의 원인과 배경을 통해 좀 더 구체적으로 밝혀져야 할 부분이다.

넷째, 평택지역 3·1운동을 전개하는데, 천도교의 조직과 역할이 적지 않았다는 점이다.[91] 평택지역 천도교는 현덕면을 비롯하여 북면, 고덕면 등

---

[91] 이에 대해서는 성주현, 「평택지역 3·1운동과 천도교」를 참조할 것.

주로 농촌지역이지만, 3월 9일 첫 만세시위를 주도하여 평택지역 3·1운동을 확산하는데 크게 기여하였다.

이와 같은 평택지역의 3·1운동은 3·1운동으로만 그친 것이 아니라 1920년대 다양한 대중운동으로 이어졌다.

일제하 평택지역의 사회운동

-1920~30년대 청년운동 · 농민운동을 중심으로-

김해규 (한광중 교사)

Ⅰ. 머리말

1920, 30년대 지역사회운동은 민족주의계와 사회주의계로 나누어 전개되었다. 서유럽에서 유행했던 사회진화론에 영향을 받은 부르주아 민족주의계는 3 · 1운동 이후 민중계몽과 문맹퇴치, 근대교육실시, 경제적 자립운동, 조선학운동으로 민족의식을 고양하고 선실력 후투쟁을 통한 독립쟁취를 목표로 활동하였다. 반면 사회주의운동은 러시아사회주의혁명과 일제강점기 일본으로부터 수입된 사회주의 사상의 영향을 받아 청년지식층을 중심으로 발달하였다. 사회주의자들은 일제강점기 내내 동일한 노선을 지향하지는 않았지만 기본적으로 노동자와 농민층의 입장에서 지주와 자본가를 타도하고 계급해방을 달성하려는 목표를 지향했으며, 다른 한편으로 일본제국주의를 타도하고 민족해방을 달성하여 사회주의 국가건설을 이룩하는 것에 최종 목표를 두었다.

평택지역은 일제강점기 지역사회운동의 선진지역은 아니었다. 그러나 1900년대 이후 민중들의 근대교육 욕구로 일찍부터 농촌지식인들이 배출되었고 서울이나 일본에 유학했던 지식층에 의해 선진 사상이 유입되면서 1920년대를 거쳐 1930년대에 이르면 중앙과 연계된 선진적 사회운동이 전개되었다.

본 논문은 1920~30년대 평택지역 사회운동에 관한 사례연구다. 이 시기 평택지역 사회운동은 청년운동에서 출발하여 교육운동, 여성운동, 형평사운동, 농민운동, 노동운동으로 발전하였다. 그 가운데 가장 활발하고 선진적으로 활동한 것이 청년운동과 농민운동이다. 본 논문에서는 1920~30년대 평택지역 사회운동의 조건을 살펴보고 부르주아 청년운동으로 시작한 청년운동이 어떻게 사회주의적 청년운동으로 변화되어가고 주변지역으로 확대되었는지, 또 청년운동이 1930년대 노동운동과 농민운동에 어떤 영향을 끼쳤는지 살펴보려고 한다.

II. 일제강점기 평택지역 사회운동의 조건

1. 근대도시의 발달과 중심지 이동

평택시는 경기도의 최남단에 위치하고 있다. 지형적으로는 구릉이 낮고 평야가 발달하였으며, 서쪽에는 아산만이 있고, 내륙으로는 안성천, 진위천을 중심으로 수 십 개의 하천이 발달하였다. 근대 이전만 해도 하천 좌우로 저습지가 발달하고, 하천을 통해 내륙 깊숙이 바닷물이 유입되어 황무지나 간석지가 많았으며 수해(水害)와 염해(鹽害), 한해(旱害)의 피해가 잦았다. 이로 인해 농업생산력이 매우 낮았으며 인구도 적었다.

평택지역의 변화는 근대이후 행정구역이 개편되고 근대적 교통망이 형성되면서 나타났다.

조선 후기 평택지역은 안성천을 경계로 경기도 진위현과 충청도 평택현으로 나눠졌고, 진위천 서쪽은 경기도 수원군과 양성현, 충청도 직산현의 월경지 또는 두입지였다. 그러다가 1895년 갑오개혁 때 진위군, 평택군, 수원군으로 통합되었으며, 1896년 13도제의 실시 이후 직산군 경양면지역이 평택군에 편입되었다. 평택지역이 현재와 비슷한 형태의 공간을 갖게 된 것은 1914년 행정구역개편[1])에 의해서다. 행정구역 개편으로 경기도 진위군과 수원군 일부, 충청도 평택군이 통합되어 '진위군'이 되었다. 통합당시 평택지역의 중심은 여전히 진위면 봉남리였던 것으로 보인다. 하지만 1905년 1월 1일 경부선 철도가 개통되면서 큰 변화가 나타났다.

경부선 철도가 개통되면서 평택지역에는 평택역과 서정리역, 진위역[2])이 설치되었다. 또 철도역이 설치되면서 역(驛)을 중심으로 근대적 교통망이 건설되었다. 이에 따라 경부선 평택역전과 서정리역전에는 근대시설이 집중되면서 근대도시가 발달하였다. 경부선 평택역전의 근대시설로는 수원헌병대 평택분견대[3])가 가장 먼저 설치되었고, 1914년 11월에는 진위군 병남면 의용소방대가 발대하였으며, 1918년 1월 1일에는 경성지방법원 평택출장소[4])가 개소하였다. 1907년에는 평택역전에 우리나라에서 세 번째로 한성공동창고(주)평택지점이 설립되었다.[5]) 한성공동창고 평택지점은 1912년 2월 1일 조선

---

1) 오치 다다시치, 『신구대조조선전도부군면리동명칭일람』, 1917.
2) 진위역은 평택시 진위면 하북리에 설치되었을 것으로 추정되지만 설치 이후 문헌에 나타나지 않는 것으로 볼 때 곧 폐지되었던 것으로 판단된다.
3) 수원헌변대 평택분견대는 1919년 경찰행정 독립에 따라 진위군 평택경찰서로 독립하였고, 1938년 진위군이 평택군으로 바뀜에 따라 평택군 평택경찰서가 되었다.
4) 경성지방법원 평택출장소는 1946년 치안군 심판소를 병설하였으며, 1948년 정부수립 후 서울지방법원 평택출장소로 변경되었다. 1959년에는 평택등기소로 명칭이 변경되었고, 1979년 수원지방법원 평택등기소가 되었다.
5) 『朝鮮總督府統計年報』 1910年度 第194表.

상업은행과 병합하였다.[6] 또 1914년에는 평택금융조합이 설립되었고,[7] 같은 해 미상조합(米商組合)도 창립되었다. 근대도시가 발달하면서 혼마찌와 같은 일본인 거리와 일본인 이주자들도 증가하였다. 1924년 통계[8]에 따르면 진위군 전체의 일본인 이주자들은 총 656명으로 이 가운데 412명이 평택역전이 있는 병남면에 거주하였다. 일본인 회사는 1906년에 설립된 대한무역상사(大韓貿易商社)[9]를 시작으로 진위흥농, 홍익식산(주), 수륙물산 등이 있었다. 이들은 무역업, 창고업, 정미업, 위탁판매업, 농업, 개간, 광업을 하였다. 식민지 노동착취와 근대교육을 목적으로 1913년 3월 25일에 인가[10]된 평택공립보통학교가 1917년 경 평택역전 앞으로 이전한 것, 그리고 미곡과 어염, 농우를 취급하던 평택장이 경기남부지역의 대표적인 장시로 부상한 것도 평택역전의 근대교통과 밀접한 관련을 갖는다.

경부선 서정리역전도 평택역전보다는 못하지만 점차 평택 북부지역의 교통과 상업, 금융, 사회운동의 중심으로 변모했다. 1920년대 전후 서정리장, 서정리금융조합, 서정리초등학교와 같은 근대시설이 설립되고 다양한 사회운동이 전개된 것이 그것이다. 이와 같은 변화에 따라 전통의 중심지였던 진위면 봉남리와 팽성읍 객사리는 거점으로서의 기능이 약화되었고, 평택역전과 서정리역전에 근대도시가 발달하였으며, 이들 도시가 평택지역의 새로운 거점으로 역할하는 중심지의 이동현상이 나타났다.

---

[6] 『조선총독부 관보』, 1912년 2월 1일.

[7] ≪동아일보≫, 1921년 4월 8일.

[8] ≪동아일보≫, 1924년 7월 9일 진위군 면별 호구 수.

[9] ≪대한매일신보≫, 1906년 11월 22일.

[10] ≪조선총독부 관보≫, 1913년 3월 25일.

2. 일제강점기 농촌지역의 변화와 민중의식의 성장

평택지역은 전통적으로 저습한 평야지대다. 저습지는 대체로 안성천과 진위천 중, 하류에 분포한다. 근대 전후만 해도 저습지는 대부분 간석지였다. 평택지역의 민중들은 간석지의 개간으로 경작지 확대를 꾀하며 살아왔다. 저습한 평야지대의 주요 재배작물은 벼였다. 15세기에 편찬된 세종실록지리지에도 '진위현은 땅이 척박하다, 경작지는 2,841결인데 논밭이 반반이다'라고 하였고, 평택현은 '비옥한 곳과 척박한 곳이 반반인데 논이 2/3이다'라고 기록하고 있다. 또 재배작물에 있어서도 진위현에서는 오곡과 메밀이 재배되었지만 평택현은 벼가 재배되었다.[11] 그러다가 1909년이 되면 진위군의 경우 논농사비율이 72.9%, 평택군 77.1%로 상승하고, 주요 재배작물도 벼와 겉보리, 밀, 호밀 등으로 바뀐다.[12] 이것은 영농기술의 발전과 더불어 저습지의 간척이 가져온 영향이었다.

근대전후 간척은 경작지를 확대시키고 농업생산력을 높일 수 있는 가장 보편적인 방법이었다. 대한제국시기 이전까지만 해도 평택평야 간척의 주체는 국가와 궁실, 군영, 권력자들이 대부분이었다. 설령 농민들이 간척했다고 할지라도 대부분의 간석지나 공유수면이 국공유지였기 때문에 국가나 궁실에 귀속되는 경우가 많았다. 평택평야의 국공유지는 서울대학교 규장각의 조선말기의 추수기를 통해서도 확인된다. 추수기(秋收記)에는 조선말에서 대한제국시기 평택지역에 내장원이나 궁내부, 내수사, 경리원에서 관리했던 토지, 명례궁(덕수궁)의 궁방전, 공신들과 후손들을 대우하기 위해 설치하였

---

11) 고덕면지편찬위원회, 『고덕면지』, 평택문화원, 2007. 당시 인근의 수원시, 안성시 지역의 논농사 비율은 30% 중반대였다.
12) 고덕면지편찬위원회, 『고덕면지』, 위의 책.

던 충훈부의 토지, 장용영, 수어영, 총융청, 진위대의 운영을 위해 두었던 둔전, 수진궁의 토지, 현종의 딸이며 숙종의 누이였던 명혜공주방의 토지, 팽성읍 추팔리의 화천역 토지 등이 서탄면 금암리 앞 해정들이나 진위면 봉남리 장호들과 건년들, 팽성읍 평궁리의 통한들 등에 산재하였다는 사실이 기록되었다. 이들 토지는 대부분 면세전(免稅田)이었다. 19세기 후반에 편찬된 진위현 읍지에는 고을 안의 토지 가운데 면세전이 53%를 넘으며 이 가운데 궁방전이 83%를 상회한다고 말하고 있다. 18세기에 편찬된 '사찬(私撰) 팽성지'[13]에도 '궁실(宮室)에서 절수(折受)하여 면세된 전답이 몇 백결이 되어 고을의 조세수입이 너무 적다'고 걱정하고 있다. 이와 같은 사실은 조선후기 평택평야에는 궁방전과 역둔토가 산재하였으며, 대부분 면세전이어서 지방 관아의 재정에 어려움을 주었다는 사실을 알 수 있다.

1903년 일제는 국유미간지(황무지개간권)의 독점권을 요구하다 보안회의 반대로 실패하자, 을사조약체결 2년 뒤인 1907년 7월 국유미간지이용법[14]을 통하여 황무지, 초생지, 간석지를 비롯하여 농민들의 간척했던 '무주광한지'까지 수탈하였다. 이로서 정부의 허가를 받지 않고 하천부지나 황무지를 개간하였던 농민들의 권리가 박탈되었고 부득이한 사정으로 몇 년씩 묵혀두었던 토지주(土地主)들도 권리를 상실하였다. 반면 일본인들은 광범위하게 적용된 국유미간지의 개념에 따라 법률적 요건만 갖추면 개간지를 대여 받아 개인적으로도 개간사업에 참여하고 등기이전을 통하여 소유권을 확보할 수 있게 되었다. 이로서 일제가 하천변과 해안습지를 중심으로 광활하게 펼쳐

---

13) 18세기에 편찬된 ≪팽성지≫는 신치가 쓴 사찬(私撰) 읍지(邑誌)로 알려졌으며, 조선후기 평택현 지역의 역사, 지리, 인물 등 다양한 정보가 담겨 있다.

14) 일제는 '국유미간지'의 개념에 황무지, 초생지, 소택지, 간석지를 비롯하여, 민간인들이 자유롭게 농사짓던 '무주한광지'와 소유권이 불분명한 민유지(民有地)까지 포함시켰다.

져 있던 미간지와 갯벌, 공유수면, 무주한광지에 대한 권리행사를 하게 되었다. 평택지역은 소사평, 통한들, 도두리들, 오성들 그리고 서평택지역에 광활한 국유미간지가 많았다. 이들 미간지들도 1920, 30년대가 되면 국유미간지 이용법에 따라 대부분 일본인이나 친일지주들의 소유로 전환되었다.

조선후기 간척된 궁방전이나 역둔토는 일제강점기 토지조사사업을 통하여 총독부에 귀속되었고, 동양척식(주)나 일본인 농업이민자, 친일지주에게 불하되었다. 궁방전, 역둔토와 같은 국공유지의 총독부 귀속사실은 일제강점기의 지주명부를 통해서도 확인된다. 일제강점기 지주명부[15]에 따르면 평택지역에서 30정보 이상의 농지를 보유하고 있는 지주는 조선인 63명, 일본인 지주 및 회사지주 그리고 조선왕실이 18명이다.[16] 이것은 인근지역인 아산시나 안성시보다 많은 숫자로 평택지역 국공유지가 토지조사사업을 통하여 총독부에 귀속된 뒤 재 분배되었다는 사실을 증명하는 사례다. 일제 말 전시체제기에는 산미증식을 목적으로 대규모 간척이 장려되었다. 평택지역에서도 오성면의 오성들,[17] 팽성읍의 도두리들과 같은 대규모 간석지가 간척되었다.[18] 간척으로 경작지는 확대되었지만 토지는 농민에게 돌아가지 못했다. 또 소작조건에 있어서도 일본인 농장의 소작조건은 상대적으로 좋은 편이었지만 조선인 부재지주의 부당한 착취와 사음(舍音, 마름)의 횡포에 따른 소작농들의 고통은 매우 심각했다. 1920, 30년대 평택지역 사회운동에서 노동문제보다는 농민문제가 주요 사회적 이슈로 대두되었던 것은 이 같은

---

15) 김성호, 「농지개혁시 피분배 지주 및 일제하 대지주 명부」, 『농지개혁사편찬자료』, 1985.
16) 김성호, 위의 자료.
17) 오성들의 간척 사례는 2004년 8월 김린래(76세, 오성면 교포2리 송호마을 거주), 2004년 8월 김기식(80세, 오성면 당거1리 거주)와 인터뷰를 통하여 확인하였다.
18) 한글학회, 『일제조선침략일지』, 2008. ≪대한매일신보≫, 1909년 11월 8일.

농촌현실에 기반한다.

평택지역의 근대교육은 1899년 진위공립소학교의 설립이 효시다. 1905년 을사조약을 전후해서는 실력양성과 민중계몽을 목적으로 진흥의숙, 동명의숙, 수성학교, 대한성공회 신명강습소, 서정리의 사립 진동학교[19]와 같은 많은 수의 근대학교가 설립되었다. 국권피탈 이전부터 평택지역 민중들의 근대교육에 대한 욕구는 매우 활발하였다. 예컨대 1907년 합정동 조개터마을에 진사 김춘희가 설립한 동명의숙은 초기에는 민가의 사랑방을 빌려 40여 명을 교육하다가 김춘희가 사망한 뒤 폐교(廢校)상황에 놓였는데, 숙장과 숙감이 서울에서 새로운 교사를 초빙학고 지역유지들과 주민들의 도움을 받아 학교시설을 확충하였으며, 야학부도 병설하여 교육을 실시한 결과 학생 수가 80여 명으로 늘어났다.[20] 1913년에는 평택지역에서 두 번째로 평택공립보통학교가 팽성읍 객사리에 설립되었고, 1917년에는 합정동 조개터의 동명의숙도 공립보통학교로 승격되었다는 기사가 있다.[21] 또 일제의 지배체제가 강화되면서 지역 유지층들을 중심으로 국어(일본어)강습소가 설립되었다. 또한 일부 서당들은 민중들의 근대교육 요구에 따라 강습소로 전환한 뒤 한문과 일본어, 산술 등을 가르치는 경우도 발생했다.[22] 1920년대로 접어들면 일제의 1면(面) 1교(校) 정책에 따라 각 면(面)에도 공립보통학교가 설립되었으며, 각 지역의 유지층이나 농촌지식층의 주도로 다양한 형태의 야학, 강습소도 설립되었다. 이처럼 근대교육기관이 증가하면서 1920, 30년대에는 근대교육의 수혜를 받은 농촌지식층이 배출되었으며, 일부이긴 하지만 수원이나 서

---

[19] ≪황성신문≫, 1910년 4월 21일.

[20] ≪기호흥학회 월보 제8호 학계휘문≫, 1909년 3월 25일.

[21] ≪매일신보≫, 1917년 4월 1일자. 평택시독립운동사편찬위원회 편, 『평택시항일독립운동사』, 2004 재인용.

[22] 평택시독립운동사편찬위원회, 『평택시항일독립운동사』, 2004.

울, 일본으로 유학하여 고등교육을 받은 지식인들도 나타났다. 이들 지식층
들은 평택지역 3·1운동을 이끌었던 핵심 인물들이었으며, 1920, 30년대 지역
사회운동의 주요한 동력이 되었다.

III. 청년층의 각성과 청년운동의 전개

1. 3·1운동과 평택지역 청년층의 움직임

일제강점기 청년운동은 청년대중운동이면서 계층운동이었다.[23] 일제강
점기 청년운동의 과제는 민족해방운동에 참여하는 한편 청년계층의 일상적
인 이익을 옹호하고 근대의식을 함양하는 것으로 요약할 수 있다. 3·1운동
이후 청년운동은 부르주아청년운동으로 출발했지만, 1920년대 초·중반 사
회주의 사상의 영향과 식민지배라는 특수성으로 청년전위운동, 사상운동으
로 발전하다가 점차 부문운동으로 정착하는 양상을 보였다.[24]

일제강점기 청년운동이 시작된 것은 1910년대 초반이었다. 이시기 청년운
동은 부르주아 청년들에 의해 민중계몽운동으로 전개되었다. 그러다가 1920
년대 초반 3·1운동과 러시아사회주의혁명의 영향을 받아 여러 사상단체들
이 조직되었다. 1924년에는 사회주의자들을 중심으로 조선청년총동맹이 창
립되면서 조직과 이념을 토대로 하는 청년운동으로 발전하였다. 1927년에는
조선청년총동맹의 신운동방침을 계기로 청년전위운동으로의 선도적 역할에

---

[23] 한국역사연구회 근·현대청년운동사연구반, 『한국근현대청년운동사』, 풀빛, 1995.
[24] 한국역사연구회 근·현대청년운동사연구반, 앞의 책.

서 탈피하여 점차 계층운동으로 변화하였다. 그러다가 1920년대 말 1930년대
초 대공황의 영향으로 혁명적 분위기가 고양되자 부문운동으로서 청년운동
의 역할과 함께 노동운동, 농민운동, 사상운동에 참여하여 다양한 역할을 담
당하려고 하였다.

평택지역 청년단체는 1917년(대정 6년) 처음 조직되었다가 3·1운동을 계
기로 해산하였다.[25] 3·1운동 뒤에는 서울과 수원, 평택지역을 중심으로 항
일민족운동에 나서는 인물들이 나타났다. 일본 와세다대학교 정경학부를 졸
업하고 사립 중앙학교 학감으로 있던 안재홍이 참여했던 청년외교단[26]과 대
한애국부인회,[27] 이일영·정창수·윤용주가 참여했던 조선민족대동단[28] 활
동, 황로태·이민중·이기혁 등의 조선독립단,[29] 안구현·이택화·오창선·
이조헌 등의 임시정부 군자금모금활동 등이 대표적인 사례다. 이와 함께 부
문별 운동도 활발하게 전개되었다. 1920년 이후에는 평택역전과 서정리역전
을 중심으로 동아일보와 조선일보, 조선중앙일보 지국이 설립되었고, 청년단
체를 비롯하여 사회운동단체들도 설립되었다.

3·1운동 이후 청년단체로 가장 먼저 조직된 것은 1921년 5월 15일에 결성
된 평택청년체육구락부다.[30] 평택청년체육구락부는 체육·총육·지육발전
을 표방하였으며, 주요 간부는 부장 유창근, 부부장 신찬우, 간사 장윤식, 김
정한, 서기 이병갑, 회계 박노수였다. 이들은 신찬우처럼 청북면의 지주의
아들로 서울로 유학하여 보성전문 등에서 근대교육을 받았거나 류창근, 장윤

---

[25] ≪동아일보≫, 1927년 12월 12일자 순회방담.
[26] ≪동아일보≫, 1920년 4월 24일.
[27] 독립운동사편찬위원회, 『독립운동사자료집』 9.
[28] 독립운동사편찬위원회, 앞의 책.
[29] ≪매일신보≫, 1921년 5월 2일.
[30] ≪동아일보≫, 1921년 5월 15일

식처럼 동아일보 평택분국을 운영하는 등 사회적 명망과 일정한 경제력을 갖춘 지역 유지층(有志層), 다시 말해서 부르주아 청년유지층이었다.[31]

평택청년체육구락부는 1922년 진위청년회로 개편되었다. 창립강령에서 '현대문화운동'을 표방한 것은 이 단체가 사회진화론과 실력양성론에 입각한 부르주아 민족주의운동과 뜻을 같이 하였다는 것을 알게 한다. 창립당시 임원은 회장 신찬우, 부회장 신영수, 학예부장 박노수, 체육부장 신정만, 사교부장 성주한, 풍화부장 김병철 등으로 동아일보 평택분국 기자출신인 류창근과 장윤식을 제외하고는 평택청년체육구락부와 크게 다르지 않다. 초기 진위청년회는 실력양성운동에 중점을 두고 활동하였다. 조직적으로도 학예, 체육, 풍화, 사교부를 두었으며, 민립대학설립운동과 강연회[32]와 운동회 개최,[33] 야학부 설립 결의[34]를 한 것은 단체의 활동이 청년층의 상호친목과 실력양성, 민중계몽에 중점을 두었음을 알게 한다.

진위청년회는 1924년을 전후하여 변화의 움직임이 나타났다. 청년회 내부에서부터 이견과 사상적 차이로 인한 갈등이 발생했으며, 정치, 사회적 요구에 대한 대응에서도 서로 갈등을 빚었다. 청년회 내부의 갈등은 1923년 3월 24일에 있었던 전조선청년당대회[35] 참가 결의가 계기가 되었던 것으로 보인

---

31) ≪동아일보≫ 1920년 5월 6일 및 1921년 2월 28일 류창근은 동아일보 평택분국 분국장이었고 장윤식은 기자였다.

32) ≪동아일보≫ 1923년 7월 21일.

33) ≪동아일보≫ 1923년 2월, 1923년 6월 6일 춘계육상운동회 참석인원은 6백 명에 달하였다.

34) 1924년 5월 22일 임시총회에서 청년회 내에 야학부설치가 결의되었다. 야학부 설치의 목적은 '귀인교육'에 두었고 교사는 회원들의 자발적인 참여를 통하여 해결한다는 복안이었다. 하지만 야학부 설치는 청년회의 내부사정으로 당장 성사되지 못하였으며 1928년이 되어서야 설립되었다.

35) 1923년 3월 24일 서울에서 개최된 전조선청년당대회는 사회주의 단체인 서울청년회가 주도한 대회였다. 이 대회는 장덕수 등이 주도한 우파민족주의 계열의 조선청년연

다. 다시 말해서 사회주의 사상단체였던 서울청년회가 주도한 전조선청년당대회 참가문제가 진위청년회가 우편향적으로 나아갈 것인가, 좌편향적으로 방향전환할 것인가를 선택하는 계기가 되었다는 말이다. 이때의 갈등 이후 진위체육청년구락부 시절부터 진위청년회를 이끌어왔던 신찬우를 비롯한 부르주아 청년층은 청년회와 일정한 거리를 두었던 것으로 판단된다. 또 일제의 식민지지배기관인 진위군청과 한층 밀착된 관계를 유지하며 하부기관인 면장(面長)³⁶⁾에 임명되거나 각종 하부기관에 참여하고, 진위군청이 주최하는 연합대운동회에 후원하는 등 타협적, 우편향적 태도를 확실히 하는 경향을 보였다.

2. 진위청년회의 혁신과 발전

1924년 이후 부르주아 청년층의 퇴진과 청년운동의 방향성을 놓고 내부 갈등이 발생하면서 진위청년회는 약 2년 동안 활동이 극도로 부진하였다. 1927년 4월 23일자 동아일보의 순회방담에서 진위청년회를 '세상이 변해가면서 우면상태에 빠져 유야무야 지내오다가...'라고 표현한 것은 이와 같은 현실을 반영한 것이다.

....

합회를 무력화시키고 청년운동의 방향을 사회주의 쪽으로 돌리기 위해서 개최되었다. 청년당대회를 계기로 실력양성론을 주창하였던 민족주의 우파의 조선청년회는 급격히 영향력을 잃었고 1923년 4월에는 서울청년회를 중심으로 조선청년총동맹이 결성되었다.
당시 평택장로교회에서 개최된 진위청년회 정기총회에서는 민립대학 후원 건, 도서실 설치 건, 회관설치에 관한 건, 임원개선 건과 함께 전조선청년당대회 참가 보고를 하였는데 대회참가 및 향후의 활동을 놓고 갈등이 나타났던 것으로 판단된다.
³⁶⁾ 청북면의 대표적 유지였던 초대 및 2대 진위청년회장을 지낸 신찬우가 청북면장에 임명된 것이 대표적인 사례다.

진위청년회의 변화는 1926년 9월부터 시작되었다. 1926년 9월의 혁신총회에서 이민두, 정인창 등 새로운 인물들이 임원으로 선출되었고, 중앙의 선진적 청년단체와 같이 회장제를 집단지도체제인 위원제로 바꾸었으며, 선언과 강령을 쇄신했다는 기록은[37] 이 같은 변화를 시사한다. 또 재정적 어려움을 타개하기 위해 대중강연을 개최하고 기부금 600원을 모금하였으며, 소인극 공연과 발전기금 모금으로 도합 500원을 모금하였다. 당시의 모금활동에는 초기 청년회를 이끌었던 평택지역의 대표적인 유지층인 이성열·이명환·성주한·윤응구·신찬우·박원용 등이 기부금을 내고 있어 청년회 혁신으로 인한 부르주아 청년층과의 완전한 단절은 아직까지 발생하지 않았던 것으로 보인다.

혁신총회 이후 월남 이상재 선생 사회장 참여, 중선전구대회 인수 등을 모색하던 진위청년회는, 회관신축 등 청년대중의 이해와 요구 뿐 아니라 조선사회가 당면한 노동자와 농민, 도시빈민의 계급적 각성과 이익을 증대시킬 수 있는 다양한 사업을 적극적으로 전개하였다. 1927년 3월 5일 평택면 평택리 김영주의 집에서 개최된 정기총회에서 '무리한 소작권 이동에 대하여 박영환, 김영주를 조사위원으로 파견할 것',[38] '재만동포 박해에 대한 선전문 배포 및 시위운동 전개',[39] 무산아동교육과 문맹퇴치를 목적으로 진청학원 설립[40] 결의는 진위청년회의 변화를 보여주는 일련의 현상이라고 할 수 있다. 하지만 진위청년회의 방향전환은 기존 부르주아 청년층의 참여와 후원을 약화시켰다. 이것은 진위청년회가 1927년 10월 31일부터 수일 동안 진위

---

37) ≪동아일보≫, 1927년 4월 23일.
38) ≪동아일보≫, 1927년 3월 5일.
39) ≪동아일보≫, 1927년 12월 12일.
40) ≪동아일보≫, 1927년 5월 14일.

청년회관에서 소인극공연을 개최하였을 때 기부자 명단을 살펴봐도 알 수 있다.[41] 진위청년회는 이에 따른 재정난을 타개하기 위해 소인극 공연, 식빵 행상을 하였지만 근본적인 문제는 해결되지 않았다.

평택지역 청년운동은 1929년 대공황의 영향으로 새로운 국면을 맞이하였다. 국내외적으로 혁명적 분위기가 고양되면서 여러 지역에서는 혁명적 노동운동, 농민운동이 전개되었다. 이와 같은 변화에 따라 1920년대 말에서 1930년대 초반의 청년단체들은 혁명적 시기 민족해방운동에서 청년들의 역할을 고민하면서 조선청년총동맹을 해소하고 혁명적 농민, 노동운동에 적극 가담하려는 움직임이 두드러졌다. 1930년을 전후하여 평택지역의 청년단체들도 변화의 조짐이 나타났다. 가장 큰 변화는 1930년 10월 제9회 정기총회[42]를 통하여 진위청년회를 진위청년동맹으로 혁신하고 집행위원장으로 안충수를 선출하여 사회주의자들의 조직 장악력을 높인 것이다. 또한 사회주의적 성향이 뚜렷한 리홍종, 남상환, 홍선유, 김학룡[43]과 중앙과 평택지역을 오가며 활동하였던 조선공산당협의회 중앙부 심인택, 3·1운동을 주도한 뒤 지역사회운동가로 성장한 안충수[44], 김영상같은 인물들이 사회운동의 전면에 나서 본격적으로 활동하기 시작하였다는 점도 큰 변화였다. 이들은 청년운동을 기반으로 노동문제나 농민운동에 적극 개입하고 사상조직을 이끌며

---

41) ≪동아일보≫ 1927년 11월 8일자 기사에 나오는 지누이청년회 소인극 기부자 명단에는 기존의 이성렬·이명환·안종철·신찬우·윤응구와 같은 청년 유지층의 이름은 보이지 않는다.

42) ≪동아일보≫ 1930년 10월 30일.

43) 홍선유와 김학룡도 사회주의자로 판단된다. 홍선유는 자세히 알 수 없지만 김학룡은 함경도 명천공산당재건사건에 연루되어 구속되었던 인물이다. 이들은 1930년 7월 노동조합활동과 사회주의 사상을 선전했다는 혐의로 구속되어 재판을 받았다.

44) 안충수는 3·1운동 당시 3월 11일 평택역전 만세시위를 주도하다가 옥고를 치른 인물로 1930년 전후에는 과수농업전문가, 동아일보 평택지국장으로 활동하고 있었다.

지역사회운동을 주도하였다.

1930년대 청년운동을 중심으로 평택지역의 사회운동이 활발해지면서 평택역전을 중심으로 전개되던 운동이 서정리역전으로 확대되는 변화가 나타났다. 또 노동문제에 적극 개입하기 위해 청년회와 별도로 노동청년회가 조직되는 현상도 나타났다.

서정리역전을 중심으로 사회운동을 전개했던 인물은 남상환이었다. 1920년대 말 진위청년회에도 관여하였던 남상환[45]은 자신과 연고[46]가 있는 경부선 서정리역전으로 중심을 이동하였다. 남상환의 학력은 확실하지 않으며 1930년대 초반 조선농민총동맹중앙집행위원을 지냈다는 것으로 볼 때 1920년대에는 평택지역을 떠나 중앙에서 활동하던 직업적 활동가였을 것으로 짐작된다.[47] 남상환이 평택지역으로 내려온 것은 코민테른의 12월 테제와 고덕면 율포1리 출신인 심인택과의 인연 때문으로 판단된다.[48] 서정리 역전에 자리를 잡은 남상환은 1930년 3월 경 적색농민조합인 수진농민조합 결성을 주도하였고,[49] 1930년 7월 경 서정리청년동맹, 서정리노동청년회를 조직하여 집행위원장이 되었다.

---

[45] 남상환은 조선농민총동맹의 중앙위원에 선출된 사회주의 활동가로 경부선 서정리역전을 중심으로 서정리청년동맹, 서정리노동조합 등을 조직하여 활동하였으며, 수진농민조합 결성을 주도하여 활동하다가 검거되어 미결수 상태에서 병을 얻어 병보석으로 석방된 뒤 사망했던 인물이다.

[46] 남상환과 평택지역의 연고는 분명하지 않다. 일반적으로는 경기도 양주 출신이라고 알려졌는데, 필자의 판단으로는 평택시 고덕면 당현리에도 연고가 있었던 것으로 판단된다.

[47] 1930년 8월 동아일보에 조선농민총동맹 중앙집행위원 자격으로 총회준비를 위한 임시집행부 서기에 선출되었다는 기사가 있다.

[48] 남상환과 심인택과의 관계는 1932년 ML파의 이종림이 주도했던 경성제국대학학생결사사건에 함께 연루되었던 사실을 통해서도 짐작할 수 있다.

[49] ≪조선일보≫, 1930년 7월 10일.

같은 시기 평택지역에도 진위청년동맹의 핵심간부들을 중심으로 평택노동청년회가 조직되었다. 평택노동청년회를 주도한 것은 홍선유와 김학룡이었다. 홍선유, 김학룡은 평택노동청년회를 통하여 사회주의 사상을 선전하고 노조활동을 전개하였다.[50] 평택노동청년회는 1932년 9월 평택노농협의회로 발전하였다. 평택노농협의회의 중심인물은 수진농민조합사건과 평양사범적화사건에 연루되었던 이종필과 이희수, 김창기 등이었다.[51]

1930년대 평택역전과 서정리역전을 중심으로 다양한 형태의 진보적 청년 사회단체가 조직되자 사회운동단체를 묶어 조직적 연대를 꾀하려는 노력도 나타났다. 1932년 3월에 조직된 진위사회단체회[52]가 그것이다.

이처럼 평택지역 청년운동은 1920년대 후반 청년단체의 혁신을 거쳐 직업적 활동가들에 의해 노동청년단체, 농민청년단체로 발전하였고, 장기적으로는 청년단체를 해소하고 노동운동과 농민운동에 결합하기 위해 노력했다는 사실을 알 수 있다. 이것은 1930년대 초를 혁명적 고양기로 판단하고 사회주의 청년들도 노동자, 농민을 계급적으로 각성시켜 민족해방과 계급해방 투쟁의 전면에 나서야 한다는 전술적 목적에 의한 것이었다.

---

[50] ≪동아일보≫, 1930년 7월 14일.

[51] 평택노농협의회에서 평택지역의 중심인물 홍선유, 김학룡이 제외된 것은 1930년 8월 평택노동청년회에서 사회주의사상을 선전하고 노조활동을 전개했다는 이유로 검찰에 송치된 사건과 관련 있는 것으로 보인다.

[52] ≪조선중앙일보≫, 1932년 3월 14일.

IV. 농민운동의 발전과 수진농민조합

1. 1930년대 평택지역 농촌현실과 농민층의 저항

일제강점기 농민운동은 1920년대 초부터 본격적으로 시작되었다고 볼 수 있다. 1920년대 초에 일제가 산미증식계획을 실시하고 식민지적 착취구조를 정착시키면서 지주와 마름·빈농 사이의 계급적 갈등이 첨예하게 대립되었기 때문이다. 농민들은 지주와 마름의 착취와 부당한 소작관행 같은 봉건적이면서 식민지적인 수탈에 대하여 소작쟁의로 대항하였다. 소작인회나 소작조합을 결성하여 생존권 투쟁 형태로 전개되던 농민운동은 1924년 조선노농총동맹, 1927년 9월 조선농민총동맹과 같은 합법적 농민조직을 결성되면서 조직적으로 연대하였다. 합법적 농민조직들은 소작료문제, 부당한 소작권이동, 동척이민철폐와 같은 농민층의 생존권 문제와 야학, 독서회, 소인극 등 농민층을 계급적으로 각성시키려는 대중운동을 전개하였다.

농민운동은 1930년 전후 코민테른의 지시와 운동조건이 변화에 따라 합법적 운동을 청산하고 비합법적이고 혁명적인 적색농민조합 건설을 시도하였다. 이 시기의 혁명적 농민조합들은 일제의 식민지정책에 정치적이고 폭력적인 방법으로 투쟁하였다. 농민들은 농민조합의 지도를 받아 악덕지주나 사음(舍音, 마름)의 횡포에 저항하였으며, 전시체제기 양곡징수 거부투쟁을 전개하는가 하면, 군용도로 부설공사의 부역동원을 거부하는 등 적극인 반일, 반제국주의 투쟁을 전개하였다.[53]

1930년대 전후는 직업적 활동가들이 노동운동이나 농민운동에 침투하는

---

[53] 평택시·진위면지편찬위원회, 『진위면지』, 1999.

경향이 두드러지다가 농민운동의 전개과정에서 성장한 농민출신의 활동가들이 이들과 연대하고 결합하여 활동하는 경향이 나타났다. 이들은 1929년 이후 대공황의 영향으로 자본주의 체제의 위기가 닥치자 혁명적 상황이 고양된 것으로 인식하고 '빈농우위(貧農優位)'의 원칙과, 무산자계급의 헤게모니 장악을 인정한 상태에서 무산노동자와 농민층을 토대로 조선공산당을 재건하려는 움직임을 보였다.[54]

일제강점기 평택지역은 30정보 이상의 토지를 소유한 부재지주나 일본인 지주, 일본인 회사지주, 동양척식(주) 농장이 많고 토착지주의 비율도 높은 편이었다. 예컨대 1930년대 말에 간척된 오성들의 경우 가등, 평원, 길본 등 일본인 3명이 1천 5백만 평이 넘는 농지를 나눠 소유하였으며, 해창들을 소유했던 한상룡[55]의 토지는 19만 평에 달했다고 한다.[56]

농민들은 대부분 자작 겸 소작이거나 소작농들이었다. 이웃한 안성군의 경우 1920년대 계층별 인구수에서 지주 376호(3%), 자작 505호(4%), 자작 겸 소작 3,876호(31.3%), 소작 6,947호(56.1%), 기타 5.6%[57]이었는데, 안성지역보다 훨씬 여건이 나빴던 평택지역은 자작 겸 소작이거나 순 소작농의 비율이

---

[54] 위의 견해는 이준식, 『농촌사회 변동과 농민운동-일제침략기 함경남도의 경우』(민영사, 1993)와 지수걸, 『일제하 농민조합운동 연구-1930년대 혁명적 농민조합운동』(역사비평사, 1993)과 같은 논문에서 주장되고 있다. 이 같은 주장은 그동안 주장되어 왔던 농민운동의 외부적 영향에 대한 견해를 극복하고 내재적 발전론의 이론적 기반을 다졌다는 점에서 높이 평가되고 있다.

[55] 한상룡은 고덕면 해창리에 연고가 있는 친일파로 세조 때 영의정을 지낸 한확(韓確)의 후손이며 한말의 친일파의 거두 한희교(韓喜敎)의 아들이다. 일본에서 유학을 마치고 귀국하여 조선총독부 고위 관리들과 교유하였다. 또 총독에게도 신임을 얻어 국민총력연맹(國民總力聯盟) 사무국장, 동양척식주식회사 촉탁 등을 지냈다. 전시체제기에는 비행기 헌납기금 조성사업, 지원병제도 창설, 근로자 징용 등 친일행위를 두루 하였다.

[56] 차덕석(고덕면 해창4리 거주), 2003년 인터뷰.

[57] 김해규, 『일제하 안성군의 사회운동』, 공주대학교 교육대학원 석사학위논문, 2000.

이보다 훨씬 높았을 것이다. 1938년 5월에 작성된 경기도지주명부[58]에 따르면 소작료 징수방법에 있어서도 논농사의 경우 소작농에게 유리했던 정조법(定租法) 비율은 매우 낮았으며 대부분 타조법에 의해 소작료가 징수되었다.[59] 1년 단위의 기한부소작제에 따른 무리한 소작권 이동이나 지나친 임지료(賃地料) 인상[60]도 빈농들을 괴롭혔다. 1923년 진위군 포승읍 석정리에서 지주가 소작인들이 추수한 곡식을 모두 빼앗고 결박한 사건, 1926년 11월 진위군 북면(현 진위면)과 송탄면 농민들이 부당한 소작권 이동과 무리한 소작료 징수, 소작료 징수 수당 강탈을 이유로 동양척식주식회사 농감 김근수를 고발한 일,[61] 진위군 서면 신대리(현 팽성읍 신대리)의 지주 한홍석의 무리한 소작료 징수와 별도의 부역노동을 시킨 일들은 대표적 사례라고 할 수 있다.

이 같은 현실에서 농민들의 생활조건은 날로 악화되었다. 농민생활의 악화를 보여주는 사례로 기아(飢餓)에 시달리던 고덕면 두릉리에 사는 '김광운의 처 자살사건'을 들 수 있다. 김광운의 가족은 한 해 전부터 기아에 시달리며 하루 한 끼씩밖에 먹지 못했는데, 춘궁기를 당하여서는 그마져도 어려워 나흘을 굶었는데 김광운의 처가 이것을 비관하여 자살한 것이다.[62] 또 진위군 송탄면 하가재리는 120여 호가 거주하였는데 이 가운데 자신이 수확한 곡식을 식량으로 사용하는 사람은 25호에 불과하였고 90여 호는 먹을 양식이 없어 종자까지 먹어치운 뒤 파종기에는 지주에게 빌려 파종하였다.[63]

---

58) 김성호, 앞의 자료
59) 김성호, 앞의 논문
60) ≪동아일보≫, 1934년 1월 30일. 경기도 진위군 고덕면 율포리의 일본인지주가 임지료를 갑자기 7배로 인상하자 전차지인이 결속하고 끝까지 이에 불응키로 결의하였다.
61) 진위면지편찬위원회,『진위면지』, 1999.
62) 평택시독립운동사편찬위원회, 위의 책, 202쪽.
63) ≪동아일보≫, 1933년 5월 7일.

　지주와 사음(舍音)의 억압과 착취로 생활조건이 악화되자 농민들은 소작
쟁의로 대항하였다. 1930년 12월 진위군 북면 갈곶리에서 수원 용주사의 사
음(舍音) 유모와 김모의 횡포에 대항하여 소작쟁의를 일으킨 일,[64] 1931년
11월 서탄면 금각리에서 소작인 50여 명이 채무금의 이자탕감 및 연부(年賦)
상환, 사음의 부당착취 감하, 종자지급 등을 요구하며 소작쟁의를 일으켰던
것은 하나의 사례다.[65] 이밖에도 고덕면 율포리, 포승면 내기리와 도곡리,
송탄면 지산리, 서정리에서도 소작쟁의가 발생하였으며, 1933년에는 서울의
부재지주 방승학의 소작인들이 사음(舍音) 최종원의 횡포에 대항하여 일으
킨 소작쟁의, 1937년에는 서울의 부재지주 이씨의 소작인들이 소작료 가징수
하고 소작료를 두 세배나 올려 징수하는 것에 대항하여 일으킨 소작쟁의,
1938년 팽성읍 도두리 암기농장 소작쟁의 등 평택지역 곳곳에서 끊임없이
발생하였다.[66]

　당시 소작쟁의는 일본인 지주의 농장보다 조선인 지주의 농장에서 많이
발생하였고,[67] 토착지주보다는 부재지주의 농장에서, 또 지주보다는 동척농
장 농감이나 사음(舍音, 마름)의 횡포에 대항하여 일으키는 경우가 많았다.
쟁의가 발생했을 때 소작농들의 요구조건은 비슷했다. 1931년 4월 5일 진위
군 북면 갈곶리에서 발생한 소작쟁의에서 소작인들의 결의사항을 보면, 도조
(賭租)인상에 반대, 소작권 이동 반대, 다른 마을 사람이 소작을 할 때는 적극
적으로 탈환운동을 할 것, 같은 마을 사람으로 다른 소작인의 농지를 경작할

[64]　≪동아일보≫, 1930년 12월 25일.
[65]　≪조선중앙일보≫, 1931년 11월 30일. 소작인들은 며칠간의 싸움으로 요구사항을 관
　　 철하고 쟁의를 풀었다.
[66]　평택시독립운동사편찬위원회, 위의 책, 205쪽.
[67]　일본인 지주나 일본인 회사지주는 최소한의 근대적 농장경영을 하였고 농민들의 반
　　 발을 우려하여 무리한 착취를 자제하는 경향을 보였다.

때는 절교할 것, 마름을 적극적으로 배격하고 지주의 횡포에는 불경동맹(不耕同盟)으로 대응할 것 등이 제시되고 있다. 소작쟁의가 발생하면 농민들은 평택경찰서와 같은 식민통치기관을 통해서도 문제를 해결했지만 대부분은 서울이나 수원 등 지주의 거주지에 상경하여 사음(마름)의 횡포를 진정하고 문제를 해결 하는 방법을 사용하였다.

이처럼 1930년대로 넘어가면서 농민층의 처지는 점점 더 열악해지고 지주와 마름의 착취는 더욱 심해졌지만 1930년 이전까지 소작인조합이나 농민조합과 같은 농민층의 입장을 옹호하고 문제에 대응하는 농민단체는 결성되지 않았다. 그것은 농민운동을 이끌어갈 활동가가 부족하였고, 농민들의 계급적 각성도 미약했기 때문이었다.

2. 수진농민조합과 농민운동의 발전

적색농민조합으로 설립된 수진농민조합(水振農民組合)은 1930년 3월 10일에 100여 명의 농민들이 진위군 북면 야막리 박규희의 집에 모여 '진위농민조합'이라는 이름으로 창립되었다.[68] 창립을 주도한 인물은 전국농민총동맹 중앙위원이며 서정리청년동맹 중앙위원과 서정리노동조합 집행위원장이었던 남상환(1908~1933)이었고, 발기인은 진위면 야막리에 살며 천도교 진위교구를 대표하고 오산사회운동단체를 이끌던 박규희를 비롯하여 고덕면 두릉리의 김영상, 서탄면과 진위천을 경계로 마주보는 화성시 양감면 용소리의 장주문, 이원섭이었다. 이들은 창립목적으로 농민의 이익획득과 생활향상,

---

[68] 《동아일보》, 1930년 3월 13일; 김창순, 김준엽, 『한국공산주의운동사』에서는 조명재 등 8명이 오산엽합회관에서 수진농민조합이라는 이름으로 창립하였다고 서술하였지만 이것은 사실과 다르다.

문맹퇴치와 의식적 교양, 상호부조를 통한 확고한 단결도모를 내세웠다.

1930년 3월 28일 진위면 갈곶리 강우찬의 집에서 개최된 제1회 집행위원회에서는 본부의 위치를 오산에 두고 조합의 명칭을 '수진농민조합'으로 바꾸는 문제와 지부설치 문제가 결의되었다. 이것은 진위농민조합의 조직 확대과정에서 고덕면 율포리 출신으로 조선공산당재건 적색농민조합조직준비위 중앙위원으로 활동하던 심인택[69]과 수원군 양감면(현 화성시 양감면) 정문리 출신으로 수원청년동맹 간부, 신간회 전체대회 중앙집행위원, 조선일보 수원지국장, 카프 회원 등으로 활동 중이던 박승극, 그리고 박승극과 연고가 있었던 양감면 용소리의 장주문(농민), 이원섭(서당훈장)이 참여했기 때문으로 보인다.

수진농민조합 지부설치는 고덕면과 양감면이 거론되었다. 고덕면은 당현리 출신으로 보이는 남상환[70]과 두릉2리 계루지 마을 출신 김영상의 암약으

---

[69] 심인택은 고덕면 율포2리 양성말 출신이다. 경성제1고보와 보성전문학교에 다니면서 사회주의사상을 수용했다. 1920년대 후반 학교를 중퇴한 뒤에는 영등포에서 미곡상과 중외일보 영등포지국을 운영했고, 면(面)·리(里) 단위에 침투하여 암약하였다. 1930년에는 ML파의 중심인물 이종림과 함께 조선공산당 재건운동을 협의했으며, 권린갑, 이진일 등과 함께 북경에 근거를 둔 레닌주의 정치학교를 졸업한 뒤에는 코민테른의 12월 테제와 프로핀테른 9월 테제에 따라 조선공산당 재건 적색농민조합조직준비위, 공산청년동맹준비위 결성에 앞장섰다. 1931년에는 탄광노동자들로 혁진회를 조직하였고, 그 해 대구에서 열린 조선공산주의자협의회에 평안남도 대표로 참가하였으며 중앙위원으로 선출되었다. 또 평양지역에 침투하여 공장노동자들과 평양숭실학교 학생들을 결합하여 공산청년동맹을 조직하려다 발각되었으며, '조선공산당 재건동맹사건(1932~35)'에 연루되어 2년형을 언도받았다. 1935년에 있었던 선고공판 당시 조선중앙일보에는 심인택을 '조선공산당 중앙부'라고 표현하였다. 일제강점기 심인택은 1931년 5월 수진농민조합고덕지부 창립에 관여하였으며, 1932년 조선공산주의자협의회 사건으로 수배중일 때 잠시 숨어 지냈다. 해방 후에는 평택지역으로 내려와 남로당 평택위원장 등을 지내며 각종 좌익사건을 주도하였고, 1947년에는 8.15폭동사건을 일으켜 포고령 2호 위반으로 구속되었다.

[70] 1930년 수진농민조합 창립 당시 남상환의 본적과 주소지가 고덕면 당현리였다.

로 수진농조에 가입한 조합원이 많았고, 양감면은 수진농민조합 간부 박승극을 비롯하여 장주문, 이원섭의 활동근거였기 때문이었다. 고덕지부설치는 고덕면 율포리 뒷산에서 남상환의 주도로 모의되었다. 하지만 1930년 5월 초에 있었던 고덕지부 설치는 평택경찰서의 금지로 실패하였고 이어 추진된 양감지부 설치도 성사되지 못했다.[71]

수진농민조합은 1930년 6월 진위군과 안성군을 묶어 진안협동조합[72]을 조직하였다. 협동조합은 무산농민을 대상으로 하였으며 출자금으로 50전을 내야 가입할 수 있었다. 여기에서 의구심이 나는 것은 협동조합이 '수진협동조합'이 아닌 '진안협동조합'이 되었는가 하는 점이다. 이것은 수진농조의 설립 주체가 진위군(평택시)의 남상환, 박규희 등이었기 때문에 운동의 조건과 필요성에 따라 진위군을 중심으로 새로운 지역과 연대가 가능했기 때문으로 판단된다. 조선일보 1930년 10월 21일자 신문에 보도된 진안협동조합의 임원 명단을 살펴보면, 집행위원장으로 동아일보 평택지국장과 진위청년동맹 위원장인 안충수가 선출되었고, 서기장에는 오일영, 회계부 주임에 이기동, 생산부 주임에 유부산, 소비조합 부주임에 전갑순, 신용부 주임에 강공운 등이 선출되었다. 진안협동조합은 창립 1개월 만에 가입회원 3천여 명, 총출자 4천여 구, 조합비 7백 원을 넘어 섰으며 평택시장에 잡화상점을 개설하는 성과를 올렸다.[73] 진안협동조합은 협동조합으로 창립되었지만 궁극적 목적은 농민들의 일상적 권익옹호와 농민운동에 있었다. 그것은 1931년 5월 2일 제1회 정기대회를 개최했을 때 의장으로 선출된 안충수가 농민운동의 진로에 대한 토론을 하려다가 경찰의 제지를 받은 사실에서도 알 수 있다.

---

71) ≪동아일보≫, 1930년 5월 13일, 1930년 10월 12일.
72) ≪동아일보≫, 1930년 6월 23일.
73) ≪동아일보≫, 1930년 11월 9일.

수진농민조합은 창립 후 빈농우위의 원칙에 입각하여 활발히 활동하였다. 수진농조 활동에서 가장 두드러진 것은 협동조합운동과 함께 각종 농민문제에 적극 개입하여 문제를 해결하고 계급적으로 각성시키는 일이었다. 이 과정에서 가장 두드러진 활동을 했던 부서는 쟁의부장 남상환이 주도한 쟁의부였다. 쟁의부는 진위군과 수원군 일대의 소작쟁의와 무리한 소작권이동문제가 발생했을 때마다 적극 개입하여 문제해결에 노력하였다. 예컨대 1930년 수원군 정남면의 사음(舍音) 김준식이 지주의 재가를 받지 않고 도조(賭租)로 받던 소작료를 타조(打租)로 징수할 뿐 아니라, 각종 명목으로 사취를 하고 말을 듣지 않는 소작인들의 소작권을 임의로 이동하였으며 몇 몇 마음에 들지 않는 소작인들에게는 소작권을 부여하지 않는 등의 부당한 행위를 하자, 수진농조는 쟁의부원 김기환과 리수경을 서울로 파견하여 지주와 면담하고 문제를 해결하였다.[74]

1931년 11월에는 진위군 서탄면 금각리와 황구지리에서 소작쟁의가 발생했을 때에는 장주문, 이원섭을 파견하여 진상을 조사하고 쟁의부장 남상환이 주도하여 소작쟁의를 일으킨 뒤 지주(地主), 사음(舍音)과 담판하여 농민들의 요구조건이 관철되도록 하였다.[75] 1931년 4월에는 진위군 북면(진위면) 갈곶리 소작쟁의에서도 쟁의부 남상환을 파견하여 지주에게 엄중 항의하고 문제해결을 위해 노력하였다.[76] 이 밖에도 평택지역 곳곳에서 소작쟁의가 발생할 때마다 수진농조는 적극 개입하여 소작인들의 이해와 요구에 따라 문제를 해결하였다.

수진농조가 빈농우위의 입장에서 소작문제 해결에 적극 나서자 일제는 다

---

74) ≪중외일보≫, 1930년 5월 9일.
75) ≪조선중앙일보≫, 1931년 11월 30일.
76) ≪조선일보≫, 1931년 4월 12일.

양한 방법으로 탄압하였다. 평택경찰서를 동원하여 남상환이 집행위원장으로 있는 서정노동청년회와 서정리청년동맹에 대하여 월례회를 금지하고 각종 활동을 방해하였으며,[77] 남상환이 조선농민총동맹 중앙집행위원회에 다녀온 것에 대하여 조사하였고, 수원소년동맹 양감지부 정기대회에서 서정리소년동맹에서 보낸 축문(祝文)이 불온하다며 문제를 삼았으며, 서정리노동청년회 간판에 그려 넣었던 마크가 불온하다며 경찰서에 소환하여 심문한 것,[78] 남상환과 김영상을 금각리 소작쟁의 개입혐의로 검거[79]한 것, 그리고 오산사회단체연합회 집행위원이며 수진농조집행위원장이었던 박규희를 격문내용이 불온하다며 검거하였다가 석방하고[80] 가택 수색한 것,[81] 김영상 등 서정리노동청년회원 3명을 연행하여 심문한 것이 대표적 사례다. 심지어 청북면 어소리에 사는 전성녀에게는 수진농조에 협조적이라는 이유로 경찰이 조선농회직원과 함께 나타나 심었던 모(벼)를 뽑아버리는 행패를 부렸다.

그럼에도 불구하고 수진농조가 지속적으로 활동하자 일제는 1932년 12월 수진농민조합을 와해시킬 목적으로 핵심간부 8명을 연행하고 이 가운데 남상환·박승극[82]·김영상·장주문·이원섭[83]을 치안유지법위반혐의로 특별

---

[77] ≪동아일보≫, 1930년 7월 10일.

[78] ≪중외일보≫, 1930년 8월 10일.

[79] ≪동아일보≫, 1931년 12월 2일.

[80] ≪조선일보≫, 1930년 11월 6일.

[81] ≪동아일보≫, 1931년 11월 5일.

[82] 박승극은 수원사람으로 1920년대 후반 수원청년동맹의 간부를 지냈으며 1929년 조선청년동맹 정기대회 해금교섭위원이었다. 1931년에는 신간회 전체대회 수원대표로 참가하여 중앙집행위원에 선출되었으며 수원적색노동조합 결성을 주도하였다. 수진농조가 결성될 당시 조선일보수원지국장이었다.

[83] 김영상은 고덕면 두릉리 계루지 마을 사람으로 부친은 동척농장 농감이었고 직업은 동아일보 고덕분국장이었으며, 장주문은 수원군 양감면 용소리 사람으로 농민이었다 이원섭은 양감면 용소리에서 서당 훈장을 하였는데 상당한 식견을 갖추었던 인물

공판에 회부하였다.[84] 이들의 죄목은 농민에게 계급의식을 주입하고 투쟁훈
련을 시켰으며, 비밀결사를 조직하여 치안유지법을 위반하였다는 것이었다.

수진농민조합사건은 진위, 수원지역 뿐 아니라 전국적으로 관심을 끌었
다. 진위, 수원지역에서는 재판 일에 50여명의 조합원이 상경하여 응원하였
으며, 신문이나 잡지에서도 재판이 진행되는 과정을 상세하게 보도하였다.
이와 같은 관심 속에서도 일제는 구속된 조합원들을 서울 서대문형무소에
수감하고 1년 반을 미결수 상태로 놔둔 상태에서 조직이 와해되기를 기다렸
다. 일제가 핵심인물을 구금하고 탄압하자 수진농조는 견디지 못하고 와해
되었다. 조직이 와해되자 일제는 1년 반 만에 남상환은 폐결핵으로 인한 병
보석으로, 나머지는 증거불충분으로 석방하였다. 하지만 석방된 남상환은
한 달여를 투병하다 27세의 젊은 나이로 사망하였으며,[85] 석방된 사람들은
1933년 5월 27일 경성지방법원에 미결수상태로 강제 구금한 것에 대한 보상
금을 청구하였다.[86]

V. 맺음말

1920, 30년대 평택지역 사회운동은 경부선 철도 개통 후 근대도시로 발전
하고 있던 평택역전과 서정리역전을 중심으로 전개되었다. 두 지역 가운데
서도 1920년대에는 평택역전을 중심으로 전개되었다면, 1930년대로 넘어가

이었다.

[84] 《동아일보》, 1932년 12월 24일.
[85] 《조선중앙일보》, 1933년 4월 21일.
[86] 《동아일보》, 1933년 6월 5일.

면서 서정리역전이 사회운동의 또 다른 중심으로 부상하면서 1930년대의 비합법적 적색농민조합인 수진농민조합 결성을 이끌어냈다.

1920년대 사회운동은 평택역전에 설립된 진위청년회가 이끌었으며, 다른 한편으로는 여러 사회단체를 중심으로 교육을 통한 민중계몽과 민립대학설립운동, 여성운동, 형평사운동과 같은 다양한 실력양성운동이 전개되었다.

진위청년회는 1920년대 초기에는 부르주아 청년층이 주도하며 민중계몽이나 상호친목을 도모하였지만, 1926년 혁신총회를 통하여 조직과 강령을 일신하면서는 사회주의적 성향의 청년층이 주도해나갔다. 사회주의 청년층은 청년조직을 바탕으로 무산자계급 자녀들의 무상교육을 실현하기 위해 진청야학을 개설하는 한편, 농민운동, 노동운동에 적극 개입하여 노동자, 농민층을 계급적으로 각성시키고 혁명운동의 주체로 성장하도록 노력하였다. 또 1929년 대공황 이후를 사회주의혁명운동의 고양기로 인식하고 청년단체와 별도로 노동청년회를 조직하였으며, 이와 같은 역량을 결집하여 1930년에는 비합법적 적색농민조합인 수진농민조합을 결성해냈다. 이렇게 결성된 수진농민조합은 빈농우위의 원칙에 입각하여 각종 소작문제를 해결하고 진안협동조합을 설립하여 농민층의 권익과 요구를 옹호하는 한편, 농민들을 각성시켜 혁명운동의 주체로 성장시키려고 하였다.

활발하게 전개되던 평택지역 사회운동은 1930년대 중반 일제의 와해공작으로 수진농조 핵심인물들이 장기간 구금되면서 수진농민조합이 해체되고, 평택노동청년회의 핵심인물인 홍선유·이종필·김학룡이 구속된 데다, 1938년에 있었던 평택독서회 사건으로 이두종을 비롯한 20여 명의 회원들이 검거되면서 완전히 와해되었다.

참고문헌

김해규,「일제하 안성군의 사회운동」, 공주대학교 교육대학원 석사학위논문, 2000.

김해규,『평택역사산책』, 평택시민신문사, 2013.

김성호,「농지개혁시 피분배지주 및 일제하 대지주 명부」『농지개혁사편찬자료』, 1985.

박찬승,「민족해방운동론」『한국사인식과 역사이론』김용섭교수 정년기념사학논총 1,
       지식산업사, 1997.

지수걸,『일제하 농민조합운동연구 -1930년대 혁명적 농민조합운동』, 역사비평사, 1993.

국사편찬위원회,『한국사』49, 2001

진위면지편찬위원회,『진위면지』, 평택시 · 평택문화원, 1999.

평택시독립운동사편찬위원회,『평택시항일독립운동사』, 2004.

평택시사편찬위원회,『평택시사』, 평택문화원, 2014.

한국역사연구회 편,「한국역사입문 3」, 풀빛, 1996.

한국역사연구회 근현대청년운동사연구반 편,『한국근현대청년운동사』, 1995

≪동아일보≫, ≪조선일보≫, ≪조선중앙일보≫, ≪시대일보≫, ≪중외일보≫ 2.
       『세종실록지리지』,『진위현 읍지』(1891),『팽성지』(18세기 전반)

필자소개

┃김인식┃

중앙대 교양학부대학 교수

┃윤대식┃

한국외대 연구교수

┃김명섭┃

단국대 강사

┃성주현┃

청암대 연구교수

┃박철하┃

전 수원대학교 강사

┃김 방┃

국제대학교 교양과 교수

┃김해규┃

한광중 교사